Dessert für eine Leiche

LEPORELLO
KRIMI

Richard-Wagner-Straße 15, D-47799 Krefeld
leporellobuch@aol.com
www.leporello-verlag.de

Gestaltung: WerbeAtelier Coelen
Druck und Bindearbeiten: Bercker, Kevelaer
ISBN 978-3-936783-28-5

Herausgegeben von Ina Coelen

Dessert für eine Leiche

Krimi-Leckerbissen vom Niederrhein

– *und mörderisch gute Rezepte* –

von Mischa Bach, Ina Coelen
Dorle Gelbhaar, Jürgen Ehlers,
H. P. Karr, Ulla Lessmann, Michael Rossié,
Gesine Schulz u. a.

Leporello Verlag · Krefeld

Rezepte für Genießer

16 Tiramisu

29 Dado diabolico

51 Weingelee

61 Bockertsköckskes

69 Creme Mephisto

102 Bratapfel

123 Birne Helene

135 Herrencreme

145 Schneeküsschencreme

164 Mousse von dunklem Starkbier mit Pumpernickel und Rübenkraut

175 Sherrycreme

184 Schokoladenauflauf mit Orangen-Dattel-Sauce

197 Kaltschale

206 Crème Brulée

220 Mohr im Hemd

252 Apfelbeignets

259 Schokoladendessert

269 Malakoff-Torte

INHALT

9	Jrade noch mal jut jejangen!	*Michael Rossié*
17	Dado diabolico	*Brigitte Glaser*
31	Gelassenheit - wie geht das?	*Ulla Lessmann*
52	Nachtangst	*Mischa Bach*
62	Creme Mephisto oder: Die Wahrheit ist irgendwo	*H. P. Karr*
70	Nomen est Omen: Mafia	*Dorle Gelbhaar*
103	Ruths Geheimnis	*Martina Schneiders*
124	Der Herzensbrecher	*Hildegunde Artmeier*
136	Ganz ohne Zucker	*Klaus Stickelbroeck*
146	Auftrag von Frau K.	*Gesine Schulz*
165	Eine Hochzeit und ein Todesfall	*Ulrike Renk*
176	Der letzte Gast	*Zora Schreiber*
185	Kaltschale	*Jepe Wörz*
198	Ein fast perfektes Dinner	*Gitta Edelmann*
207	Endstation Emmerich	*Gabriele Keiser*
221	Alte Liebe	*Jochen Brockmann*
253	Schokolade ist dicker als Blut	*Ina Coelen*
260	Zahnarzt in Hamminkeln	*Jürgen Ehlers*
270	*Autorinnen und Autoren*	

Sie wissen ja, die Schauplätze unserer Kriminalgeschichten können Sie selbst am Niederrhein besuchen.
Die Protagonisten in unseren Geschichten sind allerdings das Produkt der Fantasie ihrer Autorinnen und Autoren.
Jede Ähnlichkeit mit lebenden oder verstorbenen Personen wäre daher purer Zufall und ist nicht beabsichtigt – oder?

VORWORT

Man nehme:

Je eine Handvoll Auftragskiller, Bankräuber, Betrüger, Diebe, Erpresser, Kleinkriminelle, Mitglieder der Mafia, Mörder, Schutzgeldeintreiber; ergänze originelle Tatorte am Niederrhein, füge eine Portion Lokalkolorit, reichlich Spannung und eine Prise Humor hinzu und würze mit verschiedenen Detektiven, Ermittlern und Kommissaren.

Diese Mischung tische man einigen der bekanntesten deutschsprachigen Kriminalautoren und Autorinnen auf und lasse alles eine Zeit lang aufeinander einwirken.

Das Ganze garniere man mit pfiffigen, ausgefallenen und regionalen Dessert-Rezepten.

Das Ergebnis ist eine Spezialität vom Niederrhein: spannende Kriminalgeschichten –
Lesevergnügen, Nerven- und Gaumenkitzel inklusive.

Wohl bekomms!

Ihre
Ina Coelen

LEPORELLO
KRIMI

Jrade noch mal jut jejangen!

Polizeibericht vom 5. April 20.15 Uhr

Am Abend des 5. April klingelten Polizeiobermeister Martens und Polizeimeisteranwärter Griesekamp um 19.32 Uhr bei der Familie Kniffken in Viersen in der Wilhelmstraße, worauf die fünfzehnjährige Tochter der Familie, Frau Sandra Kniffken, in ein so hysterisches Geschrei verfiel, dass sie von den Beamten in Polizeigewahrsam verbracht werden musste, in dem sie sich bis zum jetzigen Zeitpunkt befindet.

Dem aus ihrer Dienstpflicht erwachsenen Besuch der Beamten waren mehrere Anrufe aus der Nachbarschaft vorausgegangen, die sich über die ungewöhnlich hohe Lautstärke einer familieninternen Auseinandersetzung der Familie Kniffken beschwerten. So hatten sich die Beamten gezwungen gesehen, zur Abendessenszeit einzugreifen.

Der Grund für die hysterischen Ausfälle der Tochter konnte noch nicht hinreichend ermittelt werden, aber dem Anfall war wohl der Genuss einer italienische Dessertspezialität, eines sogenannten Tiramisu, vorausgegangen, das vorwiegend aus Löffelbisquits, Frischkäse und Kaffee besteht. Inwieweit das Tiramisu ursächlich mit der lautstarken Ruhestörung zu tun hatte, konnte bisher nicht festgestellt werden.

Besonders in den Abendstunden sind Auseinandersetzungen um die schmackhafte Zubereitung von Speisen am Niederrhein nichts Ungewöhnliches und kommen in den allerbesten Familien vor. Die Reste des Nachtischs wurden aber von den Beamten aufgrund des vehementen Widerstandes von Frau Hiltrud Kniffken nicht in die Dienststelle verbracht. Weitere Ermittlungen gegen die Tochter werden aller Voraussicht nach wegen Belanglosigkeit eingestellt.

Grundsätzlich haben die Beamten in solchen Fällen die Order, Verständnis zu zeigen. Wenn das Essen nicht schmeckt, ist es in jeder Hinsicht ärgerlich.

Oma Mariechen Kniffken, Gespräch mit einem Foto ihres verstorbenen Mannes, 5. 4., 20.18 Uhr

Na, Gott sei Dank, waren die zwei Beamten hier aus der Gegend. Die hatten richtig viel Verständnis für so eine blöde Situation.

Wenn du das heute erlebt hättest. Manchmal tut mir unser Sohn richtig leid. Eine Frau, die kein Tiramisu machen kann, ist eine Strafe Gottes. Wenn jemand was von Kaffee versteht, dann doch der Niederrheiner. Die lachende Kaisers-Kaffeekanne gehört ja schließlich seit 1880 zu Viersen. Und die älteste deutsche Kaffeemanufaktur stammt aus Emmerich. Und auch das ist am Niederrhein.

Aber was macht meine Schwiegertochter? Nimmt Kaffee aus Holland. Und was glaubst du, was die mit dem Eiweiß macht? Das schüttet sie weg, anstatt es zu schlagen und unter die Creme zu ziehen.

Seit 15 Jahren sage ich unserem Sohn, er hätte die Hiltrud nicht heiraten dürfen. Aber Männer gucken immer auf die falschen Sachen, und unser Paul besonders.

Natürlich hat das Tiramisu nicht geschmeckt. Das kann gar nicht schmecken. Das wird nie schmecken. Ich werd doch den Teufel tun und meiner Schwiegertochter verraten, was da alles reinkommt. Von der Sahne unter der Creme und dem Teelöffel geriebener Zitronenschale muss die nix wissen. Nicht zu vergessen der Hauch Gelatine.

Sicher ist sicher. Es wird bei ihr eher ein bisschen dünnflüssig. So wird das Tiramisu meinem Paul nie genauso schmecken wie bei mir.

Na, ja, dass die Hiltrud beim Kochen mit den Gewürzen schon mal ein bisschen durcheinander kommt, da kann sie ja eigentlich nichts dafür. Denn die mische ich am frühen Morgen schon mal, wenn ich mal wieder nicht schlafen kann. Ich meine, wo Zucker draufsteht, muss ja nicht unbedingt Zucker drin sein, du verstehst, was ich meine.

Die Frau ist für unseren Sohn nun mal nicht gut genug. Und wenn der das nicht merkt, dann helfe ich nach.

Schade nur, dass die Polizei die Sandra mitgenommen hat, und nicht den Paul, der das Ganze ja Schuld ist. Die Hiltrud hätten sie abtransportieren sollen. Zu dumm, dass nicht die das Schreien angefangen hat. Aber das kriege ich schon auch noch hin. Ich sage dir, Weihnachten feiern wir wieder unter uns.

Vater Paul Kniffken, Selbstgespräch, 5. 4., 20.24 Uhr.

Na, Gott sei Dank, das ist ja gerade noch mal gut gegangen. Keine Ahnung, warum die die Sandra mitgenommen haben. Das Kind hat doch gar nichts gemacht. Die hat doch erst angefangen zu schreien, als die geklingelt haben und geschrieen haben: »Polizei! Aufmachen!« Wenn die das Kind erschrecken, sind sie doch selbst Schuld.

Mich hätten die wegen Ruhestörung festnehmen müssen. Ja, zugegeben, ich war tatsächlich ein bisschen . . . intensiv. Aber man wird doch mal laut und kräftig sagen dürfen, dass das, was die Hiltrud mir da vorgesetzt hat, nie und nimmer ein echtes Tiramsu ist. Das ist doch überhaupt nicht locker und zerläuft so komisch auf dem Teller. Da schwöre ich jeden Eid drauf, dass das bei meiner Mutter anders schmeckt. Ohne das Bier vorher und die zwei Korn wäre ich ja auch nicht so laut geworden, aber das habe ich ja extra getrunken, um mir Mut zu machen. Ich werde mich jetzt mal jeden Tag mehr aufregen und der Hiltrud Angst einjagen. Wenn die Angst vor mir hat, dann muss ich zu Hause weniger anpacken.

Wenn ich Glück habe, dauert das dann noch ein bisschen, bis die merkt, dass ich seit letzter Woche arbeitslos bin und tagsüber eigentlich mehr soziale Kontakte pflege.

Und natürlich ist das auch nicht richtig, an ihr Sparbuch zu gehen. Aber freiwillig gibt sie mir ja nichts davon. Und meine Auffassung von Ehe ist da ganz klar. Der eine muss für den anderen da sein, wenn der mal nicht so kann, wie er will.

Es soll keiner behaupten, dass ich das Geld sinnlos versaufe. Der kriegt es mit mir zu tun. Ich bin nur in einer schwierigen Phase, ich sammle Kraft. Und jetzt fange ich mal damit an, dass ich mich zu Hause durchsetze. Beim Tiramisu fängt es doch an, oder?

Mutter Hiltrud Kniffken, Selbstgespräch während einer Frauenserie auf PRO7, 5. 4., 20.45 Uhr

Na, Gott sei Dank haben die Polizisten kein Stück von dem Tiramisu mitgenommen. Womöglich hätten die das probiert. Und was heißt denn überhaupt, das schmeckt nicht? Natürlich schmeckte das nicht. Aber das hat doch nichts damit zu tun, dass ich nicht kochen kann. Ich kann gut kochen, ich kann sogar sehr gut kochen. Auch Tiramisu. Und das können in Viersen nicht so viele.

Es liegt auch nicht daran, dass dieses Aas von Schwiegermutter mir dauernd die Gewürze durcheinander bringt und glaubt, ich merke das nicht. Die ist genauso blöd, wie sie aussieht. Kein Wunder, dass mein Schwiegervater es vorgezogen hat, so früh zu sterben. Wo habe ich da nur hineingeheiratet?

Da lebst du in einer Familie, wo auch schon mal zum Abendessen die Polizei vor der Tür steht. Ist das nun schön? Auch wenn die zwei Beamten ja sehr nett waren. Kein Wunder, denn die sind ja auch beide von hier.

Dabei muss ich dem Paul schon recht geben. Das Tiramisu schmeckte wirklich nicht. Aber das war eher wegen dem Mäusepulver. Da habe ich heute vielleicht ein bisschen viel erwischt.

Der Paul soll ja nicht tot umfallen – jedenfalls nicht sofort. Aber wenn es dem zu Hause nicht schmeckt, dann bleibt er in der Kneipe, und lässt mich hier ein bisschen in Ruhe.

Der Taxifahrer von oben, na ja, ich meine Gelegenheit macht Liebe ... Der Paul ist ja nie da, und so richtig fit ist er auch nicht. Warum soll eine Frau kein Verhältnis haben. Ich habe jedenfalls eins. Und da ist ein Mann, dem zu Haus öfter mal schlecht wird, gar nicht so von Nachteil.

Schade um den schönen Kaffee, sage ich mir immer, aber wer was erreichen will, der muss Opfer bringen.

Sohn Juppi Kniffken, Telefongespräch mit Kalle Reinders, 5. 4., 20.54 Uhr

Na, Gott sei Dank haben die nichts gemerkt. Ehrlich Kalle, wenn ich es dir doch sage, es war rein gar nix.

Mein Vater hat randaliert wegen diesem komischen italienischen Nachtisch, weil der angeblich nicht gut war. Und dann haben die zwei Bullen aber irgendwie meine Schwester mitgenommen, weil die so geschrieen hat. Mein Gott, mach dich locker. Sonst war wirklich nichts.

Ja, meine Mutter mischt meinem Alten seit ein paar Wochen was ins Essen.

Kunststück, natürlich merke ich das. Nie darf ich essen,

was die für den kocht. Die Portion Tiramisu von meinem Vater liegt immer auf einem Extrateller. Und ich sage dir, das Tiramisu war göttlich. Nur das von Oma ist noch besser.

Kalle, ich weiß gar nicht, warum du so aufgeregt bist. Mein Gott, die gucken doch die neue Küchenmaschine nicht an, nur weil meinem Vater das Tiramisu nicht schmeckt. Außerdem sieht man dem Ding ja nicht an, dass sie geklaut ist. Und durchsucht haben die zwei Polizisten mich auch nicht.

Nein, die Knarre steckt immer noch sicher in meiner Jackentasche und die Pässe, die ich dir besorgt habe, stecken direkt daneben. Ich bin ja obercool bei solchen Gelegenheiten. Und als die Sandra zu quietschen anfing, da hat mich sowieso keiner mehr beachtet.

Ich kann harmlos gucken, das glaubst du gar nicht, so harmlos kann ich gucken. Gut, Polizisten am Niederrhein sind nun nicht gerade als Spürhunde bekannt, aber ich bin nun mal Optimist. Und wer hat wieder Recht gehabt?

Also bis morgen dann, und bring das Geld mit.

Tochter Sandra Kniffken, Gespräch mit einem abgegriffenen Foto von Robbie Williams, 5. 4., 21.03 Uhr, Polizeirevier Viersen

Na, Gott sei Dank, Robbie, bist du nicht dabei gewesen. Wir hatten nämlich die Polizei zum Abendbrot da. Wegen dem Tiramisu. Ich sage dir, ich würde dir Tiramsiu machen, da würdest du durch die ganze Welt jetten, um das zu essen.

Von Oma habe ich nämlich das Originalrezept. Du würdest nicht so'n Ärger machen wie Papa heute. Aber du kannst ganz beruhigt sein, ich hatte die Lage im Griff und habe einfach eingegriffen, stimmlich meine ich.

Vielleicht wäre ich was für dich als Hintergrundsängerin. „Let me . . . entertain you“. Du, schreien kann ich.

Was hätte ich denn auch machen sollen? Wenn du einen Vater hast, der so blöd ist, dass er wegen eines einfachen Desserts so einen Aufstand macht, dass plötzlich die Polizei im Wohnzimmer steht, der braucht doch Hilfe.

Wenn ich nicht so einen spitzen Schrei drauf hätte, die hätten glatt gemerkt, dass mein Bruder Juppi vollkommen bekifft war. Und wenn die gesehen hätten, dass das Zimmer von Juppi auch noch voller Päckchen mit Rauschgift ist, dann wäre denen das Gewächshaus im Garten aufgefallen mit der kleinen Hanfplantage, und dann hätte es richtig Ärger gegeben. Denn von da kann man nämlich gut in das Fenster vom Gartenhaus sehen, wo sich die Raubkopien von den gecrackten Hollywoodfilmen und den Schlager-CDs stapeln, die Oma immer in den Altenheimen vertickt. Da hätten sich die Polizisten doch sofort drauf gestürzt.

Ob sie, wenn sie länger geblieben wären, Papa auf dem Fahndungsfoto vom Überfall auf den Kiosk erkannt hätten, weiß ich nicht. Immerhin trägt er jetzt Bart. Aber ich dachte, ich fang mal gleich an zu plärren, dann gucken die den nicht so genau an.

Und Mami ist mir sicher auch ganz dankbar. Immerhin hatte die Polin, die Mami im Hinterhaus von der Außenwelt beschützt, gerade wieder Herrenbesuch. Die Polizisten hätten da sicher nur gestört.

Keine Sorge Robbie, die lassen mich hier gleich gehen. Aber drück mir jetzt nur noch die Daumen, dass die nicht herausfinden, dass die Liste mit den Zahlen in meinem Portemonnaie keine Telefonnummern von meinen besten Freunden, sondern die PIN-Nummern fürs Online-Banking der gesamten Nachbarschaft sind. Erst dann könnte man sagen, dass wir wieder Glück gehabt haben.

Und eines sage ich Dir: Tiramisu gibt es bei uns so schnell nicht wieder.

Tiramisu

4 Eier
80 g Zucker
30 ml Amaretto
500 g Mascarpone
250 ml Kaffee
300 g Löffelbiskuits
2 El Kakaopulver

Nach Bedarf
- abgeriebene Zitrone in die Creme,
- ein bisschen weiße Gelatine in die Creme.

Die Eier werden getrennt. Zum Eigelb gibt man nun den Zucker und die Hälfte des Amaretto. Danach wird Mascarpone untergerührt. Zum Schluss kommt das geschlagene Eiweiß dazu.

Der Rest des Amaretto wird mit dem Kaffee vermischt, dann werden die Biskuits in den Kaffee getaucht und in eine flache Schale mit hohem Rand gelegt.

Über eine Schicht Löffelbiskuits kommt dann eine Schicht Creme, dann wieder Biskuits, dann wieder Creme. Der Kakao wird obendrauf gestreut, dann kommt das Ganze in den Kühlschrank.

Dado diabolico

Vorsichtig streicht Viktoria über die frisch geschliffene Kante des großen Kochmessers und legt es zu den anderen ebenso scharfen Messern in den gepolsterten Koffer. Den Bunsenbrenner, samt zwei Ersatzkartuschen Gas packt sie daneben. Dazwischen bettet sie die Rouladennadeln. Sie hat neue gekauft, die teuersten. Die aus dem härtesten Stahl und mit der feinsten Spitze! Pflaster, Mullbinden, Brandsalben, Schmerztabletten gehören genau so zu ihrer Ausrüstung wie die schärfsten Chilischoten und getrocknete Schafsköttel. – Kampfkochen ist nichts für Weicheier.

Viktoria besteigt den Zug nach Wesel, diesmal ist sie auf dem Weg zum *Niederrheinischen Dessertwettbewerb*. Eine Landschaft flach wie Pfannkuchen zieht an ihr vorbei. Mit einem spanischen Nachtisch, dem »Dado diabolico« wird sie an den Start gehen. Einem Schokoladenwürfel, schwarz wie die Gedanken der finstersten Konkurrenten, einer Brombeersoße, rötlichblau, wie die kaum vernarbte Schnittwunde an ihrem Arm, einem Spiegel von feinstem Olivenöl, giftgrün wie die Galle, die in ihr hochsteigt, wenn sie daran denkt, wie knapp sie den *Concorso della cucina sulla pasta* verloren hat, und einem Mandelkeks, golden wie die kleine Puddingform, die dem Gewinner am Niederrhein – mit Geld gefüllt – als Preis winkt.

Sie denkt an Jean-Luc, an den vernarbten Arm, an das wunde Herz und daran, wie sie ihn heute schlagen wird. Und das wird sie, da ist sich Victoria ganz sicher, als sie in Wesel vor den Bahnhof tritt und in eine milde Herbstsonne blinzelt. Eine McDonalds-Filiale, die sich direkt im

Bahnhof eingenistet hat, missfällt ihr, aber ihre Laune bessert sich sofort, als sie vom Himbeerrot des Wettbewerbsplakates an der Litfasssäule angezogen wird, auf dem die goldene Puddingform alle Bahnreisenden auf das niederrheinische Kampfkochen aufmerksam macht. Ja, heute wird sie ihrem Namen alle Ehre machen und die Siegreiche sein. Energisch trägt sie ihren Aluminiumkoffer zum nächsten Taxi und nennt dem Fahrer die Adresse an der Reeser Landstraße.

Das Restaurant, in dem der Wettbewerb ausgerichtet wird, überrascht sie. Hier am Niederrhein hat sie mit einem behäbigen Landgasthof mit plüschigem Interieur gerechnet. Stattdessen steht sie vor einem Neubau, gläsern, streng und hell, umgeben von einem asiatisch klar anmutenden Garten.

Auf dem Parkplatz sieht sie, wie Pierre Fontaine eine Zigarette austritt und ihr kurz zunickt. Viktoria weiß, dass er ein Künstler auf dem Patissier-Posten ist. Aber den Brüsseler, mit Haaren so fettig wie eine belgische Fritte, braucht sie heute nicht zu fürchten. Seit ihm vor einem halben Jahr bei einem Wildbretwettbewerb in den Ardennen ein Beil in den Fuß gerammt wurde, fehlt ihm die rechte Angriffslust.

Direkt hinter Pierre taucht Beatrice Winninger auf, eine Spitzensuppenköchin! Die Luxemburgerin schiebt ihre mächtige Gestalt an Pierre vorbei und schmatzt Viktoria zwei falsche Küsse auf die Backen. Sie zwitschert etwas von Frauenpower, aber Viktoria weiß, was für eine fiese Schlange sie umgarnt. Nur Beatrice ist beim Suppenwettbewerb in Singen in der Nähe ihres Suppentopfs gekommen. Und danach war ihre Tomaten-Consommé versalzen. So etwas verzeiht Viktoria nicht. Viktoria verzeiht nie etwas.

Toni Faschinger – ausgezeichneter Mehlspeisenkoch, hat bei den besten Patissiers gelernt – eilt mit ausgebreiteten Armen auf die beiden Köchinnen zu, greift gleichzeitig nach Viktorias und Beatrice' Hand und deutet einen Kuss an. Toni schnarrt wie ein alter Kaffeehauskellner und trägt einen Bauch fett wie eine Malakowtorte vor sich her. Auf den ersten Blick ein charmanter, gemütlicher Wiener, aber Viktoria erinnert sich sehr genau, wie er den käsgesichtigen Urli Zöpfli, seinem schärfsten Konkurrenten beim letztjährigen *Concours de fromage* in Gruyère, mit dem Rechaud verbrannt hat. Es hat ihm nichts genutzt, den Preis hat Viktoria mit nach Hause genommen. Deshalb muss sie sich vor ihm in acht nehmen.

Mit einem angedeuteten Nicken hetzt John Fielding, blass wie englischer Porridge, an ihnen vorbei. Ein Einzelgänger, leicht gestört, mit einer Jamie-Oliver-Macke, den er für den Kochgott des Vereinigten Königreichs hält, aber ein begnadeter Pastetenkoch!

Wo bleibt nur Jean-Luc?, denkt Victoria, und verbotene Bilder tauchen in ihrem Kopf auf: Jean-Lucs Hände, wie sie das Olivenöl in ihren Hintern massieren, Jean-Lucs Mund, wie er den Champagner aus ihrem Bauchnabel saugt, Jean-Lucs Zunge, wie sie das Riesling-Sorbet von ihren Brustwarzen leckt. Mit hart trainierten Atemübungen vertreibt sie die lüsternen Gedanken und schreitet energisch dem Eingang zu.

Im Entree des Restaurant »Art« – edler schwarzer Granitboden und elegante tomatenrote Fauteuils – wartet ein Glas Cremant auf die Kombattanten, ausgeteilt vom Patron, dem Chef des Hauses, der auch der Jury vorstehen wird. Sein durchtrainierter Körper, pure Energie, seine kaffeebraunen Augen, wach wie die eines Habichts! Es wird nicht leicht sein, ihm Sand in die Augen zu streuen.

Er ruft einen Salut auf die Teilnehmer aus, beschwört einen fairen Wettkampf, und alle heben brav ihre Gläser. Ein paar Schlucke des perlenden Getränks treiben das Adrenalin in die richtige Richtung, und eine kurze Zeit legt sich die lässige Fröhlichkeit eines Sektempfangs über die Runde. Bei genauerem Hinsehen bemerkt man allerdings, wie oft die Teilnehmer beim artigen Parlieren ihr Glas mit der Hand bedecken, wie viel Wert sie auf eine gewisse räumliche Distanz zu ihren Gesprächspartnern legen. Schon mehr als ein Kampfgefährte ist in diesem frühen Stadium, noch bevor er das eigentliche Schlachtfeld, die Küche, in Augenschein nehmen konnte, durch K.-o.-Tropfen ausgeknockt worden.

Viktoria hat ihr Glas bereits geleert und streift unruhig im Raum umher. Jean-Luc lässt auf sich warten, und nichts wünscht sie sich sehnlicher, als dass er endlich ankommt. Jean-Luc, dessen Lachen frisch wie Auvergne-Wasser perlt und dessen sahneweißen Pobacken sie samten wie Sommeräpfel in Erinnerung hat. Ihr Streifzug wird von einem Blondschopf mit einem Gesicht rund und rot wie ein Edamer gestoppt. Hendrik van der Basten. Der Holländer ist ein Frischling, zum ersten Mal bei einem Wettbewerb dabei. Der Junge wird schnell merken, dass hier nicht nur mit Wasser gekocht wird, denkt Viktoria und nickt ihm lässig zu. Van der Basten öffnet den Mund zum Reden, aber Viktoria hört nicht, was er sagt, ihr Handy klingelt.

Sie lässt ihn stehen und macht sich sofort auf den Weg nach draußen. Dort legt jemand ungestüm von hinten einen Arm um ihre Schulter, wirbelt sie herum, drückt sie an seinen nach Lavendel und Meersalz riechenden Körper. Jean-Luc, endlich! Er greift Viktoria bei der Hand, zieht sie über die Terrasse, vorbei an Olivenbäumchen und Bambusbüschen zu dem kleinen Teich. Hinter einer Knorpelweide bedeckt er ihr Gesicht mit Küssen, bohrt seine Zunge in ihr Ohr.

Viktoria stöhnt, küsst ihm die grünen Augen, packt mit den kräftigen Köchinnenhänden in die samtenen Pobacken, hinterlässt mit ihren Zähnen Spuren an Jean-Lucs Lavendelhals. Dann reißen sich die zwei schnell voneinander los, kehren getrennt zurück. Viktoria passiert den Sanitäterstand, greift sich eine kleine Wasserflasche und beobachtet, wie Jean-Luc von allen umringt wird, ihm die fette Beatrice schmachtende Blicke zuwirft. Er gilt als großer Favorit des Tages, hat er doch dieses Jahr bereits den *Concorso della cucina sulla pasta* in Florenz und den *Mosel-Riesling-Coup* in Trier gewonnen. Florenz verzeiht Viktoria Jean-Luc nicht, sie verzeiht nie etwas.

Die Gläser sind geleert, die Leichtigkeit verflogen, Spannung liegt in der Luft, alle scharren sie mit den Hufen, bereit für die Schlacht, die es gleich in der Küche zu schlagen gilt.

Die Wäschekammer, die Viktoria und Beatrice zum Umkleiden zugewiesen wird, duftet wie Jean-Luc nach Lavendel. Aber ab jetzt erlaubt sich Viktoria keine Sentimentalität mehr. Sie vergisst den Lavendel, schlüpft in die festen, karierten Kochhosen, zieht die dreifach gestärkte Kochjacke über, schnürt die harten Arbeitsschuhe, packt die kurzen blonden Locken unter die Kochmütze.

Beatrice, die sich in der anderen Ecke der schmalen Kammer mit den Knöpfen ihrer etwas zu knappen Kochjacke abmüht, bemerkt nicht, wie Viktoria getrockneten Schafsköttel in die eine Hosentasche bröselt, die scharfen Chilischoten in die andere legt, die spitzen Rouladennadeln zwischen Kochjacke und Vorbinder schiebt.

Den kleinen Metallkoffer mit Messern, Bunsenbrenner und Verbandszeug wie ein Schild vor sich haltend wartet Viktoria auf Beatrice, die schon wieder davon schwafelt, dass sie als Mädels gemeinsam gegen die männliche Übermacht kämpfen sollen. Viktoria hört nicht hin, weiß, dass die Luxemburgerin sie nur einlullen will, weiß, dass diesen Wettbewerb nur eine gewinnen kann. Konzentriert dirigiert sie ihre Atmung, stimmt ihren Körper auf Kampf und Sieg ein. Dann marschieren die zwei jungen Frauen los.

In der Küche blitzt der Edelstahl, rumpeln die Kühlschränke, warten die verkrusteten Düsen der Gasflammen auf ihren Einsatz. Der Raum ist hell und hoch, aus breiten

Oberlichtern fallen Sonnenstrahlen in diese Kathedrale des Kochens. Über dem mächtigen Kochblock flattern die Speisepläne des heutigen Tages an den Dunstabzugshauben. Stumm, langsam, fast ehrfürchtig wie alle anderen schreitet Viktoria um den Kochblock herum, studiert die Gerichte der Gegner: Himbeerkaltschale mit Ricottaklößchen, Pannacotta mit Hagebuttensoße, Pofiterols, dressiert mit Engelshaar, Mohr im Hemd, Bayerische Creme mit Eisenkraut, weißes Espressoparfait. Viktoria lächelt leise in sich hinein. Auf die Idee, Olivenöl und Schokolade zu kombinieren, wie sie dies in ihrem Dado diabolico macht, ist außer ihr keiner gekommen.

Schnell hat jeder seinen Platz gefunden. Messer werden ausgepackt, Bunsenbrenner in Angriffsposition gestellt, dreizackige, stecknadelfeine Spitzen von Pralinen- oder Kartoffelgabeln in Richtung Kochnachbar gerichtet, zum sofortigem Zustechen bereit. Aus den Augenwinkeln beobachtet Viktoria, wie John Fielding das Foto, das ihn Arm in Arm mit Jamie Oliver zeigt, mit breitem Tesafilm vor sich auf die Arbeitsfläche klebt. Jeder hat seine Macken, natürlich, aber es ist dämlich, wenn sie so offensichtlich sind. John braucht den Blick von Jamie als Inspiration. Ohne dieses Foto kann er nicht arbeiten. Eine Schwäche, die Jean-Luc beim *Fish-and-Chips-Competition* in Liverpool ausgenutzt hat. Damals klebte John das Foto noch nicht fest. So wanderte es in die Fritteuse und John ins Aus.

Der Engländer lernt aus seinen Fehlern, denkt Viktoria, ist aber bei Nachtischen kein ernst zu nehmender Gegner. Viktoria reckt den Kopf hoch, taxiert die anderen Konkurrenten mit erfahrenem Blick. Ihr gegenüber kochen John, Beatrice, Pierre und Toni, da muss sie nur den Österreicher und die fiese Schlange im Auge behalten, rechts von ihr van der Basten, sich schon einen Schweißfilm von den Händen reibend, links Jean-Luc lächelnd, strahlend, ihren Körper mit Blicken liebkosend, so als hätte es Florenz nie gegeben. Sie denkt an die Wunde an ihrem rechten Arm, kaum vernarbt, immer noch schmerzend. Nie mehr würde sie ärmellose Hemdchen oder Kleider tragen können, ohne gleichzeitig die hässliche Narbe zur Schau zu stellen. Kein Selbstmitleid, befiehlt sie sich und konstatiert, dass ihre Ausgangslage mit dem unerfahrenen Holländer auf der einen und Jean-Luc, den sie unbedingt in ihrer Nähe braucht, auf der anderen Seite, sehr gut ist. Sie zurrt mit den Händen die Bändel ihres Vorbinders fest, schiebt den Tourchon an seinen Platz, spürt das kalte Metall der Rouladennadeln auf der Haut.

Der Chef des Hauses erklärt, wo – im Falle von Verletzungen – die Sanitäter zu finden sind, wünscht dann allseits ein gutes Gelingen und gibt den Startschuss. Mit einem Mal entlädt sich die angespannte Stille in lärmiger Betriebsamkeit. Gasflammen zischen, Kühlschranktüren klatschen, Messer klirren, Schneebesen schlagen, Mixer rühren, Ellbogen rempeln, Backöfen erhitzen sich. Eine erste Karamellwolke kräuselt sich in der Luft, Schokolade zerfließt im Wasserbad, Brandteig löst sich vom Topfboden, Agar-Agar quillt in kaltem Wasser. Der Duft von abgeriebener Zitronenschale, fruchtigen Erdbeeren, frischem Ricotta und sanfter Schokolade mischt sich mit dem Geruch von nervösem Schweiß.

Viktoria arbeitet fieberhaft, heute muss sie schneller sein als sonst. Schokolade schmelzen, Gelatine zufügen, würzen, in die viereckige Schüssel füllen, Deckel drauf, Alufolie drum, in eine Plastiktüte, vakuumieren, und ab in den Kühlschrank! So sicher verpackt wird es keinem gelingen, mit einer Spritze oder Pipette ihren Schokoladenwürfel zu manipulieren. Aber dennoch gilt ab jetzt: Immer den Kühlschrank im Auge behalten! Weiter geht es mit den Mandelkeksen. Wieder arbeitet Viktoria zack, zack, zack. Heizt den Backofen vor, schlägt Eier, schmilzt Fett, röstet Mandeln, formt flache Rondellen auf Backpapier, alles zack, zack, zack. Bevor sie das Blech in den Ofen schiebt, hält sie einen Augenblick inne, nestelt unbeobachtet die

Rouladennadeln aus dem Kochkittel, legt sie an den Blechrand. In einer Viertelstunde werden die Mandelkekse goldbraun glänzen und die Rouladennadeln heiß glühen.

Noch fünfzehn Minuten, meldet der Patron. Auf der gegenüber liegenden Seite sieht Viktoria, wie der Österreicher seinen Mohr im Hemd ins Wasserbad stellt und dabei auf das Jamie-Oliver-Foto des Engländers spuckt. Der heult auf, lässt seine Pannacotta im Stich, spuckt seinerseits in den Mohr im Hemd und wischt dann schnell das Bild trocken. Derweil haut Beatrice Winniger dem fußkranken Belgier die Kühlschranktür in den Rücken, der rächt sich sofort, indem er seine Pralinengabel in ihren breiten Po piekt.

Gut so, die Gegenseite ist mit sich selbst beschäftigt, von dort braucht sie im Augenblick keinen Angriff zu fürchten. Jean-Luc neben ihr spritzt Brandteigrosetten auf ein Backblech, dreht ihr dabei arglos den samtenen Hintern zu. Sie könnte jetzt zustechen wie der Belgier, macht es aber nicht. Warum sticheln, wenn man den Gegner vollständig vernichten kann?

Rechts von ihr bastelt van der Basten angestrengt an der Form der Ricottaklößchen. Schnell reibt ihm Viktoria im Kühlschrank Schafsköttel und Chilischoten unter seine kalt gestellte Himbeersoße – das Kochküken soll doch wissen, dass es unter die Geier geraten ist. Dann prüft sie die Schüssel mit der Schokoladenmasse: eine intakte Plastikfolie, keine Einstiche, keine Löcher. Mit Schwung schließt sie die Kühlschranktür, streift den Blick von Jean-Luc. Er zwinkert ihr zu, weiß, was sie gerade getan hat.

Er kennt ihre Geheimwaffen, so wie sie die seinen, Sand und Zement. In vielen Wettbewerben sind sie gemeinsam angetreten, haben gemeinsam Konkurrenten ausgeschaltet, um sich dann das Schlussduell liefern zu können. Mal hat er, mal hat sie gewonnen. Und dazwischen lagen Nächte mit Badewannen voller Rosenblätter oder dem Duft von Lavendel, Nächte mit Musik von Amy Winehouse oder

James Blunt, Nächte mit Olivenöl oder Champagner auf der Haut. Ein wunderbares Spiel, ein einziger Traum ...

Gegenüber trommelt John Fielding mit dem Kochlöffel wütend auf den Malakowtortenbauch des Österreichers, nachdem dieser Zitronensaft in seine Gelatine geträufelt hat. Der Patron eilt herbei und zeigt ihm die gelbe Karte. Pierre Fontaine rührt zeitgleich ein paar kleine Steinchen in Winningers Nusskrokant, während diese ein paar Tropfen Essig in seine bayrische Creme gibt. Auch das sieht das Habichtauge und gibt zum zweiten Mal gelb. Neben Viktoria schöpft van der Basten vorsichtig die ersten Ricottaklößchen aus dem Wasser.

Viktoria hat, im Gegensatz zum Patron, gesehen, wie Jean-Luc das Wasser des Holländers versalzen hat. Er wird nichts von seinem Nachtisch gebrauchen können. Die Klößchen versalzen, die Himbeersuppe nach Schafsköttel stinkend. - Aber so haben sie alle mal angefangen.

Noch zehn Minuten, gibt der Patron vor. Viktoria öffnet den Backofen, schüttelt die Mandelplätzchen vom Blech, prüft die Temperatur der Rouladennadeln. Noch glühen sie nicht, also schiebt sie sie zurück ins Rohr. Auf die Plätzchen legt sie nun eine weitere Schicht Mandelblättchen, so wie haarklein geschnittenes Zitronat, streut dann Zucker darüber, wirft den Bunsenbrenner an. Florentiner Kekse!

Da ist sie wieder, die Erinnerung an Florenz. Die große, helle Küche in der Via della Pergola mit den marmornen Arbeitsflächen, ideal zur Herstellung von Pasta. Aufgereiht wie Fang-den-Hut-Hütchen, bildschön geformt, mit Feigen und Ricotta gefüllt lagen ihre Cappelletti auf dem Marmorbrett, als Jean-Luc von der Seite angreifend mit einem blitzschnellen Kochmesserschnitt die erste Hütchen-Reihe in der Mitte teilte und, als sie schützend ihren Arm um die weiteren Cappellettis legte, mit einem zweiten Schnitt ihren Unterarm aufschlitzte.

Noch nie hatte er sie beim Kampfkochen zweimal angegriffen, noch nie hat er sie dabei verletzt. Bis dahin war doch alles ein Spiel, ein einziger Traum ...

Blut sprenkelte die weißen Hütchen, ließ sie wie umgekehrt farbige Fliegenpilze aussehen. Bezaubernd, aber giftig und ungenießbar. Jean-Luc stammelte etwas von einem Unfall, legte selbst den Notverband an, nahm sie in den Arm, fuhr sie zum Nähen ins Krankenhaus. Alle glaubten ihm, sonst hätte er wohl nicht gewonnen. Aber sie hat in seine grünen Augen gesehen, unmittelbar nach dem Schnitt. Die blickten kalt wie ein schottischer Bergsee, und sie hat gewusst, dass für ihn alles nie ein Spiel, nie ein einziger Traum gewesen ist.

Der strenge Geruch von verbranntem Zucker reißt sie aus ihren Gedanken. Sie wirft den versauten Keks weg, sieht, wie van der Basten hektisch einen neuen Ricotta-Teig anrührt, Jean-Luc die fertigten Pofitérols aus seinem Backofen zieht. In ihrem Backofen glühen jetzt die Rouladennadeln. Gegenüber laden die Sanitäter den Engländer auf die Trage. Der Brüsseler hat ihm mit heißer Milch das Bein verbrüht. Ein Blick auf die Uhr, und sie sieht, dass ihr für ihren Angriff nicht mehr viel Zeit bleibt. In acht Minuten müssen alle Desserts parat stehen. Schnell passiert sie die Brombeersoße, holt die viereckige Schüssel mit der erstarrten Schokolade aus dem Kühlschrank.

Blumensträuße aus Goldlack und Kisten voller Männertreu hat er ihr geschickt, Postkarten aus ganz Europa, Shotbreads aus Edinburgh, Cantuccinis aus Pisa kamen bei ihr an, aber nichts konnte den eisigen Blick Jean-Lucs in ihr löschen. Dieser zweite Angriff, dieser Schnitt in den Arm, den verzieh sie nicht. Viktoria verzeiht nie etwas.

Sie stürzt die erstarrte Schokolade auf ein Brett, schneidet daraus vier gleich große Würfel, bestäubt sie mit Kakaopulver, verteilt diese auf Teller. Gegenüber bewacht der Österreicher seinen Mohr im Hemd, und Beatrice schwitzt bei einem Kochmesser-Duell mit Pierre Fontaine. Neben ihr hat Jean-Luc die Pofitérols bereits aufgetürmt. Er stellt sich den Kupfertopf zum Zuckerschmelzen auf den Herd. So wie er anfängt, den flüssigen Karamell zu Engelshaar zu spinnen, muss sie zuschlagen. Gegenüber zeigt der Patron Beatrice die rote Karte, weil sie den Belgier in seinen gesunden Fuß gestochen hat. Viktoria sieht, wie der Österreicher still vor sich hin lächelt. Auf seiner Seite hat er das Rennen gemacht.

Jean-Luc ahnt nichts von ihrem Plan, er glaubt tatsächlich, dass ihr sein kalter Blick entgangen, sie seinen Schmeicheleien erlegen ist. Vorhin im Garten hat er ihr ins Ohr geflüstert, dass er heute Nacht ihre Badewanne mit Pomerol füllen will. Er hält sich für unwiderstehlich, hat nicht die leiseste Ahnung, was sie denkt und fühlt.

Jetzt braucht sie das Eiswasser, sie eilt zum Gefrierschrank. Jean-Lucs Gabeln tauchen in das flüssige Karamell, Viktorias Hände tauchen in das Eiswürfelwasser. Gegenüber zetert Beatrice, weil sie vom Platz muss, und die Sanitäter schleppen den Belgier vom Kochblock weg, aber das bemerkt Viktoria nicht, sie bemerkt gar nichts mehr, ist jetzt nur noch auf Jean-Luc konzentriert. Der zieht die ersten Fäden aus dem Karamell, sie zieht das Backblech heraus, greift mit den eiskalten Fingern nach den glühenden Rouladennadeln, spürt kaum, wie sich diese an den Fingerkuppen festbrennen, schwingt sich hinter Jean-Luc, drückt ihm beide Nadeln gleichzeitig wie ein Brandzeichen auf die sahneweißen Pobacken. V wie Viktoria, V wie Verrat. Jean-Luc schreit auf, sie reißt ihm die Nadeln von Hintern und sich von den Fingerkuppen, greift nach dem heißen Backblech und ruft: »Ein Unfall, ich bin mit dem heißen Blech an seinen Hintern gekommen!« Jean-Luc stolpert, zerstört dabei den Pofitérols-Turm und schickt ihr einen Blick, lodernd vor Schmerz und Wut, bevor die Sanitäter ihn abholen.

Viktorians Blick gleitet von den derangierten Pofitérols zu ihren Schokoladenwürfeln. Die haben den Angriff unbeschadet überlebt, sie braucht nur noch die Brombeersoße dazu gießen. Gegenüber spritzt der Wiener Schlagoberst um seinen Mohr im Hemd. Noch zwei Minuten, meldet der Patron, schnell noch die Soße abschmecken.

Wunderbar herb und fruchtig schmeckt sie, Viktoria fügt noch ein bisschen Vanille hinzu, merkt, wie ihr plötzlich die Knie weich werden. Die Anspannung lässt nach, denkt sie, man brennt nicht jeden Tag ein Brandzeichen in einen Männerarsch. Dann spürt sie einen Schwindel, sieht die Küche vor ihren Augen verschwimmen, will die Symptome nicht wahrnehmen, merkt dennoch, wie ein Gift sich durch in ihren Körper frisst. Sie muss sich festhalten, bemerkt den erstaunten Blick des Wieners. Wann, verdammt, denkt sie, wann? Sie hat Jean-Luc doch keine Chance gelassen, in die Nähe ihrer Brombeeren zu gelangen. Schweiß rinnt über ihr Gesicht, ihr ist kalt, ihre Füße sind bleischwer, ihren Fingern gelingt es kaum, den Krug mit der Brombeersoße zu umklammern, zittrig verteilt sie sie blaurote Flüssigkeit auf die Teller. Noch ein paar Minuten, nur noch ein paar Minuten muss ich durchhalten, denkt sie und schnappt nach Luft.

Hendrik van der Basten wedelt ihr mit einem Handtuch Kühlung zu, sie schaut in sein Gesicht, das zuerst besorgt scheint, indem sich aber dann ein hämischen Grinsen breit macht. Da begreift Viktoria.

Scheiße!, denkt sie. Die holländische Frikandel! Dann wird ihr endgültig schwarz vor Augen.

Das Restaurant »Art« in Wesel gibt es wirklich. Dort findet normalerweise kein Kampfkochen statt, aber so edel und elegant, wie ich es beschrieben habe, ist es wirklich. Bei schönem Wetter kann man auf der Terrasse (direkt am Teich) sitzen; die Speisekarte ist ausgezeichnet. Pastafans sind die selbst gemachten Nudeln zu empfehlen.
Restaurant Art, Reeser Landstraße 188, Tel: 0281/97575.

Wem nach dieser Geschichte, die Lust auf Nachtische nicht vergangen ist, hier das Rezept für den Dado diabolico.

Dado diabolico

Zutaten für vier Personen

Schokowürfel:
2 Blatt weiße Gelatine
125 ml Milch
25 ml Sahne
80 g kleingehackte 70% Schokolade
1 Prise Kardamom
etwas Kakaopulver

Brombeersoße:
250 g Brombeeren
25 g Zucker
1 El Zitronensaft

Olivenölsoße:
4 El feinstes!! kalt gepresstes Olivenöl
2 El Akazienhonig
1 El Zitronensaft
etwas frisch geriebene Zitronenschale
etwas Zitronenmelisse als Dekoration

→

Zubereitung:

Die Gelatine in kaltem Wasser einweichen. Milch und Sahne erwärmen, die Schokolade unter ständigem Rühren darin schmelzen und einmal kurz aufkochen. Von der Kochstelle nehmen, Gelatine ausdrücken und darin auflösen, zehn Minuten ruhen lassen.

Eine rechteckige Form (zum Beispiel eine Gefrierbox) mit kaltem Wasser ausspülen und mit Klarsichtfolie auskleiden. Die Schokomasse einfüllen und (am besten über Nacht) kalt stellen.

Für den Sirup die Brombeeren (bis auf vier Beeren) mit Zucker, 50 ml Wasser und dem Zitronensaft einmal kurz aufkochen und weitere zehn Minuten schwach köcheln lassen. Die Masse durch ein feines Sieb streichen und bei schwacher Hitze unter Rühren sirupartig einkochen. Bis zum Servieren kalt stellen.

Kurz vor dem Servieren Olivenöl, Honig, Zitronenschale und Zitronensaft miteinander verrühren.

Jetzt die Schokowürfel aus der Form auf ein Brett stürzen und in vier gleich große Würfel schneiden. Die Würfel leicht mit Kakao bestäuben, eine Brombeere oben auflegen und auf vier Teller verteilen. Abwechselnd Olivenöl- und Brombeersoße kreisförmig um den Schokowürfel gießen. Eventuell mit Zitronenmelisse garnieren.

Gelassenheit – wie geht das?

Na gut, denkt Traut, na gut, na gut, na gut. Gehe ich eben zu diesem Seminar *»Achtsamkeit lernen – Gelassenheit, wie geht das?«*. Das klingt wirklich völlig bescheuert, aber vielleicht hilft es und es ist immer noch besser als Mord.

»Wie geht das?« Was für eine saublöde Formulierung, da kriegt sie jetzt schon wieder was über sich. Warum heißt das nicht: »Gelassenheit, was ist das?« Das würde sie interessieren. Was ist das bitte – Gelassenheit? Nie gehört, nie gesehen. Schon ihre erste Lehrerin fand, sie sei ein nervöses Huhn. Sind Hühner denn nervös? »Die Traut hat so was Spilleriges.« Da war sie klein und dünn. Klein ist sie immer noch und auch nicht dick, aber sie hat einen großen Busen. Manchmal denkt sie, der bebt, wenn sie sich aufregt. »Mit bebendem Busen«, das hat sie mal gelesen und seitdem immer mal runtergeschielt auf ihre Brüste, wenn sie sich aufregte. Was sie eigentlich dauernd tut, aber es bebte nichts. Deshalb hat sie es irgendwann wieder gelassen, das macht bloß ein Doppelkinn.

Traut sitzt im winzigen »Personalaufenthaltsraum«, eine Art Kabuff, eine nicht mehr gebrauchte Speisekammer neben der Restaurantküche. Immerhin kann man hier sitzen, die Beine ausstrecken, seine Straßenklamotten ordentlich aufhängen, die Haare im Spiegel kontrollieren und einfach vor dem Gästeansturm noch kurz relaxen, nachdem sie die Tischeindeckung noch mal ganz genau kontrolliert hat, es fehlte mal wieder ein Buttermesser, das hat der Azubi vergessen und ein Glas war nicht sauber.

Sie hätte schon wieder an die Decke gehen können und biss stattdessen die Zähne zusammen, obwohl das total schädlich sein soll. »Relaxen« hat sie übrigens früher auch nie gesagt, aber jetzt sagen das alle. Wer »entspannen« sagt, ist von gestern. Man muss aufpassen, dass man nicht von gestern ist. Die Gäste sprechen schließlich auch so.

»Bei Ihnen kann man immer so wundervoll relaxen, sagen Sie das doch bitte Ihrem Chef.« Das stöhnt immer dieser eine Werbefuzzi beim dritten Grappa, breitet die Arme aus, reckt seinen Wanst und seufzt ziemlich eklig, als ob er zu Hause im Bett liegt und gerade einen Orgasmus hatte. Manchmal schmeißt er bei dieser ausholenden Geste sein Rotweinglas vom Tisch. »Ach je, ach, verehrte Traut, das tut mir leid, setzen Sie' s einfach auf die Rechnung, ich fühle mich hier eben wie zu Hause.« Als ob der jemals zu Hause seine Rotweingläser kaputt schmeißt, dieser aufgeblasene Heini mit Goldkettchen. Tatsächlich. Sie dachte, das sei völlig out. Aber der Werbefuzzi färbt sich die Haare und trägt Goldkettchen und hat jedes dritte Mal eine andere umwerfende Blondine dabei. Wirklich umwerfend, das sagt sogar der Chef, dabei ist der Werbefuzzi selber der Umwerfende. Ha, ha. Traut ist nicht gerade das, was man witzig nennt und macht sich auch keine Illusionen darüber, dass sie es ist. Aber wenn etwas auf der Hand liegt, liegt es auf der Hand und die umwerfenden Blondinen, wie der Chef sie nennt, sind tatsächlich immer sehr schön und duften köstlich und haben knisternde Haare und schimmernde Wangen, keine Frage. Die schmeißen auch keine Gläser um, die sind souverän.

Ach, Traut wäre auch so gerne souverän! Sie ist es ja durchaus in ihrem Job und im Prinzip auch mit den Gästen. Sie scherzt, ohne aufdringlich zu werden, sie passt genau auf und ist fix, sie vergisst nichts, merkt sich sogar Vorlieben und Allergien von Stammgästen.

Aber hinter den Kulissen, wie man so schön sagt, da kriegt sie sich nicht mehr ein. Als ob sie nichts dazu beiträgt, dass der Werbefuzzi relaxt, dieser Lackaffe! Als ob sie nicht immer die Scherben auffegen muss und alle dabei auf ihren Hintern starren, aber wenn sie statt sich zu bücken in die Knie geht, rutscht der schwarze Rock über den halben Oberschenkel hoch. Wie soll man denn elegant Scherben auffegen? Dem Azubi überlässt sie das nicht, der übersieht doch die Hälfte. Neulich ist es ihr immerhin gelungen, währenddessen mit einer spitzen Scherbe eine tiefe Kerbe in den weichen Lederschuh des Lackaffenwerbefuzzis zu ratschen, das hat er nicht gemerkt. Gäste. Manchmal machen sie einen wahnsinnig, ach was, manchmal! Meistens. Fast immer.

Also, Gelassenheit. Das kann man lernen, sagen alle. Das mindert die Aggression, die gefährliche. Der Chef hat zu ihr gesagt: »Reg' dich nicht immer so auf, das geht nicht mehr. Du bist doch gut, du bist zuverlässig, dir fällt nichts hin und du bist aufmerksam. Ich finde, dass du gut bist, ich will dich behalten, die Gäste mögen dich auch, aber mit dieser ständigen unnützen Aufregung, die du in der Küche verbreitest, dieses dauernde Gejammere von dir, ‚der treibt mich in den Wahnsinn', ‚der Ackermanns ist wieder da, dieser Tyrann', ‚der ekelhafte Werbefuzzi hat schon wieder 'ne neue Blondine am Hals': Das muss einfach aufhören! Nachher merkt das doch mal einer draußen, dass du sie alle hasst und du machst mir auch die Küchenbrigade nervös. Tu was dagegen. Man kann heutzutage für alles Kurse belegen. Ich geb' dir was dazu. Da ist gerade dieser Kongress im ‚Mercure', Heilpraktiker und Therapeuten und so was, die bieten Tiefenentspannung und so was an für die Allgemeinheit am ‚Tag der Offenen Tür zu dir selber'. Geh' da hin.«

Traut trinkt einen Schluck von ihrem Kaffee. Sie trinkt immer noch Kaffee, obwohl von den Gästen niemand mehr Kaffee trinkt. Die trinken nur noch Espresso und Milchkaffee und Latte Macchiato und, und, und. Ätzend, alles doofe Angeber.

Müsste es nicht heißen »Gelassenheit – wie geht die?« »Die« Gelassenheit heißt es doch schließlich. Wenn sie so weiter macht, wird sie diese Serviette niemals gefaltet kriegen. Sie hat sich die Servietten mit in das Kabuff genommen. Serviettenfalten beruhigt, hat der Sommelier neulich zu ihr gesagt. Das ist eigentlich ein Netter, das muss man sagen, so'n ruhiger Vertreter, der bringt die Leute auf eine ganz gelassene, unaufdringliche, unarrogante Art dazu, teure Weine zu bestellen und macht sie glauben, sie hätten sie selber ausgesucht. Der macht Traut ganz rappelig mit dieser Ruhe, ganz kribbelig wird sie davon, obwohl er wirklich nett ist und nicht so tut, als wäre er Franzose, sondern zugibt, dass er vorher auch in Krefeld, im »Chopelin im Casino«, gearbeitet hat, immerhin die erste kulinarische Adresse am Platze, aber es ist eben nur Krefelder Platz und nicht Monte Carlo.

Also, über den kann Traut sich nicht ernsthaft aufregen, aber was heißt das schon? Neulich hat sie sein Sommelierbesteck im Kabuff versteckt, weil sie dachte, jetzt regt der sich auch mal auf, aber er hat ganz ruhig gesagt: »Chef, ich bin noch mal kurz weg« – und kam umgehend mit einem neuen wieder, die Ruhe selbst.

Eigentlich muss sie sich im wörtlichen Sinne nie über etwas ernsthaft aufregen, das kommt einfach, wie es kommt, so kommt es über sie und sie könnte rasend werden vor Ärger, Aufregung und Nervosität. Und es kommt eben immer und vielleicht kostet es sie bald den Job, wenn der Chef sie nicht mehr erträgt.

Dann hätte sie wirklich einen Grund zur Aufregung. Ausgebildetes Servicepersonal und Hotelfachleute im Alter von dreiundvierzig Jahren sind den meisten Restaurants zu teuer und so viele erstklassige Restaurants gibt es nicht in Krefeld, und die wirklich erstklassigen haben wenig Fluktuation und in den guten, von denen es etliche gibt, wäre sie dann nur eine von vielen Kolleginnen und müsste sich womöglich mit unfähigen Serviererinnen rumärgern und sich tierisch über faule Dilettantinnen aufregen.

Die Servietten sind schon wieder so labberig aus der Wäscherei zurückgekommen, dass sie gar nicht richtig ihre Form halten, die Form, die der Chef unbedingt will auf seinen Scheißtischen in seinem Scheißrestaurant.

Hach, Gelassenheit! Die können reden und Workshops anbieten, diese Therapeuten, die da im »Mercure« tagen, die haben noch nie den Herrn Direktor Ackermanns bedient, der seinen riesigen Bauch gegen die Tischkante presst und immer gerade irgendetwas von der anderen Seite des Tisches an sich heranziehen muss, wenn sie etwas serviert, damit sein Arm wie zufällig ihren Busen streift, dieses Schwein.

»Sehr gerne, Herr Ackermanns, darf ich Ihnen sonst noch etwas bringen? Vielleicht etwas Süßes?« Scheiß drauf. Gelassenheit, wie geht das? Dann sagt der Ackermanns: »Na, was Süßes, Sie sind mir eine, was Süßes passt immer noch rein, was? Hä, hä, in meinem Alter schätzt man süße Sachen besonders, hä, hä.«

Der lacht, wie in den 50er Jahren die Fettärsche gelacht haben. Manchmal wundert sie sich, dass im Jahre 2008 die Fettärsche immer noch so lachen und so aussehen wie in diesen alten Filmen, die sie immer Sonntagsnachmittags im Ersten zeigen und dass die auch noch so aussehen wie die Karikaturen von Kapitalisten aus den 60er Jahren. Dabei ist der gar keiner, sondern bloß Direktor von irgendeinem städtischen Konzern. Mitunter, längst nicht immer, kommt seine Frau mit ins Restaurant, so eine große, knochige, magere mit einer von diesen gnadenlosen Kurzhaarfrisuren, die sportlich aussehen sollen. Traut kriegt immer eine Gänsehaut, wenn sie diese erbarmungslosen Kurzhaardrahthaardackelfrisuren sieht, und die Direktorsgattin – der Arsch sagt tatsächlich »meine Gattin« – die hat einen Mund wie ein Arschloch, kein Wunder, dass der bestimmt in den Puff geht.

Nein, nein, nein, das will Traut eigentlich gar nicht denken, das ist total ungerecht, vielleicht ist die nett und war mal langhaarig und kümmert sich um alte, kranke Leute. Schließlich würde Traut Herrn Ackermanns selber erst recht nicht haben wollen und vielleicht war seine Gattin früher nicht so unbarmherzig zugerichtet und gestriegelt, vielleicht ist sie an seiner Seite so geworden, fragt sich nur, warum er sie da behalten hat, vielleicht kann sie kochen, das würde Traut aber auch wiederum wundern.

Jedenfalls guckt sie sich auch wegen der Gänsehaut, die die Frisur der Frau Direktor bei ihr verursacht, das Programm von diesem Therapeutenkongress an, weil die für jeden Menschen zugänglichen Veranstaltungen am »Tag der Offenen Tür zu dir selber« heute in der »Rheinischen Post« stehen. Chronobiologie klingt auch sehr interessant, da soll man rausfinden, was man für ein Chronotypus ist und sein individuelles Tempo der eigenen inneren Uhr folgend entdecken und ihm folgen. Du liebe Zeit, die haben sie ja nicht alle! Das wird Traut richtig viel nutzen, wenn Tisch 7 genervt guckt, weil die Vorspeise überfällig ist, während Traut ihrer inneren Uhr folgt und erst mal die Beine im Kabuff hochlegt. Und Ackermanns wird toben, wenn sein Amuse bouche nicht kommt, weil Traut ihre Chronobiologie beachtet und Servietten faltet.

»Meditation in Bewegung« klingt auch wie für sie gebacken. Wenn sie diesen Gelassenheitskurs gemacht hat und dann weiß, wie das geht, kann sie vielleicht ihrer inneren Uhr mit Hilfe der Chronomedizin, so heißt das nämlich, folgen, ohne sich aufzuregen und ständig Mordpläne zu basteln und trotzdem eine gute Servicekraft Hotelfachfrau bleiben und in Bewegung meditieren.

»Kellnerin« sagen immer noch viele und das in einem solchen Restaurant! Sie platzt innerlich vor Wut, wenn sie das hört: »Schatzi, sagst du mal der Kellnerin, dass ich doch lieber die Jakobsmuscheln nehme statt des Babysteinbutts?« Und das so laut, dass alle es hören. Sie ist ja schon froh, dass wenigstens das »Fräulein« inzwischen nahezu völlig ausgestorben ist.

Traut drückt ihre Zigarette aus, wäscht sich die Hände, sprüht »Odol«. Der Chef mag es eigentlich nicht, wenn sie raucht, aber solange sich die Gäste nicht darüber beschweren, dass sie stinkt, darf sie drei pro Abend im Personalkabuff rauchen. Eine vorher, eine zwischen Dessert und Schnaps und eine, wenn alle weg sind, wenn sie aufgeräumt und neu eingedeckt hat. Dass sie die Kippe der zweiten gestern in die Manteltasche der Kurzhaardrahthaargattin gesteckt hat, weil die nie aufschaut, wenn Traut serviert und nie »danke« sagt, hat sie auch nicht weitergebracht.

»Meine Hauptmeridiane sollen bei den Verwöhnmomenten durch die Harmoniemassage meine persönlichen Heilkräfte anregen«, murmelt Traut und liest sich fest in dem Programm. Traut ist überhaupt nicht dumm, sie hätte was besseres werden können als Kellnerin, obwohl sie immerhin im fünftbesten Restaurant Krefelds serviert und eigentlich Restaurantleiterin ist, obwohl der Chef die Erstbestellungen des Abends selber abfragt. Was sie kann, das kann nicht jede hergelaufene angelernte Studentin, da braucht es schon ein gewisses Auftreten, die Erfahrung und das Wissen, von welcher Seite aus und wie ohne Daumen auf dem Tellerrand man serviert und wann man die Order für den nächsten Gang in die Küche gibt.

Manche essen langsam, manche schnell und in schlechten Restaurants mit angelernten Studentinnen steht das Hauptgericht schon auf dem Tisch, obwohl die Suppe noch nicht mal halb aufgegessen ist. Sie ist gut ausgebildet worden und sieht auch gut aus, jedenfalls besser als die meisten Frauen, die hier essen kommen, bis auf diese eine Schriftstellerin, die sieht nicht nur richtig nett aus. Traut hat auch schon mal ein Buch von ihr gekauft und als der Chef nicht da war, hat sie, nachdem die Schriftstellerin bezahlt hatte, gefragt, ob sie ihr was reinschreibt und da hat die gesagt, »selbstverständlich, Traut« und geschrieben hat sie »für meine Lieblingskellnerin«. Das fand Traut sehr in Ordnung und da hatte sie auch nichts gegen das Wort »Kellnerin« und hat ihr noch nie ihre abgeschnittenen Fussnägelschnipsel in den geriebenen toskanischen Pecorino auf frischem Ruccola an altem Balsamico gestreut, obwohl sie das bei allen tut, die sie »Kellnerin« nennen.

Der Ackermanns ist so ein Schlachtfeldesser, die hasst sie besonders. Die krümeln das Brot über den ganzen Tisch, obwohl es natürlich Brottellerchen gibt und man bekommt die Krümel beim Abfegen des Tischtuches vor dem Dessert praktisch nie alle mit. Der streut Salz und Pfeffer nicht auf seinen Teller, was sowieso eine Frechheit gegenüber dem Koch ist, sondern er streut sie drum herum über das ganze Tischtuch. Der gießt sich selber den Wein nach, obwohl der Sommelier so aufmerksam ist und dabei kleckert er regelmäßig neben das Glas, weil er diese silbernen Dinger hasst, diese biegsamen Silberplättchen, die sie gerollt in die Flaschenhälse stecken, damit sie nicht so viel Ausschuss bei der Tischwäsche haben.

Nein, der Herr Ackermanns, Direktor, nimmt die heraus und sprüht schon dabei feine Rotweintröpfchen über die cremeweißen Tischdecken, weil er behauptet, dass die Silberdinger dem Geschmack schaden! Das ist natürlich Quatsch und aufgeblasener Blödsinn, aber was will man machen? Der Gast hat immer Recht und der Sommelier, der in den ersten Häusern gelernt hat, der kann sogar tropfenlos eingießen ohne diese Dinger, aber der Herr Direktor kann nicht auf ihn warten.

Die »Neue Remise« hat 8 Tische, das ist nicht viel, die hat Traut mit einem Azubi im Griff und der Sommelier auch, wenn sie normale Gäste hätten, die mal eine Minute auf ihren Wein warten könnten. Aber die werden immer weniger, weil immer weniger Leute so viel Geld haben und die, die es haben, werden immer unsympathischer, aufdringlicher und arroganter. Die haben mal was gelesen über die »Servicewüste Deutschland« und wollen nun beweisen, dass das auch tatsächlich so ist, obwohl Traut sich wirklich größte Mühe gibt und nicht nur sie. Aber sie kriegt ständig was über sich und das geht einfach nicht so weiter, dass sie, wenn sie um drei Uhr endlich im Bett liegt, sich die grauenhaftesten Tötungsarten ausdenkt für die Ackermanns und Werbefuzzis und es bald mit Kratzern auf Leder, Fußnägeln und Zigarettenkippen in Manteltaschen nicht mehr getan ist.

Sie muss gelassener werden und achtsamer und ihre Mitte finden. Ihre Cousine hat ihre Mitte gefunden und verkündet das flächendeckend und nervt Traut damit. Die hat ihr gesagt: »Ich bin jeden Abend sieben Stunden auf den Beinen, da brauche ich keine Ausgleichsgymnastik, das kannst du mir glauben.« »Aber«, hat ihre Cousine gesagt, »wohin und wo da deine Energiesäfte fließen, das merkst du dabei nicht und es kann zu Stockungen kommen, von denen man nichts ahnt, aber wo man dann was hat. Deshalb muss man seine Mitte finden und fühlt sich dann irgendwie angekommen in der Mitte.« Traut war sauer. »Kümmere du dich um deine eigenen inneren Säfte.« Und innerlich hat sie gedacht, ich weiß einfach nicht, wer meine Energien so blockiert, dass ich immer alle Gäste umbringen könnte.

Wenn sie nun Meditation in der Bewegung lernt, kann sie zumindest das Weingelee servieren, ohne dass es zittert. Der Busen bebt nicht, aber das Weingelee, ein überaus beliebtes Dessert in der »Neuen Remise«. »Das geht immer noch rein«, aber es zittert ihr manchmal in der Hand, so steif ist es und so rasend hat sie einer gerade wieder gemacht, der, kaum hat sie das Weingelee in der Küche bestellt, doch lieber Käse will.

Und genau deshalb muss sie in diese Kurse gehen, wenigstens in einen. Sie schafft das nicht mehr, sie erträgt den Direktor-Arsch und den Werbefuzzi mit seinem ausgebreiteten Gestöhne nicht mehr. Sie erträgt die Zicke aus dem Theater nicht mehr, die immer sagt »aber ein bisschen heißer könnte der Teller schon sein oder?«, weil sie ihr unterstellen will, sie hätte ihn zu spät serviert und die immer zwei Stunden nach dem Hauptgericht wartet, bevor sie sich doch wieder kein Dessert bestellt, aber immer hofft, sie kriegt einen Schnaps umsonst wie beim Griechen. Dabei ist die »Neue Remise« ein sehr gutes, ein ausgezeichnetes Restaurant, in dem Schnäpse auf Kosten des Hauses keinen Magen betäuben müssen, weil alles köstlich schmeckt, da soll mal Jemand was anderes behaupten von diesen reichen Ignoranten. Dafür berechnet ihr Traut immer einen doppelten Digestiv, obwohl der Sommelier nur einen einfachen ausschenkt, aber darüber hat die Zicke sich noch nie beschwert.

»Refreshing für Fortgeschrittene«, das verstehe ein Mensch! »Tibetische Klangmassage« klingt wiederum ansprechend, vielleicht wäre das was für ihre Füße. Sie sagen jetzt, man soll den Füßen die Chance geben, frei zu atmen, weil da alles mögliche von der Seele drin sitzt und sich da viel ansammelt. Fussreflexzonenmassage ist der Hit bei vielen Kolleginnen, hat sie gehört, damit sich das Seelische da unten in den Reflexzonen nicht zusammenballt, anstatt zu fließen und für die Wellness zu sorgen. Was Reflexzonen genau sind, weiß Traut nicht, sie war von klein auf kitzelig an den Füßen und nicht nur, wenn sie Sorgen hatte. Irgendwie widerspricht sich da einiges von dem, was sie einem alles so raten zur Selbstverantwortung für seine Gesundheit.

Gut, morgen wird sie ins »Mercure« gehen und sich für übermorgen für etwas anmelden. Das kann sie gut vor der Schicht erledigen, 18 Uhr muss sie da sein, 19 Uhr wird geöffnet, Mistkerle und Gangster wie Ackermanns und Werbefuzzi bleiben bis 1.30 Uhr mindestens. »Rituale für die Stille und gegen den Stress«, das klingt gut und außerdem soll man die bei einem »Frauenfrühstück« lernen. Das ist doch was, mit Frauen frühstücken, mit Männern hat sie seit Jahren nicht gefrühstückt und ist froh drum, es reicht, wenn die Abends in ihrem Beisein krümeln. Für dieses Frauenfrühstück zum Stillerituale lernen wird sie sich anmelden.

Die Servietten stehen. 18.45 Uhr. Traut kontrolliert zum letzten Mal die Eindeckung mit einem Blick ins Anmeldebuch. Natürlich, heute ist ihr Glückstag, Werbefuzzi ist angemeldet für 2 Personen, also mit neuer Blondine. Auch sonst alles Zweiertische, bis auf einen Dreiertisch, den sie nicht kennt, aber viele Zweiertische sind gut, nicht so stressig in der Abstimmung, bei Dreien werden immer gerne einmal 5, einmal 3 und einmal 4 Gänge mit plötzlicher Änderung kurz vorm Hauptgericht genommen. Alles Erfahrung. Direktor-Arsch samt Gattin, na wunderbar. Theaterzicke immerhin nicht, leider auch die Schriftstellerin nicht, sechs fremde Tische, ungewöhnlich. Vielleicht liegt das an der »Juister Woche«, die sie diese Woche anbieten. Neue Idee vom Chef, machen jetzt alle, sogenannte »Themenabende«. Letzte Woche gab es »Tessiner Wonnen«, davor »Österreichische Freuden«, bei »Juister Woche« ist ihm wohl die Poesie ausgegangen. Jedenfalls wird »neues Publikum« angesprochen, wie der Chef gerne sagt, viel Krabben und Fisch, das wird anstrengend, da muss sie viel vorlegen, weil es auch im Ganzen gebratene Fische gibt. Es kann aber sein, dass sich einige vom neuen Publikum nicht trauen, die zu bestellen, das wäre günstig. Nicht, dass Traut faul ist, im Gegenteil, aber sie weiß, wenn sie vorlegen muss, wird alles enger. Vielleicht sind nette Gäste dabei, es geschehen noch Zeichen und Wunder.

Der Dreiertisch hat ein Kind dabei. »Meine Enkelin«, strahlt eine lila Gegraute, »die soll früh lernen, was gutes Essen bedeutet, nicht Mausi?«. Mausi ist ungefähr sieben und gehört nach Trauts kinderloser Meinung ins Bett, aber bitte sehr. »Was möchtest du denn Feines essen?«, fragt sie, nachdem sie die Aperitifs serviert hat und weiß, dass die mit Käsecreme gefülltenBlätterteigteilchen gleich fertig sind, die es zum Aperitif gibt, und der Chef diskutiert das Überraschungsmenu mit dem Werbefuzzi, dessen heutige Begleitung wieder hinreissend aussieht, wie Claudia Schiffer, findet Traut und guckt richtig hin und zieht den Bauch ein, wahrscheinlich ist es Claudia Schiffer, du meine Güte, das muss sie ihrer Cousine erzählen.

Mausi fegt derweil das Besteck vom Tisch, der Azubi läuft schon, um frisches zu holen und Mausi quietscht: »Ich will Pommes mit Mayo«. Natürlich kann der Koch wunderbare Pommes backen, die kriegt ihre Pommes. Jetzt trommelt sie mit dem Messer auf dem Brottellerchen herum und kreischt: »Guck mal Opa, ich krieg den kaputt«, und der eigentlich sehr distinguiert aussehende Opa lacht dröhnend, was gar nicht zu seinem Aussehen passt und sagt zu Traut: »Die haben Selbstbewusstsein heutzutage die Kinder, das hatten wir nicht!« Aber die hat mehr als gut für sie ist, findet Traut, die sich wundert, dass die Drahthaardackelfrisur gar nichts sagt am Nebentisch. Die lila Gegraute lächelt milde und sagt »pscht, Mausi!«, was Mausi nicht interessiert, die jetzt unter den Tisch kriecht und Opa und Oma offenbar in die Beine zwickt, denn die beiden kreischen betont laut und albern empört »autsch«!

Die anderen Gäste drehen sich um. Der Chef ist in der Küche. Traut serviert die Aperitifs an den anderen Tischen, holt die Blätterteigtaschen und verteilt sie lächelnd und kann sich kaum mehr beherrschen. Warum hat sie kein Fleischermesser dabei, das sie in dieses geliftete Grinsgesicht der lila Gegrauten stechen könnte? Wahrscheinlich hat diese Landplage von Mausi eine Störung des körpereigenen Energiesystems und müsste dringend in einen Kurs. Sie zieht gerade gefährlich energisch an der Tischdecke und lacht gackernd. »Oma, ich guck der Tante unter den Rock« kreischt sie, als Traut ihren Großeltern das Amuse Bouche serviert. Traut sieht rote Kreise vor den Augen. Es brüllt aus ihr heraus, sie kann es nicht zurückhalten. »Jetzt kommst du sofort und auf der Stelle da unten raus, setzt dich anständig an den Tisch und hältst die Klappe, du verdammtes Biest.«

Tödliche Stille. Im ganzen Restaurant ist es totenstill. Traut möchte sterben. Auf der Stelle. Da sagt plötzlich eine ältere Dame: »Bravo, junge Frau«. Einige Gäste lächeln, alle essen und plaudern weiter. Der Sommelier beginnt seine Beratung.

Traut steht mit hochrotem Kopf. Ackermanns knallt seine Serviette auf den Tisch, steht auf, dass der Tisch vor seinem Wanst wackelt und sagt, »das ist ja wohl das Letzte«. Ackermanns als Kinderfreund? Aber er geht nicht hinaus, sondern nur zur Toilette und Kurzhaardrahthaarfrisur schüttelt zwar den Kopf, aber trinkt in nur einem Zug ihren Champagner aus, dann den Rest aus Ackermanns Glas und isst hastig alle verbliebenen Blätterteigteilchen. Der distinguierte Opa zerrt seine völlig verstummte Enkelin unterm Tisch hoch, lila Gegraut erhebt sich gleichfalls, die Drei verschwinden gruß- und wortlos, übrigens ohne den Aperitif zu bezahlen.

Der Chef kommt aus der Küche, eine Geste für das neue Publikum, serviert persönlich die restlichen Amuse Bouche, Krabben auf Minirösti. Er hat nichts von dem Skandal bemerkt, aber jetzt sieht er den fluchtartig verlassenen Tisch, zieht die Augenbrauen hoch, begrüßt immerhin noch sehr herzlich Claudia Schiffer mit Handkuss und winkt Traut in die Küche.

Dort steht schon der Azubi und kriegt sich gar nicht mehr ein vor Schadenfreude und japsendem Lachen: »Und das Balg unterm Tisch und unsere Traut brüllt . . .« Und erzählt die ganze Geschichte, die Brigade spitzt die Ohren, arbeitet aber routiniert weiter. Der Chef schüttelt den Kopf und sagt sehr leise zu Traut: »Das letzte Mal, hörst du, das war das letzte Mal. Morgen ist Ruhetag, du gehst in einen Kurs oder du kannst deine Papiere abholen.«

Irgendwie schafft Traut den Abendservice. Sie beisst

wieder ganz fest die Zähne zusammen, als Ackermanns wie zufällig plötzlich eine Hand an ihrem Po hat, der weiß, wann man sich nicht wehren kann, fegt die Scherben vom Rotweinglas des Werbefuzzis schweigend auf, serviert sechs Mal zitterndes Weingelee, heute als Hommage an Juist mit Sanddornsaft verfeinert, bringt ein siebtes, »aber gerne, selbstverständlich«, zum Kurzhaardackel, der gerne kostenlos ein neues hätte, weil das erste zu flüssig war, was er aber erst merkte, als die Schüssel leer war. Ackermanns hat abgewehrt, Juist hin, Juist her, gegen Sanddorn ist er allergisch, schon als Kind war er das, der kommt ihm nicht ins Haus, lieber die Mousse von weißer Schokolade mit frischen Himbeeren, aber sehr gerne. Traut hält es ohnehin für eine Schnapsidee, Sanddorn in das schöne Weingelee zu tun, aber da sie keine Ahnung von Sanddorn hat, ist es ihr auch egal. Heute sowieso.

Es wird ernst, denkt Traut, als sie ihre letzte Zigarette im Kabuff raucht, ihren schwarzen Rock ausbürstet und in den Verschlag hängt. Du musst zu dem Frauenfrühstück mit den Ritualen der Stille.

Traut betritt das wunderschöne Foyer des »Mercure« und möchte als erstes sofort in den tiefen Sesseln versinken und sich von einer der hübschen Kolleginnen einen Campari bringen lassen. Große Welt. Da braucht man keinen Gelassenheitskurs, tiefe Ruhe, warmer Frieden strömt in Trautes Bauch. Aber das wird ja nicht anhalten, es kommt sofort das Bild von gestern Abend, das kleine Biest unterm Tisch, Ackermanns Hand am Po, Werbefuzzis Scherben. Der Chef und sein Ultimatum. Sie hat schon gesehen, dass morgen die Theaterzicke mit vier Personen gebucht hat. Da kann sie dann gleich üben.

»Lernen Sie, tief in Ihrem Inneren bei sich selber zu sein. Dort, wo Sie ganz mit Ihrem inneren Kind ein achtsames Gefühl haben. Und atmen sie tiiiiiiiief in den Bauch, bleiben Sie bei sich.« Traut ist außer sich. So ein Quatsch, »inneres Kind«, da denkt sie nur ununterbrochen an das Früchtchen unter dem Tisch, ihr Bauch ist ein Brett vor Wut, da atmet nichts. 82 Euro kosten drei Stunden! Na gut, der Chef gibt was dazu, hat er jedenfalls vorgestern noch gesagt.

»Bleiben Sie eins mit sich und Ihren inneren Wünschen, Bedürfnissen und Sehnsüchten, sagen Sie ‚nein' zu jenen, die nicht gut für Sie sind, trennen Sie sich von den Räubern Ihrer Gelassenheit.« Ha, trennen, die hat gut reden, diese Heilpraktikertussi von einer Therapeutin. Trennen von den Räubern der Gelassenheit! Ackermanns, du Dieb, ich sage »nein« zu dir und deiner Kurzhaargattin!

Traut fühlt sich jetzt eigentlich ganz wohl, auch wenn sie das mit dem Bauchatmen vergessen kann und speziell keine Sehnsüchte spürt, außer denen nach einer Zigarette. In der Pause steht sie vorm Hotel und raucht und denkt, ich schaffe das, gelassen, ruhig, verbindlich und souverän. Der Chef wird sich wundern. Kinder, kommt in die »Neue Remise«, Tante Traut empfängt euch mit Liebe und Achtsamkeit!

Traut hört im zweiten Teil kaum noch zu, sie freut sich schon so auf Morgen, wenn sie der Theaterzicke, dieser Räuberin ihrer Gelassenheit, sagen wird: »Nein, Frau Rohrschütz-Möbius, bedaure, der Framboise für 12 Euro ist aus, wir haben nur noch den Calvados von 1972 für 32 Euro.« Hach, Gelassenheit ist doch was schönes. »Nehmen Sie bitte umgehend Ihren Arm von meinem Busen, Herr Direktor«, leise lächelnd und ganz sanft, eins mit sich und ihren Wünschen, wird sie das sagen.

»Vertrauen Sie einfach der ganzheitlichen Begegnung mit Ihrer Mitte.« Der Schlusssatz, der fast schon im prasselnden Beifall der Frauen untergeht, ist für Traut eine echte Offenbarung. Genau das wird sie tun, ihrer Mitte vertrauen, ganzheitlich. Das hat ihre Cousine wahrscheinlich gemeint.

Traut verbringt noch einen halben Tag im »Mercure«, schaut hier rein und dort rein, hört zu und hat sich seit Jahren nicht so ruhig gefühlt. Schnuppert in einen Vortrag über Allergien, von denen sie bislang verschont geblieben ist. Schrecklich, was manche Leute alles haben. Ackermanns will gegen Sanddorn allergisch sein, findet er wahrscheinlich interessant, heutzutage kommt man ohne Allergien kaum mehr aus. Theaterzicke hat einen Sack voll davon, nur Schnaps gehört nicht dazu. »Eine allergische Disposition mit multiplen Allergien ist gar nicht selten«, hört Traut und denkt, na ja, typisch Zicke, hat sich wieder was ausgesucht, was in ist, »die meisten Menschen haben mehrfache Allergien. Sagen wir, Sie reagieren allergisch auf synthetische Duftstoffe, zusätzlich haben Sie aber auch noch eine Allergie gegen eine Pflanze, aus der eine Speise ist. Der Betroffene merkt das, wenn er die Speise isst, indem es sich pelzig im Mund anfühlt, hinzu kommt ein Kribbeln auf der Zunge, wahrscheinlich Durchfall. Wenn es wirklich schlimm kommt, kann es durch diese multiple Allergie zu asthmatischen Beschwerden, Kreislaufkollaps, Schock, Herzstillstand und ohne ärztliche Hilfe zum Tod kommen.«

Frohgestimmt beginnt Traut ihren Dienst am nächsten Tag. Strahlt die Theaterzicke an, ist umsichtig, versucht, in den Bauch zu atmen. Mit großer Gelassenheit lässt sie ihren Fuß eine Zeitlang auf dem Fuß eines Regisseurs stehen, der sich über ein angeblich zu stark durchgebratenes Entrecôte beklagt, mit ruhiger Hand kippt sie einen kleinen Schwall des Rote-Beete-Süppchens auf das weiße Röckchen der Theaterzicke, eilt hin und zurück mit heißem Wasser und tausend Entschuldigungen und bringt auf Geheiß des Chefs den alten Calvados zur Beruhigung auf Kosten des Hauses.

»Traut«, sagt der Chef am Ende des Abends, »ich sehe,

dass du dir Mühe gibst, ich habe auch kein Wort von dir gehört heute Abend in der Küche, keinen Fluch im Kabuff, aber diese Ungeschicklichkeiten, die müssen sofort wieder aufhören, ist das klar?«

Traut wird vorsichtig, bleibt aber eins mit sich und sehr gelassen. In der folgenden Woche gießt sie heimlich ein paar Tröpfchen Nussöl über den Salat der Theaterzicke, die daraufhin während des Hautgangs in roten Pusteln erblüht. Niemand weiß, wogegen sie nun allergisch reagiert hat, denn alles ist von der Küche beachtet worden, der Abend endet für sie unschön und hastig.

»Die sehen wir nicht wieder«, sagt der Chef, »erst die Rote-Beete-Geschichte, jetzt das. Ich weiß, dass du nichts dafür kannst heute, Traut, aber wenn das mit dem Süppchen nicht passiert wäre, hätte sie vielleicht noch mal drüber weg gesehen. Sehr ärgerlich, sie hat immer viele Gäste mitgebracht. Ich hoffe sehr für dich, dass nichts mehr passiert.«

Traut macht sich zu Hause ein Weingelee. Sie mochte das immer schon gerne, das ist ein einfaches Rezept, sie mag das Wabbelige zwar nicht so gerne servieren, isst es aber gerne und der Patissier hält ihr oft ein Schüsselchen zurück. »Sagen Sie ‚nein' zu den Räubern ihrer Gelassenheit«, summt Traut vor sich hin, während sie beim zweiten Mal großzügig Sanddornsaft statt Wein verwendet. Sie hat aber keine Lust, es zu probieren, für ihre Zwecke muss es nicht gut schmecken.

Werbefuzzi hat diesmal, zur großen Überraschung aller, eine Brünette dabei und ist außer Rand und Band. Bestellt einen teuren Burgunder nach dem anderen. Der Sommelier kommt kaum nach, das Haus ist voll. Traut übernimmt zwischendurch das Einschenken und lässt kurz vor dem zu erwartenden Armeausbreiten und Orgasmusstöhnen die Flasche nahe am Tischrand stehen. Werbefuzzi, der nur Augen für das Dekollete der Brünetten hat, streckt seinen Wanst, breitet programmgemäß die Arme aus und fegt den teuren Burgunder nicht nur vom Tisch, sondern einen Teil seines Inhalts auch auf den Schoß der Brünetten. Gekreisch, Geschrei, Traut Scherben fegend, Azubi Servietten auf dem Brünettenschoß verteilend, Chef außer sich, Werbefuzzi peinlichst berührt.

»Der kommt nicht wieder«, sagt Traut und der Chef starrt sie an. »Du bringst uns neuerdings Unglück, Traut, auch wenn du nichts dafür kannst«, sagt er. »Aber das wird sich rumsprechen in Krefeld, dass hier den Gästen ständig was passiert. Du bist ruhiger, das stimmt, aber irgendwas stimmt nicht. Vielleicht solltest du dir jetzt doch bald einen anderen Arbeitsplatz suchen.«

Traut glaubt nicht, dass er sie quasi schon rausgeworfen hat. Sie hat so viel gelernt im »Mercure«, was sie in die Tat umsetzen kann, das muss ihn doch freuen, diese Arschlöcher los zu sein. Neues Publikum!

Wegen des großen Erfolges wird die »Juister Woche« wiederholt. Ackermanns kommt ohne Kurzhaardackelgattin, dafür mit drei anderen unbekannten Fettsäcken. Und spielt sich schon vor dem Hinsetzen mit seiner besonderen Beziehung zu Traut auf. »Das hier, meine lieben Freunde, ist meine allerliebste Lieblingskellnerin in meinem Lieblingsrestaurant, die immer was Süßes für mich in der Hinterhand hat, ha, ha.« Und legt Traut einen Arm um die Schulter, wobei seine Hand bis zu ihrer Brustwarze reicht und sie den Bruchteil einer Sekunde quetscht. Traut entwindet sich ihm nicht ohne Charme mit großer Gelassenheit und einem souveränen Lächeln und sagt: »Bitte meine Herren, dieser Tisch ist Ihrer, der Herr Direktor Ackermanns ist ein besonders gern gesehener Gast in der ‚Neuen Remise'«.

Dieses Schwein, dieses elende. Traut vergisst ihre schöne neue Gelassenheit und rast in die Küche. »Dieses Drecksschwein, dieses miese Stück hat mir an den Busen getatscht.

Den müssen Sie rausschmeißen, Chef.«

Der schüttelt traurig den Kopf. »Mensch, Traut, nimm dich zusammen. Du hast ja Verfolgungswahn. Zum 31. musst du gehen. Der Ackermanns ist unser bester Stammgast! Und wir haben in diesem Monat schon Frau Röhrschütz-Möbius und den van den Brock verloren, mit mehr oder weniger starker Nachhilfe durch dich.«

Traut will durchhalten. »Na, noch was Süßes für die Herren?«, fragt sie nach dem Hauptgang das Ackermannssche Männerquartett lächelnd. Fettsack preist seinen Freunden erfolgreich das berühmte Weingelee an, das wegen der »Juister Woche« speziell mit Sanddornsaft gemacht wird, für ihn aber bitte normal, ohne Sanddornsaft.

Traut gelingt es zu dieser Uhrzeit, wo zwei Drittel der Gäste ohnehin angetrunken und jedenfalls vollgefressen sind, ohne Aufsehen im Kabuff ihr persönlich zubereitetes Sanddorngelee mit dem in der Küche speziell für Ackermanns gefertigten Weingelee ohne Sanddorn auszutauschen. Ein paar Zitronenmelisseblättchen und ähnliches Zeug, das sie nicht kennt, hat sie aus der Küche vom Platz des Patissier geholt, also muss es zu Desserts passen, und sie dekoriert großzügig und ohne hinzugucken oder dran zu riechen das Extra-Sanddorngelee damit. Es sieht ein bisschen anders aus als die Gelees aus der Küche, aber das ist ja in Ordnung, schließlich ist es das ohne Sanddorn, speziell für den Herrn Direktor.

Traut kichert ganz leise. Sie kennt Ackermanns, der ist zu diesem Zeitpunkt meist so hinüber, dass es egal ist, wie etwas aussieht oder schmeckt. Sie serviert formvollendet ihr spezielles Sanddorngelee als Weingelee ohne Sanddorn dem Herrn Ackermanns mit guten Appetit-Wünschen gemeinsam mit den drei anderen Weingelees mit Sanddorn für die drei anderen Fettsäcke.

Ackermanns fasst sich sofort nach dem ersten Löffel an die Lippen. »Scheiße«, sagt er, »das brennt ja wie Feuer, da ist Sanddorn drin, was ist das denn hier für ein Saftladen?

Ich habe doch ausdrücklich ... dicker Busen und nichts im Kopf ... sorry, Jungs, ich muss ...« Ackermanns rennt zur Toilette.

Der Chef stürzt aus der Küche: »Was ist hier los?« Es gibt ein hastiges Durcheinander von Beschuldigungen, einen stechenden Blick vom Chef auf Traut.

Die zuckt gelassen die Schultern. »Ich habe keine Ahnung, Chef, ich habe aus der Küche drei Mal Weingelee mit Sanddorn und einmal ohne für den Herrn Direktor geholt, das kann gar nicht sein, ich irre mich nie im Service, das wissen Sie doch ... ich probier einfach mal.«

Traut greift hinter sich auf die Anrichte, nimmt sich einen Löffel und isst rasch Ackermanns Weingelee auf.

»Anaphylaktischer Schock, da ist nichts mehr zu machen.« Der Notarzt kniet neben der Leiche. Jetzt erhebt er sich seufzend und kopfschüttelnd. »Gar nicht so selten heutzutage. Die meisten Menschen wissen überhaupt nicht, gegen was sie alles allergisch sind und wenn dann verschiedene Allergien zusammen kommen ... Dem Herrn geht' s übrigens gut, der hat nur Durchfall."

»Mit ein bisschen mehr Gelassenheit«, sagt der Chef traurig, »hätte Traut doch wirklich bei mir alt werden können.«

Weingelee

3/4 l Weißwein oder Apfelwein
150 g Zucker
1/4 l Wasser
25 g weiße Gelatine
etwas Zitronensaft

Zucker mit Wasser aufkochen und die Gelatine darin auflösen. Den Wein in eine Schüssel geben und die Zuckerlösung hinzufügen. Mit Zitronensaft abschmecken.

Das Rezept kann auch mit Rotwein bzw. Heidelbeerwein variiert werden.

Nachtangst

Alles vibriert. Es dröhnt, schlägt, hämmert mit ungeheurer Gewalt. Überall ist Vibration und Dröhnen, nirgends Luft. Keine Luft, mein Gott, rein gar keine Luft, dafür tonnenschwerer Druck auf der Brust. Okay – auf der Brust, das bedeutet, ich bin's, ich bin noch da – aber was ist das? Was dröhnt, was drängt da, was vibriert und schlägt und pulsiert überall im Körper – ja ich bin im Körper, in meinem Körper, nur der ist ... ich weiß nicht was. Gefangen in ihm bin ich, wie in einer Trommel, auf die ein Riese einschlägt. Luft, wieso krieg ich keine Luft? Was hält mich, was drückt mich nieder, nimmt mir den Atem?

»Oh mein Gott« – endlich, ein Schrei, mein Schrei. »Mutter!« Noch ein Schrei und ich bin wach. Mutter? Das kann nicht sein. Sie ist tot, schon lange tot. Ich aber lebe. Denke ich, denn ich fühle, dass ich senkrecht im Bett sitze, zitternd wie Espenlaub, kein Wunder, ich bin nassgeschwitzt und es ist kalt hier.

Der Gedanke hallt durch mein von der Nachtangst leergefegtes Hirn. Schlagartig begreife ich: Wenn ich wach bin, wenn ich lediglich mit den Wechseljahren, mit nächtlichen Schweißausbrüchen und Angstattacken gerungen habe, wo ist mein Bett? Wo ist – woher kommt das Geräusch, atmet da wer? Mein Ex ist vor Jahren aus- und mein späterer Lebensgefährte nie eingezogen. Meine Tochter lebt schon ewig mit ihrem Freund zusammen. Und mein Sohn ... ist tot. Ich will nicht an ihn denken. Schon gar nicht in dieser undurchdringlich feindlichen Schwärze der Nacht. Schon gar nicht, wo ich immer noch nicht weiß, was ist passiert, wo bin ich. Immerhin, der Atem ist meiner – jetzt, wo ich ihn angehalten habe, ist die Stille nicht zu überhören.

Ich nehme mich zusammen, atme aus und wieder ein; öffne und schließe und öffne meine Augen. Es bleibt dunkel, also ist dies ein dunkler Ort. Vorsichtig taste ich mit meinen Fingern den Bereich um mich herum ab. Beton, eiskalt, staubig und schmutzig, das sagt mir die erste Berührung. Ich bin nicht verletzt, hier ist nirgends Blut.

Wie sich Blut vermischt mit Staub auf Beton anfühlt, weiß ich, seit ich den Fehler machte, die Begeisterung meines Ex für den ersten großen Rohbau, den er in der Stadt als Architekt errichtet hatte, nicht spontan genug zu teilen. Hinter mir ist eine Wand, das spüre ich mit dem Rücken, genau wie vor mir eine sein muss. Das signalisieren meine Fußspitzen – ah, ich habe Schuhe an, nicht nur Socken, das ist gut, nicht nur, weil mich die steinerne Kälte des Betons an meinen Zehen erschrecken würde. Aber – auf meiner linke Seite ist gar nichts! Wieder beginnt mein Herz zu rasen, bricht mir der Schweiß aus. Ich versuche ruhig und tief zu atmen. Ich zwinge mich, mit meiner rechten Hand Halt zu suchen. Als ich nur Zentimeter neben meinem Oberschenkel ein Stück senkrechten Beton spüre, vielleicht zwei Handbreit hoch, dann wieder ein Stückchen Boden, begreife ich, ich bin auf einer Treppe und nicht etwa am Rand eines Abgrundes.

Erleichtert will ich mich aufrichten, doch noch bevor ich meine Knie durchstrecken kann, stoße ich mit dem Kopf gegen etwas – ist das hier doch keine Treppe?! Wieder überwinde ich meine Angst, verbanne ich alle Bilder möglicher und unmöglicher Schrecken, die in der tiefen Schwärze dieser Nacht lauern könnten, und taste. Holz, mehr Holz, dann Metall – eine Art Falltür, aber über mir, und sie ist nicht verschlossen, ich muss also überhaupt nicht panisch werden.

Ich öffne die Tür und strecke mich der Nachtluft und dem Sternenhimmel über Duisburg entgegen. Wie hell der Nachthimmel sein kann ...! Begierig atme ich und dehne mich so in die Weite über der dunklen, aber keineswegs stockdunklen Stadt. Ich meine den nahen Rhein zu spüren und die Ebene dahinter auch, die sich bis Holland, bis hinter den Horizont erstreckt. Frei, ich bin frei, denke ich.

Noch während sich mein Körper entspannt, entkrampft, ja fast so etwas wie Freude, geradezu Euphorie mich durchströmt, erfasst mich erneut Panik: Hier bin ich also, hier auf dem Dach des heruntergekommen Hochhauses in Hochheide! Damit weiß ich, welcher Teufel mich geritten hat und ich verfluche den Tag, an dem ich meinen Sohn gebar.

Vier Jahrzehnte ist das her, und er hat nicht mal die Hälfte davon überlebt. Dabei war er ein gesundes und so kräftiges Kind, dass es mich fast zerriss, ihn auf die Welt zu bringen. Doch Stolz und Freude meines Mannes schienen es wert; als er diesen seinen Erstgeborenen, seinen Stammhalter hochhob, dachte ich, jetzt beginnt mein, unser gemeinsames Glück. Dabei hätte mich die blutige Rohbaubesichtigung eines besseren belehren können. Von wegen . . . ich kannte ja auch meine Mutter und bin dennoch die ersten Male verwundet und verängstigt zu ihr an den Niederrhein geflüchtet. Ohne ein Wort zu mir rief sie stets ihren Schwiegersohn an: Der war ja nun für mich verantwortlich. Was sollten die Leute denken . . . darauf hat sie schon immer viel gegeben. Das hatte sie mir schließlich auch eingebleut.

Allein mein Sohn wollte das nicht verstehen. Vielleicht ist es ganz normal bei einem Kind, dass es schreit, dass es Lärm macht, dass Dinge zu Bruch gehen. Ich hab weiß Gott versucht, andere Wege als meine Mutter zu finden, um damit umzugehen. Manchmal gelang es mit guten Worten oder wenigstens drohenden Sätzen, den Jungen zur Ordnung zu rufen. Aber manchmal dachte ich, er wolle nicht begreifen, mit Absicht nicht. Er war doch nicht dumm, er musste wissen, dass er sich solche Auffälligkeiten nicht erlauben konnte, wenn sein Vater in der Nähe war. Selbst seine kleine Schwester hatte das begriffen, noch bevor sie sprechen lernte. Nur mein Sohn machte ständig Ärger. Was konnte ich dafür, dass sein Vater ihm regelmäßig die Quittung präsentierte? Wie hätte ich das verhindern sollen? Zugegeben, tief drinnen war es mir nicht unrecht, dass damit nun jemand anders die Wut zu spüren bekam. Zuhause pflegte sich mein eigener Herr Bruder bis zum Tag meiner Hochzeit und damit meines Auszuges einen Spaß daraus zu machen, mir mit Petze und so mit Prügel zu drohen . . .

Prügel, Schläge, mehr oder weniger unverhohlene Verachtung gepaart mit Wut, all das kannte ich mein Leben lang. Und was immer meinen Sohn ritt, wenn er mal wieder seinen Vater provozierte, damit hätten wir alle leben können. Sicher, es tat seiner Schwester nicht gut, wenn sie Zeugin dieser Ausbrüche wurde. Mich verstörte es ja auch, und ich war froh, wenn mein Ex in seinem echauffierten Zustand danach mich nicht in meinem Schlafzimmer aufsuchte, sondern in seinem blieb oder erschöpft auf dem Sofa schlief.

Ich weiß nicht, ob ich ihn noch liebte, als mir das Ausmaß seines Betruges klar wurde. Ich wusste nie, ob ich ihn je um seiner selbst willen geliebt oder doch nur als Ausweg aus meinem Eltern-, meinem Mutterhaus gewollt hatte. Raus aus dem Kaff am Niederrhein, raus aus der Enge unter den Argusaugen meiner Mutter, hinein in die große Stadt, kopfüber ins Gewimmel – Duisburg war vielleicht nicht Düsseldorf, dennoch . . . wir hatten es zusammen weit gebracht. Es hätte ein gutes Leben sein können, vielleicht hätte er ja seinen Jähzorn eines Tages in den Griff bekommen . . . ? Vielleicht hätte mein Sohn eines Tages begriffen, vielleicht wäre es gelungen, den Herrn des Hauses nie wieder zu provozieren . . . ? Manchmal ging es doch wochenlang und länger gut. Ruhige Phasen gab es immer wieder.

Dennoch beunruhigte es mich, als mir eines Tages in

einer solchen klar wurde, mein Mann war seit Wochen nicht mehr in meinem Bett gewesen, hatte mich bereits Monate auch nicht im Auto oder einem Rohbau rangenommen, beackert, wie er es zu nennen pflegte. Erst fürchtete ich, er könnte ein Geliebte haben, aber ich fand keinen Hinweis. Vielmehr hofierte er unsere kleine Tochter mehr und mehr wie eine Prinzessin – was hatte das zu bedeuten, fragte ich mich schaudernd. Ich erklärte meinem Mann, unser Sohn sei zu alt, um mit seiner Schwester ein Zimmer zu teilen, also werde sie in meinem Zimmer schlafen, bis wir im nächsten Jahr in ein größeres Haus ziehen wollten. Wenn ihn, meinen Herrn und Architekten, nach mir verlangte, würde ich zu ihm kommen. Falls ihm das Arrangement recht sei, natürlich nur dann. Es war ihm sogar sehr recht, und ich konnte nichts mehr sagen. Bis zu der Nacht, die alles änderte, zumindest für unsere Familie.

Mein Sohn, damals mit seinen 14 Jahren mitten in der Pubertät, hatte sich unmöglich benommen und das, obwohl sein Vater völlig überarbeitet nach einem überaus langen Tag nach Hause gekommen war. Es war jedem klar, was passieren würde – gut, er hätte seinen blau und grün geschlagenen Sohn nicht dazu zwingen müssen, im Wohnzimmer auf einem Holzscheit knieend auf väterliche Vergebung zu warten. Das war für mich wie für meine Tochter unerträglich. Wir beide zogen uns in unser Schlafzimmer zurück und schauten unsere Lieblingssendung eben auf dem kleinen, tragbaren Fernsehgerät, während ich lauschte, wann die beiden Männer des Hauses nach oben kommen würden. Er musste wohl noch arbeiten und mein Sohn . . . an den wollte ich nicht denken, schon gar nicht so kurz vor dem Einschlafen.

So hatte ich das unschöne Ereignis bereits vergessen, als ich mitten in der Nacht aufwachte und unbedingt runter in die Küche musste. Unter keinen Umständen wollte, durfte ich vergessen, für die Pokerrunde meines

Mannes Steaks zu besorgen – und wenn ich so etwas nicht sofort auf dem Einkaufszettel notierte, vergaß ich es am Ende und musste selbst die Konsequenzen tragen. Nein, lieber wollte ich zudem die Gunst der frühen Stunde nutzen und den Kaffee, der eigentlich fürs Dessert nach dem Abendessen gedacht gewesen war, für ein Versöhnungsfrühstück nutzen. Kalt müsste er jetzt sein und weggeräumt hatte mein Mann sicher nichts, also hätte ich schon die eine Grundzutat für meine »Bockertsköckskes« zur Hand. Zusammen mit Buchweizenmehl und Backpulver sowie ein paar Eiern wäre der Teig im Handumdrehen angerührt, dann müsste er noch vier, fünf Stunden durchziehen, und schließlich hätten wir alle die perfekten Frühstückspfannkuchen, rechnete ich mir aus, während ich leise aufstand und den Bademantel anzog.

Das würde alle besänftigen. Süßes tat uns allen gut, manchmal schien es der einzig wirksame Kitt, der unsere kleine Familie zusammenhielt, dachte ich und schob die Frage beiseite, ob mein Sohn in wenigen Stunden schon wieder essen könnte.

Nein, ich wollte mich nur auf das Positive konzentieren, positiv denken, alles Negative hinter mir, im Dunkel des Gestern lassen . . .

Schon auf der Treppe sah ich den Lichtschein unter der nur angelehnten Wohnzimmertür, also schlich ich mit angehaltenem Atem, so leise ich nur konnte, hinunter. Jedoch, mein Mann, mein Ex, war überhaupt nicht leise, im Gegenteil – sein keuchender Atem steigerte sich zu unterdrückt-ekstatischem Stöhnen. Wut erfasste mich, trug mich wie eine Welle ins Wohnzimmer. Dort erstarrte ich: Mit geschlossenen Augen und verzückt-verzerrtem Gesichtsausdruck saß mein Mann auf dem Sessel beim Kamin. Und mein Sohn kniete immer noch, nur eben nicht mehr auf dem Holzscheit, sondern vor seinem Vater, den Kopf zwischen dessen Beinen. Mein Mann betrog mich mit meinen eigenen Sohn! Ich sah rot, mein Film riss . . .

Dieses eine Mal, als ich die beiden rauswarf aus meinem Haus und meinem Leben, dieses eine Mal waren meine Mutter und ich einer Meinung. Mein Ex zahlte alles, schließlich war es in niemandes Interesse, den Nachbarn Futter für ihre Klatschmäuler zu geben. Mein Sohn kam erst ins Internat nach Attendorn, dann in ein Institut für verhaltensgestörte Jugendliche. Nichts half, er war wohl durch und durch verdorben – immer wieder verschwand er, und ich will nicht wissen, wessen Ehemänner er auf dem Strich mit welchen Schweinereien verführte, um sich anschließend mit Gottweißwas zu betäuben. Natürlich versuchte ich, ihm dennoch Hilfe zukommen zu lassen. Alle können das bestätigen. Ich habe es wirklich versucht. Ich bin schließlich seine Mutter, trotz allem. Und das sollte auch jeder sehen.

Nur ... genau das, das mit dem Sehen, das sei am Ende das Problem gewesen, sagte seine letzte Sozialarbeiterin. Er hatte die Entgiftung in Bedburg-Hau hinter sich gebracht, befand sich hier in Duisburg in ambulanter Therapie und hatte sogar angefangen, seinen Schulabschluss nachzuholen. Alles schien gut, alles schien klar – aber genau diese Klarheit hat er nicht ertragen. Ich weiß nicht, was ihn dazu brachte, ausgerechnet auf dieses Hochhaus zu steigen, auf dem ich jetzt stehe, nicht wissend, wie ich hierher kam.

Wo das Haus herkam, das weiß ich sehr wohl. Es war der letzte Großauftrag der Stadt, den mein Mann, da schon mein Ex-Mann, bekam. Man wollte die Gegend um die Ottostraße aufwerten, den sogenannten »Weißen Riesen« einen Farbtupfer, ein architektonisches Juwel entgegensetzen. Es ging um viel Prestige und auch um Geld damals, aber mein Ex war zu gierig. Schlechtes Baumaterial soll er verwendet haben, Asbestabfälle und anderes Giftzeug gibt es hier überall. Wenn sie rausgefunden haben, wie man das Haus abreißen kann, ohne das Gift dadurch in die ganze Welt zu blasen, wird das Hochhaus endlich aus der Stadt und aus meinem Leben verschwinden. Vielleicht werde ich dann Ruhe haben. Vielleicht wird mich dann kein Albtraum mehr hierher entführen. Vorsichtig steige ich die Treppen hinunter. Das dauert, schließlich sind es 12 Stockwerke.

Mein Sohn hat es sich damals leicht gemacht, egal was die Sozialarbeiterin gesagt hat. Er war zu weich. Zuerst, meinte sie am Tag seiner Beerdigung, zuerst habe er es mit den Drogen versucht auszuhalten und sich auf die Straße, den Strich, auf die Szene nach Essen geflüchtet. Doch das sei nur ein weiterer Abgrund für ihn gewesen. Als er den endlich hinter sich gelassen hatten, war es der Blick in den anderen, den inneren Abgrund, den er nicht ertragen konnte: zu wissen, was gewesen war, zu fühlen, was passiert war, und weiterzuleben in der ganz normalen Welt der ganz normalen Menschen. Die nichts wissen von Gewalt und von Angst jenseits der wohlbekannten Fernsehthriller. Die nichts ahnen von den Abgründen der anderen, der Menschen wie uns. Ja ich weiß, ich hätte versuchen können, vielleicht versuchen müssen, ihn zu schützen. Aber wenn ich es jetzt meinem Sohn nachtue, seine Feigheit zwanzig Jahre später wiederhole und springe, statt mich im Dunkel herunterzutasten aus diesem Betonmonster, was nützt das? Wem nützt es?

Irgendwann bin ich unten. Ich schiebe die losen Bretter im Bau- oder wohl eher Abrisszaun beiseite und trete auf die Straße. Unter der ersten Laterne riskiere ich einen Blick an mir herunter – gestern abend bin ich wohl im Jogginganzug und mit Turnschuhen schlafen gegangen. Aber selbst in Puschen und Nachthemd würde ich mich auf den Heimweg machen. Was denn sonst? Es sind ja nur noch anderthalb Kilometer durch die verschlafene, nächtliche Stadt.

Als ob der Geruch des Rheins mich leitet, laufe ich durch die kleineren Straßen bis ich über die Knappenstraße zur Lauerstraße komme. Nicht mal am Kombibad auf der

Schillerstraße treffe ich andere Menschen. Es muss noch mitten in der Nacht sein, viel zu früh für Hundebesitzer und auch für Frühsportler aller Art. Alle außer mir schlafen und ich kenne den Weg nach Hause im Schlaf. Ein Gedanke, der mich kichern lässt. Und das Kichern lässt die Nachtangst und das Erwachen auf dem Dach des Hochhauses mehr und mehr Verblassen.

Als ich durch die anglehnte Tür in mein Haus trete, wissend, dass mich niemand gesehen hat, weiß ich, es war lediglich einer dieser bewegten Albträume einer nach zwei Jahrzehnten immer noch besorgt-treusorgenden Mutter. Vielleicht war es nicht mal das. Vielleicht habe ich mir nur den Kopf angeschlagen, als ich Saft aus dem Kühlschrank holen wollte. Kurz überlege ich, den Kaffee vom Vorabend mit Eiern und Buchweizenmehl zum flüssigen Bockertsköckskes-Teig zusammenzurühren. Nein, das passt nicht. Das ist kein Wochentagsfrühstück für eine alleinlebende Frau und nichts, was eine solche mitten in der Nacht macht. Dagegen – um Staub und Dreck an meiner Kleidung muss ich mich noch kümmern. Davon darf nichts mehr da sein, sollte morgen früh meine Tochter anrufen oder meine Nachbarin sich Milch borgen wollen.

Die Kleidung kommt in die Waschmaschine, jetzt gleich. Schließlich kann man überall nachlesen, dass Schlafwandler durchaus zu komplexen Handlungen fähig sind. Und dass sie alles vergessen, dass ihre Wanderungen in Amnesien enden. Damit kenne ich mich aus. Nicht erst seit den zwei Jahren, dem Moment, als die Baumängel an dem Hochhaus meines Ex zum Leerzug desselben führten und mich zur nunmehr erwachsenen Schlafwandlerin machten, weiß ich, wie man vergisst. Wie man nur gerade so viel sieht, sehen muss, wie man braucht, um sicher die andere Seite zu erreichen.

Und ob nun als Dessert oder Frühstück –
so macht man die

Bockertsköckskes

250 g Buchweizenmehl
1 Tl Backpulver
3/4 l kalter Kaffee
2 Eier
Salz
Öl zum Braten

Mehl mit Backpulver mischen und mit dem Kaffee und den Eiern verquirlen, sodass ein flüssiger Teig entsteht.

Etwa 4 - 5 Stunden ziehen lassen,

Fett in einer Pfanne erhitzen und kleine Pfannkuchen ausbacken.

Wird mit Schwarzbrot und Apfelmus oder Rübenkraut serviert. Für alle Österreicher und solche, die es werden wollen, wäre Powidl eine dritte Alternative . . .

Creme Mephisto oder: Die Wahrheit ist irgendwo gegenüber

Ich hatte anderthalb Tafeln Vollmilchschokolade fein geschnitten und in einer kleinen Pfanne auf das Ceranfeld geschoben. Während die Schokolade sich langsam verflüssigte, mischte ich Mascarpone mit ein paar Messerspitzen Zimt und vier Esslöffeln Honig. Die Schokolade floss nur so dahin. Ich hackte Pistazien, füllte die Mascarpone in zwei Gläser und goß großzügig Schokolade darüber. Nachdem ich alles mit den Pistazien garniert hatte, nahm ich ein Glas mit hinüber ins Wohnzimmer und setzte mich ans Fenster. Der Abend fiel über Goch. Mit dem historischen Kram in der Innenstadt, der Arnold-Janssen-Kirche, dem Haus zu den fünf Ringen, dem Steintor oder der Susmühle hatte ich nie viel am Hut gehabt. Hier draußen in Voßheide, wo die Straßen Hasenpfad, Marderweg und Dachsweg heißen, war nicht viel von der fast 700jährigen Geschichte der Stadt zu spüren.

Mein Fernglas hatte ich auf ein Stativ montiert, ein Zeiss 8 x 56 Victory mit 800er Optik und Restlichtverstärker. Damit lagen die Fenster des Wohnblocks in der Fasanenstraße gegenüber zum Greifen nah vor mir.

Ich schaffte es gerade noch zu dem samstäglichen Ehekrach in Wohnung 4C. Herr Kohlmann, Vertreter für Tiefkühlgeflügel, schrie seine Frau an. Seine Frau schrie zurück.

Clara Greifswaldt, die Blondine in 5A, saß wie immer vor der Höhensonne, mit nichts als einem wohligen Lächeln am Leib. Und der Junggeselle in 6D machte seine gymnastischen Übungen.

Ich stellte das Glas scharf, als ich entdeckte, wie Erwin Hueltschrath in 3F seine Frau umbrachte. Er hatte seine Hände um ihren Hals gelegt und würgte sie, bis sie leblos zu Boden sank.

Ich schaute auf meinem Plan nach. Ich hatte die Wohnungskästchen für den Block gegenüber nummeriert und die Daten der Bewohner eingetragen.

Erwin Hueltschrath war 28 Jahre alt, Verkäufer im C&A Kids Store in der Voßstraße und seit sieben Jahren verheiratet.

Das verflixte siebte Jahr also.

Durchs Glas sah ich, wie sich Erwin zitternd über die Leiche seiner Frau (Jacqueline, 26, Hausfrau) beugte. Es sah aus, als weinte er.

Ich löffelte meine Creme aus dem Glas und entschied, dass Erwin Hueltschrath Hilfe brauchte. Ich griff zum Telefon. Durchs Fernglas sah ich, wie er seinen Apparat anstarrte, als er zu läuten begann. Endlich riss er sich zusammen und nahm ab.

»Bleiben Sie, wo Sie sind, Hueltschrath«, sagte ich. »Wir schicken jemanden, der Ihnen hilft.«

»Sie . . . sie hat einfach nicht mehr aufgehört zu reden«, stammelte er, als er mir in seinem Wohnzimmer gegenübersaß. Er zitterte nicht mehr so sehr wie eben, als er mir die Wohnungstür öffnete.

Ich reichte ihm das zweite Glas Black & White Creme, das ich ihm mitgebracht hatte. »Essen Sie. Schokolade. Nervennahrung!«

»Dauernd hat sie geredet!«, sagte er zwischen zwei Löffeln Creme. »Dass das Küchenkrepp bei Lidl in der Weezer Straße billiger als beim Plus direkt gegenüber, aber daß die Mixed Pickles beim ALDI in der Gartenstraße glatte drei Cent weniger kosten als bei . . .« Er starrte mich an. »Sie sind Herr Teuffel aus dem Block drüben, ja?«

»So nenne ich mich hier«, sagte ich und sah mir Jacqueline Hueltschrath an. Sie hatte ungefähr meine Größe.

»Wir bringen sie weg«, sagte ich zu Hueltschrath.

Er begann in sein halbleeres Glas mit der Creme zu weinen. »Ich habe sie umgebracht.«

»Hatte sie es verdient?«, fragte ich.

Er nickte.

»Fein«, meinte ich. »Warum also deswegen ins Gefängnis gehen?«

»Aber ich bin doch schuldig . . .«, murmelte er.

»Falsch«, sagte ich. »Sie sind jetzt frei, verstehen Sie?«

Er putzte sich die Nase.

»Sagen Sie den Nachbarn, dass Jacqueline Sie verlassen hat«, meinte ich. »Nach einem halben Jahr wird sich niemand mehr daran erinnern, daß Sie überhaupt verheiratet waren. Gibt es Angehörige?«

»Nein«, schniefte er.

Aus dem Schrank im Schlafzimmer holte ich Jacquelines grünes Kleid und den Hut mit der breiten Krempe, den sie sich vor ein paar Monaten gekauft hatte.

Ich zog Jacke und Hose aus.

»Was machen Sie?«, japste Hueltschrath, als ich in das Kleid stieg.

»Machen Sie mal die Knöpfe zu«", fragte ich und drehte ihm den Rücken zu. Während er es tat, sagte ich: »Also – der Plan ist folgender: Wir ziehen Ihrer Frau meine Sachen an und bringen sie dann wie einen Betrunkenen hinunter zu Ihrem Wagen. Bei den schwachen Lampen in den Korridoren kann man ohnehin niemanden genau erkennen.«

Langsam begann die Lethargie aus Hueltschrath zu weichen. »Ja«, sagte er. »Wo bringen wir sie hin?«

»Zum Rhein«, sagte ich und schlüpfte in Jacquelines Pumps. »Die Strömung treibt sie in die Nordsee.«

Hueltschrath half mir, Jacqueline in meinen Anzug zu stecken. Ihr Haar verschwand unter meiner Baseballkappe.

Dann nahmen wir sie zwischen uns und brachten sie auf den Flur.

»Singen Sie«, flüsterte ich, als uns die dicke Frau Huthmacher mit ihrem ebenso dicken Hund entgegenkam.

Wir stimmten »Ein Stern der deinen Namen trägt« an und kamen ohne Probleme bis zum Lift.

»Warum tun Sie das, Herr Teuffel?«, fragte Hueltschrath, als wir uns hinter Kalkar in seinem Wagen dem Fluß bei Hönnepel und Mühlenfeld näherten. Jacqueline hatten wir auf den Rücksitz verladen.

Ich hob die Schultern. »Wir möchten nicht, daß jemand wie Sie im Gefängnis landet. Wir haben noch viel mit Ihnen vor, Hueltschrath.«

Er starrte mich an. »Wir?«

Ich nickte und zeigte nach oben.

Er japste. „Aber . . .«

Ich verstand, dass er verwirrt war. »Sie glauben doch nicht etwa an den ganzen Unsinn?«, fragte ich. »Ich meine, dass wir klein und grün sind? Mit Glibberfingern und Stielaugen und so weiter?«

»N-nein«, sagte er.

»Wir sind genau wie ihr Menschen auch«, sagte ich. »Wie könnten wir sonst unter euch leben?«

»Natürlich«, murmelte Hueltschrath.

Als ich drei Stunden später in meine Wohnung zurückkam, stellte ich mich erst einmal unter die Dusche. Dann genehmigte ich mir das letzte Glas Creme und überlegte, ob ich das Rezept morgen nicht vielleicht mal mit Zartbitterschokolade probieren sollte.

In zwei, drei Wochen, wenn Erwin sich beruhigt hatte,

würde ich ihn kurz anrufen und ihn nett um ein kleines Schweigegeld bitten.

Sicher hatte er seine neugewonnene Freiheit dann schon so weit schätzen gelernt, um mir monatlich 500 Euro zu überweisen, damit ich der Polizei nicht erzählte, was er mit seiner Frau gemacht hatte.

Natürlich würde meine Forderung ihm den letzten Glauben an die Gutmütigkeit unserer außerirdischen Freunde nehmen – aber das sollte mich nicht kümmern . . .

Der Polizeibeamte sah mich an. Er hieß Faulhaber, Vorname Hauptkommissar. »Herrn Hueltschraths Aussage ist ziemlich präzise, Herr Teuffel«, sagte er.

Wir saßen im Vernehmungszimmer der Kriminalaußenstelle an der Feldstraße. Nebenan konnte ich Hueltschrath schluchzen hören.

»Er hat also seine Frau umgebracht«, sagte ich. »Wie schrecklich!«

»Er kam heute hier herein und legte ein Geständnis ab«, sagte der Kommissar. »Seine Nerven haben offenbar nicht mehr mitgemacht.«

Er wartete.

Ich lächelte. »Und er behauptet, ich hätte ihn nach der Tat angerufen und ihm geholfen, die Leiche wegzuschaffen?«

Der Kommissar blätterte in seinen Protokollen. »Er sagt, Sie seien herübergekommen und hätten ihm vorgeschlagen, die Leiche in den Rhein zu werfen, oben bei Mühlenfeld, in der Gegend vom Golfclub. Sie hätten die Kleider seiner Frau angezogen, seine Frau in Ihren Anzug gesteckt und . . .

»Klingt irgendwie, als hätte er hintereinander ‚Manche mögen's heiß' und ‚Tootsie' gesehen«, sagte ich.

Der Kommissar schaute müde auf die Papiere. »Draußen bei Mühlenfeld«, fuhr er fort, »hätten Sie wieder die

Kleider getauscht und die Tote in den Fluss geworfen.« Er räusperte sich. »Anschließend«, sagte er, »gingen Sie mit Hueltschrath ins Rheinpark-Kino in Emmerich und sahen sich den Directors Cut von ,Unheimliche Begegnung der Dritten Art' an.«

Ich hatte ihn mit ins Kino genommen, damit er sich beruhigte. »Dafür gibt es Zeugen«, nickte ich. »Ich kenne Hueltschrath flüchtig – Sie wissen ja, wie das in diesen Wohnblocks ist. Er fragte mich, ob den Film sehen wollte. Er glaubt an Außerirdische, verstehen Sie?«

Der Kommissar lief rot an. »Hueltschrath sagt, Sie seien auch ein Außerirdischer, Herr Teuffel.«

»Aber natürlich«, sagte ich. »Habe ich das noch nicht erwähnt? Ich gehöre zu dieser gigantischen Verschwörung von Außerirdischen, die Menschen wie Hueltschrath ins Unglück stürzen wollen.«

Der Kommissar nickte. »Sicher«, sagte er. »Herr Hueltschrath ist . . . etwas verwirrt.«

»Im Haus sagt man, seine Frau habe ihn verlassen«, meinte ich. »Haben Sie ihre Leiche gefunden?«

»Keine, auf die die Beschreibung zutrifft.«

Alles andere hätte mich gewundert. Der Fluss hat eine ziemlich starke Strömung.

»Wir haben uns umgehört«, sagte der Kommissar. »Hueltschraths Ehe war nicht die beste. Gut möglich, dass ihm seine Frau weggelaufen ist.«

»Und er ist nicht darüber hinweggekommen«, sagte ich. »Schuldprojektion nennt man das. Er glaubt, er habe sie getötet. Und ich werde in seiner Fantasie zum Außerirdischen, weil er sich sonst nicht erklären kann, wie die Leiche verschwunden ist.«

»Klingt genau wie das, was unser Psychiater sagt«, meinte der Kommissar und musterte mich. »So geraten ordentliche Bürger wie Sie manchmal in Verdacht«, sagte er.

»Genau«, sagte ich. »Ich bin nur ein kleiner Bankkassierer.«

Er stand auf. »Nun gut«, sagte er dann. »Wir wollten Sie nur der Vollständigkeit halber zur Sache hören, Herr Teuffel. Hueltschrath kommt morgen in die Psychiatrie nach Kalkar. Entschuldigen Sie bitte die Belästigung.«

»Keine Ursache«, sagte ich. »Sie machen ja auch nur Ihren Job.«

Zu Hause ging ich zuerst unter die Dusche, dann zerkleinerte ich in der Küche eine Tafel Zartbitterschokolade und setzte sie in der kleinen Pfanne auf das Ceranfeld. Während die Schokolade schmolz, bereitete ich die Mascarpone-Creme zu und hackte Pinienkerne und eine Walnuss für die Dekoration.

Mit einem Glas Creme setzte ich mich im Wohnzimmer ans Fenster und warf einen Blick durchs Fernglas.

Hueltschrath hatte es nicht geschafft. Anstatt sein Leben zu genießen, würde er jetzt die nächsten zehn Jahre in der geschlossenen Abteilung der Psychiatrie des St. Nikolaus-Hospitals in Kalkar verbringen. Und mir entgingen dadurch 500 Euro pro Monat.

Durchs Fernglas schaute ich nach, was drüben passierte. Clara, die Blondine saß vor der Höhensonne. Der Junggeselle machte Gymnastik und Herr Kohlmann in 4C schlug seine Frau. Ich lächelte. In drei, vier Wochen war er soweit. Dann würde er meine Hilfe brauchen. Da war ich ganz sicher.

Creme Mephisto

»Ich hatte anderthalb Tafeln Vollmilchschokolade fein geschnitten und in einer kleinen Pfanne auf das Ceranfeld geschoben.

Während die Schokolade sich langsam verflüssigte, mischte ich Mascarpone mit ein paar Messerspitzen Zimt und vier Esslöffeln Honig. Die Schokolade floss nur so dahin.

Ich hackte Pistazien, füllte die Mascarpone in zwei Gläser und goß großzügig Schokolade darüber.

Nachdem ich alles mit den Pistazien garniert hatte, nahm ich ein Glas mit hinüber ins Wohnzimmer und setzte mich ans Fenster . . .«

Zutaten:

150 g Vollmilchschokolade
1 Päck. Mascarpone
2 Messerspitzen Zimt
4 El Honig
Pistazien

Nomen est Omen: Mafia

Ich bin gern in der Küche meiner Eltern. Sie ist spartanisch eingerichtet. Alles ist auf das Notwendige hin angeordnet. Nichts hat sie, was den Küchenorgien der großen Haushalte entspräche. Ein Herd mit drei Kochplatten. Drei große Küchenschränke. Ein Tisch mit drei Stühlen daran. Wenn ich jemanden mitbrächte, müssten meine Eltern zusätzlich einen Stuhl aus dem Wohnzimmer holen. Beide haben es – zumindest küchenmäßig gesehen – mit der Drei. Kein Wunder, wir sind schließlich auch nie mehr als drei gewesen.

Am liebsten bin ich sonntags bei ihnen, mein Vadder hat dann so richtig »de Ruh' wech«, wie er das selber nennt. Mit einem »Schätzken – schön, dat du dich ma wieder blicken lässt«, hat er mich in die Arme genommen und ich bin ruhig geworden in dieser Umarmung. Die schlechte Stimmung der letzten Wochen ist von mir abgefallen. Hier in meinem Zuhause ist alles geordnet und einsehbar. Ich weiß, warum was wie ist. Genau das ist der Grund, warum die Wohnung meiner Eltern immer noch mein Zuhause ist, obgleich ich längst in eine andere Wohnung in einer anderen Stadt gezogen bin.

Wenn ich komme, laden meine Eltern niemand anderen ein. Sie wollen es genießen, mit mir zusammen zu sein. Es ist viel zu selten, dass ich vorbeikomme. Wenn ich ehrlich bin, an diesem Sonntagvormittag weile ich nicht um ihret-, sondern ausschließlich um meinetwillen bei ihnen. Ich bin überreizt und muss mein Nervenkostüm dringend reparieren. Seit gestern bin ich hier. Ich habe noch diesen einen Tag Zeit.

In meiner eigenen Wohnung ist niemand, der mich behütet. Ob ich das brauche, behütet zu werden? Normalerweise nicht. Aber im Moment verlangt es mich sehr danach. Ich muss mich konzentrieren können. Es geht nicht, dass ich auf jedes Geräusch höre, beim Klingeln des Telefons zusammenfahre und beim Klingeln an der Tür ebenso. Beim Hochfahren des Computer in meiner Wohnung in Mönchengladbach, starre ich angstvoll auf den Monitor, so bald die neu eingetroffenen Mails erscheinen, denn bevor ich zu den wirklichen Nachrichten gelange, muss ich zwanzig Drohmails löschen, die mir signalisieren, ich hätte Straftaten begangen und würde dafür zur Rechenschaft gezogen werden, der Duisburger Polizeipräsident sei bereits informiert. Anderen Mails zufolge werden mir demnächst Tausende von Euro für per Internet getätigte Einkäufe vom Konto abgezogen. Mitgeteilt wird mir ebenso, meine Festplatte sei von jedem einsehbar, Viren seien darauf gelangt, Würmer natürlich. Das Allermysteriöseste aber, ich werde daran erinnert, dass ich endlich für das bezahlen soll, was ich von meinem Jugendfreund bekommen hätte. Von was für einem Jugendfreund ist die Rede? Ich habe keinen gehabt, den man mit Fug und Recht als solchen bezeichnen könnte. Vorübergehende Bekanntschaften, das war maximal alles.

Wer hat es darauf abgesehen, mich um meine Ruhe zu bringen? In meinem Beruf muss ich körperlich und nervlich fit sein. Sonst kann man leicht zur ewigen Ruhe gelangen. Jetzt übertreibe ich. Ich weiß. Es ist lächerlich, sich über diese Dinge so aufzuregen. Aber ich komme einfach nicht mehr davon los.

Wenn ich dieses vertraute Niederrheinplatt höre, das mein Vater spricht, wird mir warm ums Herz. Ich selbst habe die heimische Sprache verlernt, besser gesagt, ich habe sie – bis auf einige wenige Worte, die ich gern benutze – nicht erlernt. Meine Eltern haben mich auf reines Hochdeutsch eingestimmt. Ich sollte es schließlich zu etwas bringen. Habe ich es zu etwas gebracht? Oh ja. Mein Vadder ist stolz auf mich und er hat Grund dazu. Ich war in der Schule die Beste und ich habe auch in meiner Arbeit Erfolg.

Er soll nicht wissen, was mich im Moment umtreibt. Ich will ihn nicht beunruhigen. Und meine Mudder? Meine Mutter habe ich ebenfalls sehr gern. Gestern hat sie mir von Ennos Mutter erzählt. Das hätte sie lassen sollen. Sie hat es gleich gemerkt, dass das nicht das Richtige war. »Die spuckt Gift und Galle auf dich«, hat sie trotzdem weiter erzählt. »Weil ihr Sohn in Adelsheim ist. Sie denkt, du bist schuld daran.«

Wenn es nach Enno gegangen wäre, dann säße ich in Adelsheim ein und er hätte auf meine Kosten bei der Polizei Karriere gemacht. Seine Mutter und er haben nur ein einziges Jahr in unserer Gegend gewohnt. Doch dieses Jahr hat gereicht, mir ein Gefühl der Bedrohung zu vermitteln, das etwas Prägendes hat. Haben nicht alle in ihrer Kindheit Begegnungen solcher Art? Ist es nicht das, was uns instrumentalisierbar werden lässt? Wer die Furcht vor anderen Menschen verinnerlicht hat, ist auf der Hut, kann sich nicht zeigen, wie er es eigentlich möchte.

Mein Kindheitserleben habe ich erst verarbeitet, als ich mich erfolgreich gegen ungerechte Beschuldigungen zur Wehr zu setzen begann. Im Übrigen trainiert mich auch meine Arbeit als Polizistin. Ich weiß, auf welcher Seite ich stehe und was ich wann und wo zu tun habe. Doch die neuen anonymen Drohungen lösen wieder ein Gefühl der Ohnmacht in mir aus. Da ist jemand, der mich kennt. Er weiß, wann ich nach Hause komme, wann ich dienstfrei habe, wann ich zu Bett gehe. Zu diesen Zeiten klingelt das Telefon und wenn ich dann hinsprinte und den Hörer abnehme, wird am anderen Ende regelmäßig aufgelegt. Manchmal ist auch für eine Weile ein Schweigen am anderen Ende. Nicht einmal hört das Telefon auf zu klingeln, bevor ich mich gemeldet habe. Nicht einmal ist auf den

Anrufbeantworter gesprochen worden. Allenfalls dieses Schweigen bleibt zurück.

Wenn ich nach Hause komme, läutet es. Mitten in der Nacht werde ich durch das schrillende Telefon aus dem Schlaf gerissen. Verwählt? Immer wieder? Immer ist es meine Nummer, die es trifft? Nein. Es ist eindeutig. Irgendjemand registriert meinen Dienstplan, meine Gewohnheiten, meine geselligen Momente, die Zeiten meines Ruhebedürfnisses. Kann sein, ich stelle Zusammenhänge her, wo keine sind. Kann sein.

Die eigene Geschichte ruht nicht. Sie taucht auf, wo sie die Chance hat, sich mit dem Gegenwärtigen zu verbinden. Es gibt kein wirklich abgeschlossenes persönliches Kapitel. Wir versuchen unser Sein neu zu formen, aber im Sein ist das Vergangene. Sein schließt Gewesensein ein und nichts ist wirklich tot. Warum mache ich mir solche Gedanken? Sie beunruhigen mich zusätzlich. Ich kann meinen Kopf nicht abstellen. Er produziert diese Gedanken, die ich nicht will.

Ich war 12 Jahre alt, als Enno und seine Mutter in unsere Gegend zogen. Ich vergesse nicht, wie ich ihn zusammen mit einem anderen Jungen gleichen Alters – so um die 14, 15 Jahre alt waren die beiden – am Duisburger Bahnhof gesehen habe. Sie hatten kleine Päckchen in den Händen. Enno schrie »Mafia« und deutete auf mich, als er wahrnahm, dasss ich sah, wie die Päckchen die Besitzer wechselten. Alle schauten plötzlich in meine Richtung, ich hatte das Gefühl, er hätte mich in das Ganze mit hineingezogen. Maria Fina heiße ich. Aber der Spitzname »Mafia« hat mir seitdem angehangen. Mit dem hat er mich infiziert.

Ich habe Enno nicht wiedererkannt, als wir uns lange nach Kindheits- und Jugendtagen in beruflicher Umgebung wiedersahen. Warum mag seine Mutter hierher zurückgezogen sein? Sein Vater war schlimm. Enno hat es mir, diesem kleinen hochmütigen Ding mit seinem reinen Hochdeutsch, damals zeigen wollen und er hat es mir gezeigt.

Seine Mutter ist integer gewesen. Er hat sich auch ihr gegenüber beweisen wollen. Vielleicht hat sie ihm manchmal vorgeworfen, er sei wie sein Vater. Mütter machen so etwas. Ich weiß das.

Eigentlich ist es mein Job, andere zu beobachten und beobachten zu lassen. Ich bin zur Oberkommissarin aufgestiegen. Hat mir das Neider eingetragen? Unsinn. Enno war der einzige, der mich beneidet hat und das ist vorbei, er kann mir nicht mehr gefährlich werden.

Hier in der Küche meiner Eltern kann ich meinen Gedanken ihren Lauf lassen, sofern mir meine Mutter nicht gerade Begebenheiten aus der Umgebung erzählt. So wortkarg mein Vater ist, so schwatzhaft ist sie. Bei den beiden stimmen die Geschlechterklischees.

»Sei doch nicht so nervös«, sagt sie.

Mir ist, als ob ein kalter Lufthauch meinen bloßen Hals streifte. Das Küchenfenster steht offen und auch die Wohnungstür hat sich für einen Augenblick geöffnet. Die Tür fällt – nahezu geräuschlos – wieder ins Schloss. Meine Sinne sind geschärft. Ich höre alles. Ich muss zurück, es macht keinen Sinn mehr, mich hier ausruhen zu wollen. Ich löse mich aus meiner Erstarrung, gehe zur Tür, reiße sie auf. Da ist niemand.

Meiner Mutter klafft der Mund auf vor Überraschung. Es wird wirklich Zeit, dass ich gehe. Sonst mache ich auch noch meine Eltern verrückt. Dieses Klacken an der Tür.

Auf dem Weg zum Bahnhof treffe ich Ennos Mutter. Sie schaut mich fragend an und ich hebe nach einer kurzen Begrüßungsformel ratlos die Schultern. Ich weiß nicht, wie es Enno geht. Will ich das wissen? Ich hätte gern, dass es seiner Mutter gut ginge. Das ja. Aber ich hätte es nicht gern, wenn er sich einbildete, er könne über sie Kontakt zu mir aufnehmen. Ich habe ihn zu gut kennengelernt und ich will ihm nicht wieder begegnen, wenn ich auch hoffe, dass er nach der Haft ein anständiges Leben beginnt. Das hoffe ich jedoch für jeden, der auf die schiefe Bahn gekommen ist.

Ich muss nicht lange auf den Zug nach Mönchengladbach warten, wo ich am Bahnhof mein ordentlich abgestelltes (ordnungsgemäß an ein Fahrradgestell angeschlossenes) Fahrrad vorfinde, wie ich es verlassen habe. Nur hat es jetzt einen Platten. Kann sein, den hat es schon gehabt, als ich hergefahren bin. Es hat sich ein bisschen schwer getreten. Die Ventilkappe fehlt, hat sich vermutlich während der Fahrt gelockert gehabt und ist unbemerkt verloren gegangen.

Statt das Rad heimwärts zu schieben, lasse ich es stehen. Ich kann mit dem Bus oder mit dem Taxi fahren. Mir ist jetzt nach einem Bier. Wird alles knapper, heißt es, Hopfen und Malz auch. Bierpreiserhöhungen, die treffen meinen Vater, der trinkt gern mal eins. Mir gegenüber nimmt einer Platz und hebt sein Glas zum Gruß. Woher kenne ich den? Ich kenne ihn nicht. Es ist eine reine Höflichkeitsgeste. Der Wirt hat mir ein Taxi gerufen. Ich begleiche meine Rechnung, verlasse die gastliche Stätte. Es ist immer noch Sonntag. Ist es tatsächlich kühl geworden? Die Herbstsonne bescheint die Blätter des Baumes vor der Gaststätte und ich weiß nicht einmal, was für ein Baum das ist.

Auch wenn es nicht wirklich kalt ist, ich werde zu Hause meinen Ofen heizen, der sonst meist nur als eine Art Attrappe im Raum steht. Und dann werde ich acht mittelgroße Äpfel waschen. Gestern habe ich einen Riesenbeutel Äpfel gekauft, irgendetwas muss ich ja mit denen anstellen, Bratapfel ist nicht die schlechteste Variante. Ich werde die Kerngehäuse ausstechen, ein Stück Marzipan als Boden eindrücken, Vanillinzucker, eine Messerspitze Zimt, Rosinen, gehackte Mandeln und Nüsse, Honig und Rum in die Öffnungen füllen. Die Äpfel werde ich dann in eine gefettete Auflaufform geben und ich werde sie noch mit

Rum beträufeln. Bei etwa 150 Grad gare ich sie 30 bis 45 Minuten. Schon die Vorstellung des geruhsamen Backens ist mir angenehm. Dann mit heißer Vanillesauce. Hm.

Will ich mir das allein schmecken lassen? Nein. Ich werde meinen alten – mittlerweile im Ruhestand befindlichen – Chef einladen. Er freut sich gewiss, von mir zu hören. Grätzki ist ein Genießer. Ich wünschte, ich hätte etwas von seiner Haltung. Kommt schon, kommt. Lass einfach ein bisschen die Seele baumeln, Maria Fina Sibyllek. Dann gibt sich alles Übrige ganz von selbst. Für einen Moment glaube ich daran und noch während der Fahrt rufe ich Grätzki an. Seine Frau ist dran. »Natürlich kommen wir, Mafia.«

»Stammen Sie auch hier vom Niederrhein?«

»Hört man das?«

»Nein. Ich habe es nur vermutet.“

»Warum haben Sie das vermutet?«

„Nur so. Ist eine Angewohnheit von mir zu erraten, woher die Leute kommen.«

Ich schaue den Taxifahrer verstohlen von der Seite her an. Dieses Grinsen, kenne ich das nicht? Er kommt mir bekannt vor, obgleich ich kaum jemals das Taxi nehme. Es ist mein verrückter Tag, den ich einfach nicht ernst nehmen darf.

Endlich bin ich in Rheydt, dem Ortsteil von Mönchengladbach, in dem ich wohne, angekommen. Der Taxifahrer wendet sich mir zu, um sein Geld in Empfang zu nehmen. »Haben Sie es vielleicht passend?«

Ich wühle nach dem kleineren Portemonnaie mit dem kleinen Geld, finde es, kann ihm das passende Geld geben, räume alles wieder in meinen Taschenrucksack zurück. Nun hat er es eilig. Diese fatal bekannte Art, das Gesicht zu einem Grinsen zu verziehen.

Ich sollte mir wieder einmal eine Karte für eine Lesung mit Musik besorgen. Oder für ein Konzert. Auf bessere

Gedanken kommen. Mich entspannen. Warum bin ich nicht länger bei meinen Eltern geblieben? Wenigstens einen Zug später hätte ich fahren können. Da liegt ein Brief. Es muss ihn jemand unter der Tür hindurchgeschoben haben.

Ich nehme den Brief zur Hand, schaue nach einem Absender, doch es ist keiner angegeben. Der Briefumschlag entbehrt jeder Beschriftung. Ich reiße ihn auf und ein Zettel fällt hinaus, auf dem nur ein Wort in großen Druckbuchstaben steht. »MAFIA!« Nur dieses eine Wort.

Zögernd gehe ich zum Telefon. Der gute alte Standapparat beruhigt mich, weil er so gar nichts von Flexibilität und Dynamik hat. In gemütsmäßig überhitzten Zeiten ziehe ich ihn dem Handy vor. Ich nehme den Hörer ab. Doch das gewohnte Klingelzeichen fehlt.

Enno, mein ehemaliger Kollege, der Polizist, der niemals Polizist hätte werden dürfen und der mir das Leben schwer gemacht hat, solange er es war, hat mir den Namen »Mafia« verpasst, als ich noch ein Kind war, und er hat den Namen neu belebt, als wir einander auf der Dienststelle begegneten, ich als die junge, unerfahrene Polizei-Anfängerin, er als mein Schießtrainer, der schon diensterfahrene Kollege, der sich den Anschein gab, mir wohlzuwollen und in dem ich den Widersacher aus Kindheitstagen nicht erkannte.

Ich suche nach meinem Handy, fingere in meinem praktischen, kleinen, in eine Handtasche umwandelbaren Rucksack danach. Auch nach völliger Entleerung kommt es nicht zum Vorschein. Grätzkis werden gleich da sein. Sie werden mir ein Handy leihen, damit ich meines abmelden kann, bevor ich arm telefoniert worden bin.

Es kommt eines zum anderen: die anonymen Anrufe, das still gelegte Rad, das tote Telefon, das fehlende Handy.

Mechanisch beginne ich allen Überlegungen zum Trotz die Bratapfel-Party vorzubereiten. In der Dienststelle werden sie sich amüsieren, wenn sie hören, dass ich mein

Handy verloren habe, auch, wenn ich mich damit trösten kann, dass ich nicht die erste bin, der so etwas passiert. Im Taxi hatte ich es noch. Ich habe die Grätzkis damit angerufen.

Von einem Zimmer gehe ich in das andere, vom Wohnzimmer in die Küche, von der Küche in den Korridor, vom Korridor in mein Schlafzimmer, vom Schlafzimmer zurück in das Wohn- und Arbeitszimmer. Überall suche ich. Es könnte aus dem Rucksack gefallen sein. Ich könnte es, ohne darauf zu achten, irgendwo hingelegt haben.

Ich schalte das Fernsehgerät ein, das Rundfunkgerät, den Computer. Sie funktionieren. Auch das Handy wird mir nicht entwendet worden sein. Es wird wirklich einfach aus dem Rucksack herausgerutscht sein, als ich den mit Schwung auf den Fußboden befördert habe.

Dann müsste ich es hier sehen, denke ich. Habe ich es im Taxi liegen lassen? Ich hätte bei meinen Eltern bleiben sollen. Ich kenne nur noch die Arbeit, seit ich zur Oberkommissarin befördert worden bin. »Mädel, bei den Ersten, ja, aber du musst nicht die Erste sein. Nur wegdrücken lassen darfst du dich nicht. Du bist wer. Lass dich nicht klein machen.« Ich bin wer geworden. Ich lasse mich nicht wegdrücken. Warum brauche ich das so dringend, mich durch Leistung zu bestätigen? Ich sollte einen haben, der mir Kinder beschert, mich dem Alltag entrückt, mich mit kleinen Freuden entzückt. Auf einmal möchte ich wie andere Frauen ein Kind bekommen und mich glücklich damit fühlen. Warum habe ich nichts von alldem? Es ist eine Frage der Prioritäten.

Wenn ich meine Eltern besuche, kann ich auf dem Weg dorthin Ennos Mutter treffen. Das ist es, was mich den Weg scheuen lässt. Sie hätte ihren Sohn besser erziehen sollen. Zu allein? Ihr Mann hat sich zu Tode gesoffen? Ich bin auch allein. Nicht verheiratet gewesen. Nicht einmal längere Zeit mit einem liiert gewesen. Aber ich habe schließlich kein Kind. Ich will kein Kind haben. Ich sehe, was dabei herauskommt, wenn man nicht den richtigen Partner findet. Ich will meine Eltern nicht enttäuschen, besuche sie aber wochenlang nicht, weil ich mich davor fürchte, der Mutter eines Gewaltverbrechers zu begegnen, der mir das Leben schwer gemacht hat bis dahin, dass ich fast statt seiner im Gefängnis gelandet wäre.

Nicht als Kind. Natürlich nicht. Später. Schon bei der Polizei. Grätzki wäre fast gestorben, nur, weil ich nicht in der Lage war, meine Kindheitserinnerungen realitätsgerecht abzurufen. Geht das, Erinnerungen realitätsgerecht abzurufen. Zeit, Ort, Raum, es gibt mehr als diese drei Dimensionen. Das sich ändernde Bewusstsein? Meine ich etwa das? Ja, genau das. Es verändert sich mit uns. Aus verschiedenen Perspektiven sieht es sich Verschiedenes. Das ist nicht unbedingt eine Frage von gut und schlecht. Anders ist es.

Die dreißig Minuten sind gleich um. Der Backofen braucht noch ein bisschen. Dreißig bis fünfundvierzig Minuten im Backofen garen lassen. Der Duft ist köstlich. Die Grätzkis sind mir den Aufwand wert, den ich treibe, um ihnen die vitaminreiche Süßigkeit zu kredenzen. Müssten sie nicht langsam kommen?

»In Duisburg ist eine Frau von ihrem eigenen Sohn mit sieben Messerstichen und Schlägen auf den Kopf getötet worden. Der Sohn befand sich bis zu diesem Tage in Haft. Aufgrund der schweren Erkrankung seiner Mutter wurde es ihm gestattet, sie zu besuchen. Es gelang ihm, die begleitenden Polizisten schwer zu verletzen. Einer der beiden Beamten ist zwischenzeitlich seinen Verletzungen erlegen. Der Mutter des Täters konnte nicht mehr geholfen werden. Sie verstarb am Tatort. Der zweite Beamte schwebt nach einer schweren Operation weiterhin in Lebensgefahr.«

Aus welcher JVA ist der entwichen? Das haben sie nicht gesagt. Oder ich habe es nicht gehört. Ich fürchte, dass es sich um Enno handeln könnte und um seine Mutter. Ennos

Mutter wirkte jedoch nicht krank, als ich ihr begegnete. Wenn meine Befürchtung sich bestätigt, kann meine Wohnung einer der nächsten Zielorte des Täters sein. Es ist, als wartete ich geradezu auf solch eine Begegnung. Verlangt es mich etwa danach, mit ihm zu sprechen? Unsinn. Das Empfinden, selbst schuldig geworden zu sein, drückt mich nieder. Warum?

Es klingelt. Ich eile zur Tür, hoffe auf den ersehnten Besuch meines alten Chefs und seiner Gattin. Doch als ich die Tür öffne, steht wieder einmal niemand davor.

Ich gehe in die Küche und schalte den Backofen aus. Als Enno noch mein wohlbestallter und angesehener Schießtrainer bei der Polizei war, wurde ihm diese Delikatesse im Grätzkischen Heim von Frau Grätzki serviert. Er hat jetzt keine Mutter mehr. Er hasst das Mütterliche, läuft frei herum und sucht weitere Opfer.

Und wenn er der Taxifahrer ist? Ich habe ihn schon einmal nicht erkannt und da war dieses mir so fatal bekannte Grinsen um seinen Mund. Dann hat er mein Handy. Ich nehme das Bratapfel-Dessert aus dem Backofen und setze es vorsichtig auf eine Glasschale aus hitzebeständigem Jenaer Glas, die ich mir von einem Erfahrungsaustausch mit den Jenensern aus ihren heimatlichen Gefilden mitgebracht habe. Den Backofen lasse ich geöffnet, damit seine Hitze meine Wohnung wärmt. Ich mache mich auf den Weg zu meinem alten Chef. Das ist nur zwei Straßen von hier. Wir können einander nicht verfehlen. Vielleicht hat ihn das Zipperlein befallen, dass er auf der Straße steht und nicht weiterkommt.

Unterwegs befällt mich eine Angst um meine Eltern. Ich habe sonst niemanden. Enno hat nur seine Mutter gehabt und die hat er gemordet. »Lass dich nicht klein machen, Maria Fina.« Warum nur denke ich an meinen Vater, wenn ich eines Spruchs bedarf, der mich aufrichtet? Warum ist es nicht meine Mutter, die mir Mut zuspricht? Sie gibt mir die Wärme, die ich nötig habe. Ich muss ihr nur Gelegenheit dazu geben. Grätzkis sind für mich zu einer Art Ersatzfamilie am neuen Wohnort geworden.

Mir ist kalt. Ich will in die Wärme. Während ich durch die Straßen Mönchengladbachs laufe, taste ich nach meiner Waffe. Grätzki hat während seiner gesamten Dienstzeit nicht ein einziges Mal auf einen Menschen geschossen. Die Täter sind brutaler geworden. Ich hatte schon, bevor ich Grätzkis Nachfolge antrat, einen mit der Waffe in der Hand stellen müssen und ich habe Glück gehabt, dabei nicht einen Unschuldigen verletzt oder gar erschossen zu haben.

Grätzkis wohnen immer noch gegenüber dem Balkan-Restaurant in Rheydt. In der Straße ist es ruhig um diese Zeit. Die Pforte zu ihrem Haus steht offen.

»Hallo Mafia.«

»Du sollst sie doch nicht so nennen.«

»Das Mädel versteht das schon.«

Ich verstehe es nicht. Wie kommt Frau Grätzki dazu, mich so zu titulieren? Das ist jetzt unwichtig.

»Passt es nun doch nicht? Das Taxi kommt gleich. Ich fand es so nett, dass du es uns gerufen hast.«

Das klingt vorwurfsvoll. Sie wollen heute keinen Besuch von mir. Sie wollen selbst zu Besuch kommen. Ich habe sie eingeladen.

»Ich habe euch eingeladen, aber ich habe euch kein Taxi gerufen.«

»Nicht? Das ist ja mal ein cleverer Taxi-Fahrer. Da hat der gehört, wie du mit uns telefoniert hast und sich gleich den Auftrag gesichert uns abzuholen.«

»Habt ihr Nachrichten gehört?«

Grätzki mustert mich besorgt. »Das kann nicht sein. Du weißt doch, dass er in Adelsheim einsitzt. Die haben von Crailsheim gesprochen. Von der Sozialtherapeutischen. Passt alles nicht zu ihm.«

»Er hat seine Mutter umgebracht.«

»Die Beamten auch«, versetzt Grätzki trocken. »Einen

mindestens. Aber nicht Enno. Das war einer aus Crailsheim. Verstehst du?«

Was ist mit dem Taxifahrer? Geschäftstüchtig? Einfach nur das? Er hat mein Handy. Dadurch ist er an ihre Nummer gekommen.

»Da ist das Taxi schon. Oder wollen wir es lassen und machen uns hier einen schönen Nachmittag?«

»Bratapfel. Auf dem Tisch.« Beherrsche ich keine vollständigen Sätze mehr? Das ist im Moment meine geringste Sorge. »Der hat mein Handy. Der Taxifahrer. Versteht ihr?« Ich kann jetzt keine Konversation, keinen Small Talk betreiben. »Ins Haus, ihr müsst ins Haus.«

Ich dränge Grätzkis ins Haus hinein, lasse sie nicht zum Widerreden kommen, schließe das Tor ab, greife nach meiner Waffe. Da ist das Taxi auch schon vor der Tür und ich sehe, wie eine Maschinenpistole gegen das Haus in Position gebracht wird. Eine MPi habe ich mir immer gewünscht. 9 mm wie meine Pistole, kein Rückstoß und Feuerkraft sondergleichen. Der Feuerstoß streift die Tür, streift meinen Arm zum Glück nur oberflächlich. Es ist der rechte Arm und ich bin Linkshänderin. Ich kann mich wehren. Nach dem Treffer, ich habe getroffen, ich habe den Aufschrei gehört, werfe ich mich hinter den Gartencontainer, der in Grätzkis Vorgarten zum Ärger seiner Frau die letzten Wochen überdauert hat und immer voller geworden ist. Der Container wird mit allem Schutt darin durchsiebt, wie es kaum vorstellbar ist. Das Ganze dauert wenige Minuten, dann höre ich Polizeisirenen. Wann hat mich deren Klang je so erfreut?

Den Mann vor der Tür höre ich in sein Fahrzeug springen – ich kann ihn nicht schwer verletzt haben – die Tür zuschlagen, das Fahrzeug starten und davon rasen. Ich springe hinter dem Container hervor, halte auf die Reifen, schieße. Ein wenig taumele ich dabei. Mehrere Fahrzeuge. Eine Verfolgungsjagd. Sie werden ihn fassen. Ich werde zu meiner ursprünglichen Ruhe zurückfinden.

»Weg.«

»Das Auto haben wir.«

»Und er? Wieso ist der weg?«

»Keine Ahnung. War keiner drin, als wir das Fahrzeug stoppten.«

»Das kann sich doch nicht selbst voranbefördert haben.«

»Der muss sich während der Fahrt in vollem Schwung rausbefördert haben.«

»Und keiner von euch hat das mitbekommen. Ihr müsst doch schon ganz dicht drangewesen sein.«

»Das kann der nicht allein hinbekommen haben. Da müssen Mittäter gewesen sein. Einer, der auf ihn gewartet hat, der ihn sofort zu sich herübergezogen hat.«

Einer reißt ein Verbandspäckchen auf und verbindet meinen Arm. Das muss ein Arzt sein. Er macht das sehr sachkundig.

»Wie geht es dir, Maria Fina?«

Ich bin froh, dass mich Grätzki nicht mit diesem widerlichen Spitznamen »Mafia« anspricht. Das würde hierzu gut passen. Wieso meine ich, dass Mafia hier passen würde? Was hat sich da bei mir verschaltet? Ich komme nicht darauf. »Es geht mir gut«, sage ich stockend. Das ist nicht wahr. Es geht mir nicht gut. Nicht wegen des Arms, sondern weil nichts ein Ende hat, weil es nichts ist mit dem Wiederwerden der ursprünglichen Ruhe.

»Lass sie in Ruhe, Grätzki.« Das ist seine Frau. Sie redet ihn mit seinem Nachnamen an, wenn sie ihn zurechtweisen will. »Was ist das für eine dämliche Frage, ob es ihr gut geht. Sie hat uns gerade das Leben gerettet und es geht ihr dreckig. Das sieht ein Blinder mit Krückstock.«

»Ich habe euch nicht das Leben gerettet, sondern euch in Gefahr gebracht.«

Was soll der Schmus? Gibt es nichts anderes zu tun, als herumzuplänkeln? Der Mann ist davongekommen? Wer war das? Was wollte der? Warum mit MPi? Woher? Unterwelt. Mafia. Wieso? Das Balkanrestaurant auf der anderen

Seite. Darauf sind schon andere gekommen, dort Befragungen vorzunehmen. Schutzgelderpresser? Was würden die von Grätzkis und mir wollen? Raubüberfall. Das sollte ein ganz gewöhnlicher Raubüberfall werden, für den ich den Ansatz, die Adresse nämlich geliefert habe.

»Ist das Ihr Handy, Frau Sibyllek?«

Ich nicke. »Das ist meins. Wo haben Sie es gefunden?« Ich weiß es doch. Im Taxi natürlich. Der Kerl hat keine Zeit gehabt es mitzunehmen. Ging alles zu schnell.

»Im Taxi.«

Ja natürlich. Ich muss das aufklären.

»Racheakt an Grätzki? Einer aus alten Zeiten?«

Aus alten Zeiten fällt mir immer nur einer ein.

»Was ist mit dem aus Crailsheim?«, höre ich mich fragen.

»Aus Adelsheim, meinen Sie.«

Ich schaue Grätzki überrascht an. Adelsheim.

»Ihr Herr Kollege.«

»Lange nicht mehr. Früher.«

»Enno war das nicht«, flüstert Grätzki mir zu. „Der war viel kleiner, der Taxifahrer, das hab' ich gesehen. Und ein bisschen bucklig.«

Der Buckel kann vorgetäuscht gewesen sein, um die wirkliche Körpergröße zu verschleiern. Außerdem erinnere ich mich nicht daran, dass mein Taxifahrer bucklig gewesen wäre. War das überhaupt derselbe? Er muss es gewesen sein. Wie sonst . . . ?

»Mafia, verrenn dich nicht.« Grätzki beißt sich auf die Lippen. Er weiß, wie ich diesen Spitznamen hasse und fällt trotzdem darauf zurück, ich weiß nicht, was ihn dazu bringt. Vorhin war er nett und fürsorglich. Adelsheim. Enno war in Adelsheim.

»Die Pressefuzzis denken zuerst an Crailsheim. Schweinerei eigentlich. Versetzen die Leute doppelt und dreifach in Angst und Schrecken. Das putscht auch gegen die Sozialtherapeutischen. Heizt die Stimmung an.«

Merkwürdig ist das. Solche Schlappen passieren normalerweise nicht, egal, an wem es liegt. Alle sind daran interessiert, korrekt zu informieren. Wer will sich schon seinen guten Ruf ruinieren? Auch ein Pressefuzzi will das nicht. Im Normalfall jedenfalls nicht. Adelsheim also.

Zu Hause steht Dessert auf dem Tisch. Bratapfel-Dessert muss warm verzehrt werden. Ich werde das kalt gewordene Zeug in den Mülleimer entsorgen. Was denke ich an Zuhause. Der Sonntag hat sich zum Werktag gewandelt, zu einem Werktag der Extreme.

»Der da drüben ist sauber. Ordentlich geführt. Kundschaft aus dem Wohngebiet. Saubere Buchführung. Schutzgeld vom Inhaber zu erpressen, ist auch nicht versucht worden.«

»Hört sich ja an, als hättet ihr den schon eine Weile überwacht.«

»Ist nicht völlig falsch. Hier in der Gegend wurde Rauschgift an Schulen angeboten. Wir haben nach dem Umschlagplatz dafür gesucht. Haben die Gaststätten rundherum überprüft.«

»Seid wann macht ihr Kripo-Arbeit?«

»Kontrollen immer schon.«

Rauschgift. Die Szene aus meiner Kindheit, die mich nicht loslässt: Der Bahnhof von Duisburg, der Junge, die Jungen mit den kleinen Päckchen, Enno im Hintergrund, Enno, der »Mafia« ruft und auf mich weist und ich laufe voller Angst und Wut davon, als die Polizei kommt.

Ich habe Polizistin werden wollen, um die Angst vor der Polizei loszuwerden. Vielleicht nicht die beste Therapieform, wenn ich auch nicht wissen konnte, dass ich Enno bei der Polizei wieder treffen würde. Warum bin ich den Gedanken an ihn nicht losgeworden? Nicht ich habe ihm etwas getan. Es gibt keinen Grund für ihn, mich zu hassen. Und dennoch weiß ich, dass er mich suchen wird, wenn er tatsächlich entkommen sein sollte oder wenn er später regulär freikommt. Grätzki hat Recht, wenn er annimmt, Enno werde seine Strafe absitzen. Warum sollte er einen Ausbruchsversuch starten? Wenn er lebenslänglich hätte, dann ja. Es dauert nicht mehr lange für ihn. Wie konnte ich überhaupt darauf kommen, dass Enno der Muttermörder sei? Seine Mutter ist die einzige feste Bezugsperson, die er hat. Inzwischen kann alles Mögliche passiert sein. Ich biete meine Mitarbeit zur Lösung des Falles an. Arbeit ist das Beste. Ich bin von Anfang an an dem Fall dran gewesen und kann helfen, die Verbindungen herzustellen, die losen Enden aneinanderzufügen.

»Sie sollten sich lieber ein wenig ausruhen.«

Sie wollen meine Mitarbeit nicht. Bin ich nun auf der anderen Seite? Das habe ich schon einmal durchgemacht. Des Anschlags auf Grätzki war ich bezichtigt worden. Ich vergesse das nicht.

»Wenn du magst, kannst du gern für die Nacht hierbleiben. Wir haben das Gästezimmer frei. Kannst auch von hier aus zur Arbeit.«

Ich schüttele nur den Kopf. Das macht keinen Sinn. Aber warum nicht? Wir könnten den Fall hin- und herwenden, diese oder jene Möglichkeit der Klärung bereden. Frau Grätzki ist die Bratapfel-Meisterin. Bin ich nicht sogar verpflichtet hierzubleiben, wo ich ihnen die Gefahr ins Haus geholt habe? Wer sagt mir denn, dass der Taxifahrer nicht wiederkommt?

»Wir postieren jemanden ganz in der Nähe.«

»Wäre es nicht angebrachter, jemanden direkt im Hause zu wissen?«

»Es könnte auch sein, dass Sie vor der Tür Ihrer Wohnung von jemandem erwartet werden. Vielleicht sollten Sie doch besser hier bleiben. Unter unserer Obhut.«

Ich verzichte auf die Obhut. Das Taxi jedenfalls wird mich nicht erwarten. Das ist außer Gefecht gesetzt und wird gerade gründlich auf Spuren untersucht. Die Spur, die zu mir hinführt, ist durch das Handy gesetzt worden. In diesem Fall kann ich nicht zu den Ermittlern zählen.

Ich bin selbst hineinverwickelt, zumindest als Zeugin. Als mir das letzte Mal so etwas geschah, war ich als Täterin eingestuft worden. Beschuldigte. Wäre ich damals der telefonischen Weisung meines Schießtrainers Enno gefolgt und hätte meine Dienstwaffe sofort nach dem Anruf zu Grätzki auf die Dienststelle gebracht, wäre meine Pistole zur Mordwaffe auserkoren gewesen und es wäre mir weit schwerer gefallen, zu beweisen, dass nicht ich auf Grätzki geschossen hatte. Dieses Mal ist es mein Handy, das mich verdächtig werden lässt. Und dass ich den Täter durch mein Telefonat quasi zu Grätzkis geführt habe.

Die Haustür geht wie immer ein bisschen schwer auf. Als ich meine Wohnung betrete, liegt ein merkwürdiger Geruch in der Luft.. Auf dem Tisch in der Küche steht immer noch das Bratapfel-Dessert. Doch es ist nicht mehr unberührt. Es ist davon gegessen worden. Derjenige, der davon gegessen hat, liegt mit dem Gesicht darin.

Ich nähere mich ihm vorsichtig, jeden Augenblick damit rechnend, dass er aufspringt und auf mich schießt. Wenn er tatsächlich tot ist, kann sein Mörder nicht weit sein. Dieses Mal bin ich im Besitz meines Handys, mit dem ich Polizei und medizinischen Notdienst alarmiere. Danach durchsuche ich mit gezogener Waffe meine Wohnung. Habe ich sie je so gründlich inspiziert wie jetzt? Alles fällt mir auf, der staubige Boden, die ausgetrocknete Erde in den Blumentöpfen, vor allem aber die Winkel, in denen sich einer versteckt halten kann.

Die Leiche ist für mich an dieser Stelle postiert worden. Durch einen Kopfschuss getötet. Ein sauberer Kopfschuss. Die Mafia tötet so. Eine Hinrichtung. MAFIA. Geht es nicht um meinen Spitznamen, sondern hat die Organisation so ihr Werk signiert? Erst das Projektvorhaben, dann das fertige Projekt. Das Werk ist nicht vollendet. Der Mörder lebt in Freiheit.

Wieder ist es so, als ob da jemand wäre, der um mein Handeln, um jeden meiner Schritte, weiß, der genau registriert, wann ich mich wohin in Bewegung setze, und von daher seine eigenen Aktionen meinem Verhalten gemäß ausrichtet.

Ich unterziehe die Leiche einer eingehenderen Betrachtung – Mädel, musste das in so 'nem Bürokratendeutsch sagen, würde Vadder mir an der Stelle vorhalten, tatsächlich, ich habe mir ein -ung-ung-Deutsch angewöhnt – und erkenne, um wessen sterbliche Überreste es sich handelt. Sterblich, er ist bereits gestorben, aber das Gestorbene stirbt weiter, bis es sich ganz aufgelöst hat, ich kenne den Akt vom äußeren Ansehen her zur Genüge.

In der Wohnung ist ein Geräusch, das ich nicht orten kann. Kommt es von der Tür her? Sind meine Kollegen eingetroffen? Nein, das ist es nicht. Regentropfen trommeln an die Fenster und verweisen mich darauf, dass ich nicht mehr bin als so ein Tropfen im All. Was mache ich mich fertig? Irgendwann ist es vorbei. So oder so. Ein bisschen später vielleicht? Meine Eltern wären todunglücklich, wenn ich vor ihnen das Zeitliche segnen würde. Was für grandiose Überlegungen. Schluss damit. Es hält sich augenscheinlich niemand mehr in meiner Wohnung versteckt. Folglich trachtet mir momentan gerade niemand unmittelbar nach dem Leben. Das wäre sonst längst erledigt. Die Erfolgsmeldung wäre abgesandt, wohin auch immer. Nur der Tote und ich sind hier.

Auf dem Fußboden liegt ein Brief ohne Absender und Adresse. Es liegt etwas darüber, deshalb habe ich ihn nicht eher bemerkt. Oberstes Gebot der Arbeit am Tatort: Spuren erhalten, nichts verändern, nichts verwischen. Doch ich muss wissen, woran ich bin. Wieder steckt ein Zettel im Briefumschlag, auf dem nichts als das eine Wort »MAFIA« steht.

Nun bin ich mir auch sicher, dass es sich bei dem Toten um den Taxifahrer handelt. Von seinem Gesicht ist nicht viel zu sehen. Doch dieser kurze, gedrungene Hals, die stämmigen kurzen Arme. Grätzki hatte Recht. Da ist eine deutliche Verformung der Rückenpartie, die man als Buckel bezeichnen kann. Wie bin ich nur auf die Idee gekommen, dass es Enno gewesen sein könnte, der mich gefahren hat. Es ist die Angst gewesen, die mich einholt, wenn es irgendetwas Unerklärliches in meinem Umfeld gibt.

MAFIA.

Darüber muss ich nachdenken. Was habe ich mit der Mafia zu schaffen? Warum wird einer von der Mafia auf mich angesetzt und mir anschließend als Leiche zum Dessert serviert. War der Tod seine Strafe für das misslungene Attentat? Ist der Tote in meiner Wohnung eine Warnung an mich und wenn, wovor soll er mich warnen?

Ich bin nur eine gewöhnliche Polizistin, die ein kleines Revier leitet. An Ermittlungen in puncto organisierter Kriminalität bin ich zu keiner Zeit beteiligt gewesen. Was wollen sie von mir? Was bedeutet das Ganze? Warum soll ich eingeschüchtert werden? Ich begreife das nicht. Vielleicht wäre der Tote nicht in meine Wohnung gelangt, wenn ich die Nacht bei den Grätzkis geblieben wäre.

Das klingt, als ob ich meinte, der Tote hätte sich mir an die Fersen geheftet, um mir überall dort zu begegnen, wo ich mich allein aufhalte. Ein Untoter. Die flapsigen Worte befreien mich nicht aus dem Irrgarten meiner Gedanken. Das funktioniert nur unter Gleichgesinnten, die sich durch despektierliche Vor-Ort-Gespräche von dem Grauen distanzieren, das sie nicht beherrschen darf, wollen sie frei von Denkblockaden ermitteln. Mit mir allein bin ich auf mein Innerstes zurückgeworfen, das sich durch keine sprachlichen Kapriolen täuschen lässt.

Es klingelt. »Polizei. Aufmachen.« Kein kollegiales Rufen. Nur dieses harte Verlangen nach dem Öffnen der Tür.

Ich schaue durch den Spion. Es sind welche in Polizeiuniform dabei. Trotzdem. »Würden Sie sich bitte ausweisen.«

Einer hält seinen Ausweis hoch, so dass ich erkennen kann, was darauf steht. Das Gesicht ist mir nicht vertraut, doch den Namen kenne ich, habe von ihm gehört. Mönchengladbach ist keine kleine Stadt, doch wiederum auch nicht so groß, dass man nicht voneinander gehört haben kann, wenn man sich beruflich in ein- und derselben Richtung bewegt. Ich öffne die Tür, lasse die Kollegen ein.

»Wo ist der Tote?« Sie stürmen an mir vorbei.

Ich interessiere niemanden. Doch. Einer wendet sich mir zu. »Frau Sibyllek. Oberkommissarin.«

Ich nicke.

»Wir kennen uns.« Das ist der, der seinen Dienstausweis vor den Spion gehalten hat. Er wusste, dass sein Name mich beruhigen würde, obgleich schließlich ein Dienstausweis auf jeden Namen hin gefälscht werden kann. »Geht es Ihnen gut?«

Immer wieder diese platte Frage, auf die zu antworten kein großes Spektrum an Möglichkeiten zur Verfügung steht, verfügbar ist, abgerufen werden kann. Gut geht es mir natürlich, ganz hervorragend, wie denn sonst bei der prima Lage, nette Gesellschaft da in meiner Küche, selten so viele Kollegen zu Gast, sogar die Zahl stimmt, acht, wenn ich mich nicht einrechne, der Tote zählt nicht, der isst nicht mehr, stimmt mit einem wie mit zwei »s« das Wort »is-s-t«.

»Er hat von Ihrem Dessert gegessen.«

»Dann wäre er schon einige Zeit hier gewesen. Das kann nicht sein.«

»Warum sollte das nicht sein können?«

»Er war doch gerade erst geflüchtet. Er kann doch nicht hierher geflüchtet sein, wo ich ihn angeschossen habe.«

»Erschossen wäre treffender.«

»Bei den Grätzkis. Ich habe ihn verletzt. Aber nicht erschossen. Er hätte ja auch nicht mehr hierher kommen können. Und er musste damit rechnen, dass ich in meine Wohnung zurückkehre.«

»Vielleicht hat er damit gerechnet. Er wusste nur nicht, dass Sie ihn so schlecht behandeln würden. Darf ich um Ihre Dienstwaffe bitten.«

Selbst wenn sie mich verdächtigten, wäre es doch Notwehr gewesen. Aber ich war es nicht. Was soll das?

Ich händige sie ihm aus, meine Walter PP 9. Ich habe lange gebraucht, mich mit ihr anzufreunden, und nun, wo sie mir zur wertvollen Hilfe geworden ist, muss ich sie hergeben.

»Wir stellen Sie unter Polizeischutz.« Unter Beobachtung, meint er. »Sie haben nicht zufällig mit ihm gespeist.«

»Ein bisschen merkwürdig, die Idee. Vor einer halben Stunde haben wir uns gegenseitig beschossen.«

Der Mann mit dem in Polizeikreisen (sicher auch in Gangsterkreisen) bekannten Namen schaut mich an, als wolle er sich mein Äußeres für alle Zeiten einprägen. Dann sagt er: »Kommt vor. Der eine bricht in die Interessensphäre des anderen oder der anderen ein. Man bekriegt sich. Die Fronten werden geklärt und dann beschließt man das ganze mit einem gemeinsamen Essen, das aber eventuell für eine der beiden Parteien – wie hier zu besichtigen – tödlich ausgeht. Sie standen schon einmal unter Verdacht, mit der organisierten Kriminalität in Verbindung zu stehen.«

Ung-ung-Verbindung. Womit warum was fragst du so dumm? Was willst du wissen? Heul nicht ins Kissen. Es gibt kein Entkommen. Nichts will dir frommen.

»Frau Sibyllek. Haben Sie meine Frage nicht gehört?«

»Was für eine Frage?«

»Was hat der Mann bei Ihnen gesucht?«

»Ich weiß es doch nicht.«

»Ihr Freund Enno ist aus Adelsheim ausgebrochen. Wussten Sie das? Stehen Sie mit ihm in Verbindung?«

Ung-ung-Verbindung. Wie soll ich erklären? Was soll ich beschwören? Wie kann ich mich wehren. Gar nicht. Gar nicht. Was brüchig war, zerbricht.

»Er ist nicht mein Freund. Er hat mich eines Verbrechens beschuldigen wollen, das er selbst begangen hat.«

»Auch das ist nicht unüblich. Jeder sucht die eigene Haut

zu retten, wenn es darauf ankommt. Da beschuldigt man sich gegenseitig. Er ist seit Kindheitstagen Ihr Freund. Das ist uns bekannt. Auch, dass es schon damals, schon in Ihrer Kindheit um das Dealen von Rauschgift ging. Sie haben früh damit angefangen. Ihr Problem, dass Sie Ihr Handy im Tatfahrzeug liegengelassen haben. Frau Sibyllek, hören Sie mir eigentlich zu?«

»Ja. Natürlich.«

Wie kann ich mich wehren? Wovon kann ich noch zehren? Was soll das mich lehren? Wer will was von mir hören? Ich werde verrückt. Ich werde endgültig verrückt.

»Was haben Sie auf den Vorhalt zu antworten?«

»Das ist alles Unsinn. Ich kann nichts darauf antworten, weil das alles Unsinn ist. Bei mir ist eingebrochen worden. Auf mich wurde geschossen. Seit Wochen bekomme ich anonyme Anrufe. Wenn ich mich melde, wird am anderen Ende geschwiegen.«

»Wenn das so wäre.«

»Es ist so.«

»Wenn das so wäre, wäre es normal gewesen, Sie hätten das zu Protokoll gegeben.«

»Was hätte das geändert? Ich hätte mich allenfalls lächerlich gemacht.«

»Lächerlich gemacht. So. Das ist Ihre Erklärung. Eine andere haben Sie nicht zu bieten. Können Sie sich nicht ein bisschen was Intelligenteres ausdenken?«

Was ist besser? Tot oder unschuldig in Haft? »Lebendig is immer besser«, würde mein Vadder sagen, aber freuen würde er sich nicht, mich in einer Justizvollzugsanstalt besuchen zu sollen. Mein Vater sagt nicht Justizvollzugsanstalt oder JVA dazu, der nennt das Knast. Seine Tochter im Knast. Ich darf ihm das nicht antun. Wieder wird mir bewusst, dass ich nur an meinen Vater denke. Meine Mutter hat sich um mich gekümmert ihr Leben lang, mein Vater sporadisch, wenn ihm nach der Arbeit noch so war. Was soll das jetzt? Schluss mit diesen Spintisierereien.

Meine Eltern werden beide darunter leiden, wenn ich in die Geschlossene einziehe.

Können Sie sich nicht ein bisschen was Intelligenteres einfallen lassen. Ja wirklich, warum fällt mir jetzt nicht etwas Intelligentes ein, etwas, das geeignet wäre, mir aus meiner misslichen Situation herauszuhelfen.

Statt einen solchen Geistesblitz zustande zu bringen, quält mich zusätzlich der Gedanke an Ennos Mutter. Er kann sie nicht getötet haben. Er hängt an ihr. Er hat sie mir gegenüber verteidigt, wenn ich etwas gegen sie gesagt habe.

Habe ich denn etwas gegen sie gesagt? Mein Gedächtnis müht sich, die Brücke in die Vergangenheit zu schlagen. Warum frage ich nicht lieber, ob es Ennos Mutter war. Es kann nicht anders sein, es kann nur sie gewesen sein. Wer ist der Taxifahrer gewesen, der Tote an meinem Tisch ist nicht Enno gewesen, das habe ich gesehen.

»Das Schicksal der Frau, der Sie solche Sorgen bereitet haben, interessiert Sie nicht, wie? Wissen Sie, dass Sie ihre letzte Hoffnung waren?«

»Ich verstehe nicht. Warum suchen Sie nicht lieber nach dem Mörder?«

Warum verfolgen sie ihn nicht, sind nicht längst an allen Türen der Umgebung Klinken putzen. Was gesehen, gehört, das Übliche eben, warum machen sie das nicht? Dumme Frage, weil sie mich haben. Mein Name ist Programm. Danke, Vater Grätzki, warst echt eine Hilfe, den alten Spitznamen wieder aufzuwärmen. Aber nun will ich wissen, was mit der Frau geschehen ist, deren letzte Hoffnung ich – aus welchem Grund auch immer – gewesen sein soll.

»Sie haben es doch in den Nachrichten gehört. Er hat sie getötet. Hat ihm den Vorwand geliefert, rauszukommen. Mehr sollte nicht sein.«

»Was soll ich damit zu tun haben?«

Ich kann es nicht fassen. Wieso? Er hat an ihr gehangen, solange ich denken kann. Wen hat er denn sonst gehabt? Und jetzt erst. Muttermörder. Alles habe ich ihm zugetraut. Nur das nicht. Aber warum? Wenn es der Vater gewesen wäre, aber der lebt schon lange nicht mehr. Sie hat sich an ihn geklammert, ihren Jungen, alles wollte sie gutmachen an ihm. Er sollte vergessen, was gewesen war, sollte ihr die Reputation bringen, die sie an der Seite ihres Mannes vermisst hatte. Das war es, was ihn, Enno, wütend machte, wie es seinen Vater wütend gemacht hatte. Was für einen Hass muss er auf seine Mutter gehabt haben, dass er sie auf so viehische Art umgebracht hat. Und der hier? Was ist mit dem geschehen? Warum musste der dran glauben?

»Und wer ist das eigentlich?«, weise ich auf den Taxifahrer. »Doch sicher kein Taxifahrer, der eben mal auf die Idee gekommen ist, die spärlichen Einkünfte durch einen Raubüberfall auf die Grätzkis aufzubessern.«

Der Ermittler schaut mich verblüfft an, bevor er in wildes Gelächter ausbricht. »Das schlägt wirklich alle Rekorde. Tun Sie so naiv oder sind Sie's? Sie laden ihn zu Bratäpfeln de luxe ein, schießen ihn danach mal so eben kaltblütig nieder und wollen von uns dann wissen, wer das ist?«

»Hätte ich Sie hergerufen, wenn ich ihn erschossen hätte«, erlaube ich mir jetzt endlich eine Gegenfrage.

»Sie wussten nicht wohin mit der Leiche. Ab in die Anatomie mit dem Guten.«

Ich kann sagen, was ich will. Es ist in den Wind gesprochen.

»Wir tun Ihnen erst einmal den Gefallen. Wir befreien Sie von dem Anblick. Sie halten sich bitte bis auf Weiteres zu unserer Verfügung.«

Sie lassen mich allein mit mir, mit mir und einer unsichtbaren Bedrohung.

»Ach ja, und Sie wollen Ihren ehemaligen Schulfreund und späteren Kollegen wirklich nicht wiedererkannt haben?«

Grätzki hat ihn auch nicht erkannt. Er hat von einem buckligen Taxifahrer gesprochen, will ich einwenden, doch der Kriminalrat schneidet mir das Wort ab: »Hauptkommissar a. D. Grätzki hat sofort erkannt, um wen es sich da handelte. Und er hat ihn nicht halb so lange gekannt wie Sie.«

Das stimmt. Ich kenne Enno schon sehr lange. Aber Grätzki hat ihn nicht erkannt. Warum nehmen Sie mich nicht mit? Sie müssten mich doch verhaften, wenn sie davon überzeugt sind, dass ich die Mörderin bin? Dumme Frage. Ich bin die Mafia. Sie wollen den ganzen Ring ausheben. Ich habe es doch gehört: Rauschgift, Mord, Bandenkriminalität. Denken Sie, dass ich der Kopf der Bande bin? Vermutlich nicht. Dann würden sie zuschlagen. Ich soll sie zu ihm führen. Sie werden mein Telefon und mein Handy abhören und jederzeit wissen, wo ich bin. Mit der Verhaftung können sie sich Zeit lassen. Ich entgehe ihnen nicht. Bei organisierter Kriminalität dürfte der Staatsanwalt schnell davon zu überzeugen sein, dass die Abhöraktion notwendig ist. Alles rechtens also. Sie werden sich draußen vor der Tür postieren und auf ihn oder auf sie oder wen auch immer warten. Mir kann nichts geschehen. Ich werde nur im Gefängnis landen. Weiter nichts.

Wie kommt es, dass ich mein Handy im Taxi liegen gelassen habe? Oder es mir habe stehlen lassen. Das kommt auf dasselbe hinaus. Es ist mir passiert. Ich muss nicht weiter darüber nachdenken. Besser, ich konzentriere mich darauf, wie ich aus der jetzigen Situation herauskomme. Das eine hat mit dem anderen zu tun. Ich muss wissen, woran ich mit mir bin. Mit mir? Organisierte Kriminalität hat nichts mit der Durchgedrehtheit einer Polizistin zu tun. Eher schon mit Geldgier, Ehrgeiz, Erpressbarkeit, Gewissenlosigkeit. Nomen est Omen. Der Name ist Programm. MAFIA. Mafia.

Ich will Enno noch einmal ansehen. Ist er es wirklich? Im Tod verstellt sich keiner. Das kann er nicht sein. Er hat keinen Buckel gehabt und er ist viel größer gewesen. Grätzki hat ihn kaum gesehen. Er hat sich nur eingebildet, ihn gesehen zu haben. Ich habe die beiden ins Haus geschoben, bevor der Taxifahrer an der Tür war.

»Wollen Sie jetzt Ihren ehemaligen Chef verdächtigen? Meinen Sie, er bessert seine Rente mit Drogendeal ein bisschen auf?«

»Natürlich nicht.«

Grätzki hat mich gefördert und befördert. Er hat mich zu seiner Nachfolgerin gemacht. Er und seine Frau sind für mich zu einer Ersatzfamilie geworden. Aber warum erzählt er, dass er im Taxifahrer Enno erkannt habe, wenn das nicht an dem sein kann? Mir hat er etwas anderes erzählt. Und warum hat er sich nicht an die Verabredung gehalten? Ich hatte gewartet. Weil der Taxifahrer erst so spät gekommen ist. Ich kann ganze Dienststellen entvölkern mit meinen Verdächtigungen. Warum ist der Taxifahrer erst so spät gekommen? Er wusste doch, zu wann ich die Grätzkis eingeladen hatte. Er war dabei, als ich telefonierte. Dadurch ist er ja auf die Idee gekommen.

Die Leiche wird unter einem Tuch verborgen auf der Bahre hinausbefördert und der Ermittler, der Chef, zieht seine Leute aus meiner Wohnung ab. Ich starre auf das Handy, das ich wieder in meiner Hand halte. Ich habe den Faden verloren. Ich hatte gerade einen wichtigen Gedanken, er ist weg.

Jetzt weiß ich es wieder. Ich weiß, warum der Taxifahrer so spät kam. Ich sollte da sein. Ich sollte in Verdacht geraten, an dem neuen Anschlag auf Grätzki beteiligt gewesen zu sein. Es ist dasselbe Spiel wie das letzte Mal, nur in etwas modifizierter Besetzung.

Ich tippe die Nummer meiner Dienststelle ein. Der Chef-Ermittler von vorhin ist dran. »Ich würde an Ihrer Stelle die Morde lieber gestehen. Im Balkan-Restaurant ist jemand erschossen worden. Die Waffe, aus der geschossen wurde, war Ihre. Der Mann muss kurz nach dem Überfall auf Grätzkis erschossen worden sein. Deshalb sind Sie dorthin, hat nicht geklappt mit der Schutzgelderpressung, der Mann wollte die Polizei rufen. Das konnten Sie nicht zulassen.«

»Das ist alles nicht wahr«, sage ich. »Ich komme hin. Ich kläre das auf.«

»Sie können sich das gerne sparen. Aber bitte. Wir müssen ohnehin eine Gegenüberstellung machen.«

Ich lege auf.

Nein, ich werde nicht zum Balkan-Restaurant gehen. Wer sagt mir denn, dass dort wirklich jemand getötet worden ist. Wer sagt mir denn, dass sie dort nicht mit meiner Pistole auf mich warten. Einer wird gekillt. Ich bin vor Ort, es ist meine Schusswaffe, ich bin die auf frischer Tat ertappte Täterin. Mein Handy ist umprogrammiert worden. Alle Verbindungen führen zur Mafia und die entscheidet, wem sie welches Telefonat zuleitet. Es ist alles so einfach. Meine Waffe haben diese »Polizisten«, die bei mir in der Wohnung waren. Erst jetzt, wo ich sie aus der Hand gegeben habe, wird sie zur Mordwaffe werden.

Ich setze mich an den Computer. »Ihre Festplatte ist für jeden einsehbar. Sie werden überwacht.« Die Mail ist bei mir eingetroffen. Egal. Mein Handy wird mehr als überwacht. Dessen kann ich mir nun ganz sicher sein. Ich weiß schließlich, bei wem mein Anruf gelandet ist. Bei meiner Dienststelle jedenfalls nicht. Ich habe Glück, dass ich das Gesicht des Mannes mit dem in Polizeikreisen bekannten Namen nicht kannte. Es wäre Ihnen nicht darauf angekommen, mich zu erschießen, wenn ich das falsche Spiel durchschaut und mich widersetzt hätte.

Mein neuer Laptop, wo ist der, meine Manie, nicht ständig benötigte, wichtige Dinge – soweit wie möglich – verborgen zu halten, kommt mir jetzt zu Gute, ich habe ihn hinter einem Kasten Bier drapiert, zum Glück passte das Bier nicht zum Dessert.

Ich schicke eine Mail an eine Schließerin, die ich beruflich und privat kenne und die aus einer Bemerkung über ein kürzliches Erlebnis beim Frauenarzt – sie ist schwanger, ich war nur zur Routine-Untersuchung da – schließen kann, dass ich wirklich die Absenderin der Mail bin. Wenn ich Glück habe, hat sie Dienst. Sonst wird es schwierig. Sie hat Dienst. Enno ist wirklich geflohen. Doch nicht er allein. Es ist noch einer geflohen. Vor ihm. Kurze Zeit hat er mit Enno in einer Zelle gesessen. »Bei der Zusammenlegung der beiden war nicht beachtet worden, dass sie sich kannten«, heißt es in der Mail weiter. »Es war alles überbelegt und es war nur für kurze Zeit. Das Verschwinden des Mannes ist lange nicht bemerkt worden, weil ein Besucher an seiner Statt blieb.«

Der Taxifahrer muss Ennos Zellengenosse gewesen sein. Er war auch der Mann, den ich mit der Waffe in der Hand vor einer Kirche wegen Raub und Vergewaltigung festnahm. Enno hatte ihm suggeriert, ich gehörte zur Mafia (der Spitzname) und würde deshalb nicht auf ihn schießen, deshalb hatte er damals und jetzt wieder dieses infame Lächeln im Gesicht. Er wollte seinen Anteil an der Beute, die wir damals nicht finden konnten. Er hat bei Ennos Mutter gesucht und bei mir. War es auch Rauschgift, das er suchte? Einen kleinen Teil haben wir damals bei ihm beschlagnahmen können. Wollte Enno seinem Zellenkumpan die Beute streitig machen? Oder wollte er einfach nur seine Mutter vor ihm schützen? Hat sie mich bei meinem Besuch in Duisburg mit solch fragendem Gesichtsausdruck angeschaut, weil sie von dem Ausgebrochenen unter Druck gesetzt worden, Beute aus früheren Zeiten herauszugeben, von der sie nicht einmal etwas geahnt hatte? Wusste sie sich nicht zu helfen und dachte darüber nach, mich um Hilfe zu bitten?

Das sind alles Spekulationen, für die ich jetzt keine Zeit habe. Ich maile jetzt direkt an meine Revierkollegen, signalisiere einen stattgehabten oder geplanten Mord im Balkan-Restaurant, verweise auf die bewaffneten Täter, die noch vor Ort sein müssen und bitte darum, mir mitzuteilen, was die Obduktion des getöteten Taxifahrers ergeben hat.

»Wieso Obduktion«, kommt die Antwort kurz darauf zurück. »Wir haben keine Leiche gefunden.«

Meine Kollegen wissen nichts von dem Geschehen in meiner Wohnung. Ich setze sie kurz davon in Kenntnis, auch von der Übergabe meiner Dienstwaffe an die Ermittler, die vermeintlichen Ermittler, bin ich versucht zu mailen. »Vielleicht haben sich diese nur als Polizisten ausgegeben«, schreibe ich voller Furcht, dass auch die vom Laptop ausgesandten Mails abgefangen werden könnten.

Jetzt nehme ich noch einmal mein Handy, um mit diesem meine Dienststelle anzurufen. Richtig habe ich wieder den Chefermittler am Apparat. »Ich brauche ein paar Minuten«, sage ich ihm. Mein Verband ist durchweicht. Ich wickele noch eine Binde darum.

»Ich hoffe, Sie revanchieren sich für mein Entgegenkommen mit einem umfassenden Geständnis, Frau Sibyllek.«

»Ich habe nichts zu gestehen«, antworte ich.

Meine Kollegen vom Revier werden inzwischen alles Notwendige veranlasst haben. Vor meiner Wohnung erwarten mich zwei Männer.

Einer zeigt mir einen Kripo-Dienstausweis. »Sie begleiten uns jetzt.« Ich nicke. Ich gehe mit ihnen.

Vor dem Balkanrestaurant kommt mir der Chef-Ermittler entgegen. »Frau Sibyllek, es hat sich alles zu Ihren Gunsten aufgeklärt. Sie können Ihre Waffe wieder an sich nehmen.«

»Darf ich erst einmal die Leiche sehen«, frage ich. Diesen Toten habe ich nie zu Gesicht bekommen.

»Das ist der echte Taxifahrer. Sein Taxi wurde gebraucht und seine Identität.«

»Er kann nicht mit meiner Waffe ermordet worden sein«, sage ich in leicht hysterischem Tonfall.

»Es war eine PP 9, aber nicht Ihre. Das haben wir geprüft. Deshalb brauchten wir Ihre Waffe, um das zu prüfen.«

»Man wollte mich . . .«

»Ihnen sollten die Morde in die Schuhe geschoben werden. Eventuell sogar noch ein dritter. Aber das ist von Anfang an misslungen. Sie waren dazu nicht lange genug in Duisburg.«

Es sind wirklich Ermittler, Kollegen, die mich nicht mehr zum Kreis der Verdächtigen rechnen.

»Maria Fina.« Grätzki schließt mich in seine Arme. »Ich muss mich bei dir entschuldigen, ich werde senil, glaube ich. Erst war ich ganz sicher, dass es nicht Enno sein könnte und dann habe ich doch gedacht, er wäre es gewesen. Wer kommt denn auch darauf, dass sie zu zweit ausgebrochen sind und nur die eine Flucht wird bemerkt.«

Es ist alles sehr merkwürdig. »In den Nachrichten ist das zuerst wirklich falsch gekommen. Passiert.«

»Passiert so manches«, versetze ich.

In diesem Augenblick klingelt mein Handy. Mein Blick trifft den des Chefermittlers. Er nickt mir zu.

Enno ist am Apparat. »Maria Fina. Du hast Glück«, sagt er. »Aber du hast Schuld daran, dass ich meine Mutter töten musste. Du mit deinem Lammblick. Der Taxifahrer geht nicht auf dein Konto. Aber meine Mutter. Deinetwegen hat sie nicht mitgemacht und mich verraten wollen.«

Ich fange an zu zittern. »Das ist nicht wahr.«

Der Chefermittler macht mir ein Zeichen. Ich soll weiterreden. »Wer ist der Tote im Balkan-Restaurant, für den ich auch noch herhalten sollte«, frage ich.

»Kannst du es dir nicht denken«, kommt es gleichmütig vom anderen Ende. »Der echte Taxi-Fahrer natürlich. Das geht nicht auf mein Konto. Damit habe ich nichts zu tun.«

Merkwürdigerweise glaube ich ihm. »Wo sind die Drogen«, frage ich gleich weiter.

»Was für Drogen? Habe ich nie mit zu tun gehabt.« Am

anderen Ende klickt es nur noch. Er hat die Verbindung unterbrochen.

Der Chefermittler nimmt mir das Handy ab. »Ich hoffe, die Zeit hat gereicht«, erklärt er. Es ist nur noch dieser Anruf abgewartet worden.

Sie nehmen Enno gar nicht weit von der Wohnung der Grätzkis entfernt in einem gestohlenen Lieferwagen fest. Er ist allein, liefert sich kein Feuergefecht mit der Polizei.

Den Mord in meiner Wohnung hat Enno begangen, ebenso wie den an seiner Mutter und dem Beamten. Das kann ihm nachgewiesen werden. Den wirklichen Taxifahrer hat sein Komplize getötet., für dessen Hinrichtung er uns keinen Grund benennt. »Ich habe die Mafia nur ängstigen wollen«, sagte Enno grinsend in der Vernehmung.

Ich weiß nicht, was mit ihm passiert ist in den letzten Jahren. Ich begreife es nicht. Es wird herausgefunden, welcher Server genutzt wurde, um die Drohmails an mich zu senden. Der Server befindet sich im staatlichen Niemandsland, auf einer still gelegten Bohrinsel. Ob die Mails von Enno, vom »Taxifahrer« oder jemand anderem kamen, erfahre ich nicht. Enno schweigt dazu. Genau, wie er zu allem schweigt, was mit Drogen und organisierter Kriminalität zu tun hat. Ich kann nur hoffen, dass es ihm nicht erneut gelingen wird auszubrechen, denn die letzte moralische Hemmschwelle ist gefallen, als er seine Mutter umbrachte.

»Seine letzte wirkliche Bezugsperson sind Sie«, erläutert mir der Chefermittler, als er mir zusammen mit den anderen einen Besuch abstattet und das dampfende Bratapfel-Dessert (dreifache Portion) auf dem Tisch steht. Vor Schreck muss ich mich erst einmal setzen. Aber eigentlich habe ich das gewusst.

Bratapfel

8 Äpfel (mittelgroß)
Marzipan
1 Päckchen Vanillinzucker
1 Messerspitze Zimt
Rosinen
gehackte Mandeln und Nüsse
Honig
und gegebenenfalls Rum

Die Äpfel waschen und das Kerngehäuse ausstechen. Ein Stück Marzipan als Boden eindrücken und die übrigen Zutaten in die Öffnungen füllen.

Die Äpfel in eine gefettete Auflaufform geben, nach Belieben mit Rum beträufeln und bei ca. 150 Grad 30 bis 45 Minuten garen.

Die Bratäpfel schmecken besonders gut mit heißer Vanillesauce.

Ruths Geheimnis

Die Tische in dem holzgetäfelten Raum der oberen Etage »Zum Bötchen« in Düsseldorf-Oberkassel waren mit Sonnenblumenblättern, Samenständen von Bucheckern und kleinen Lampignonblumen liebevoll dekoriert. Ferdinand Meyer und Helene Meyer-Gutzeit saßen an einem der Tische in Fensternähe und die Herbstsonne schmeichelte dem nicht mehr ganz jungen Brautpaar. Sie hörten selig Onkel Kurts Eloge zu. Er hatte seinen kleinen Vortrag spontan dem Motto des Menüs angepasst: Kulinarische Wanderungen durch deutsche Landschaften. Das war nicht weiter schwierig, gab es zu jeder Station des Menüs auch ein Reiseerlebnis von Ferdinand und Helene, das familienbekannt war. Besonders lange hielt sich Onkel Kurt beim gefüllten Steinhuder Zander in Blätterteig auf, der in Rieslingbutter mit Blattspinat serviert wurde. Dort am Steinhuder Meer hatte Ferdinand Helene einen Heiratsantrag gemacht. Angenommen hatte sie ihn ein paar Wochen später nach einem Essen im Bötchen bei einer Poire belle Hélène neu gestaltet und einem Düsseldorfer Mokka mit Gebäck.

Onkel Kurt erhebt sein Glas Dessertwein, einen 99er Muscat Beaumes de Venise Domaine de Coyeux: »So lasst uns unser liebes Brautpaar . . . ja, bitte?« Sein Blick geht irritiert zu einer Frau, die plötzlich mitten im Raum steht.

»Entschuldigen Sie die Störung. Ellen Knapp. Kriminalpolizei.«

Sie hält Onkel Kurt ihren Ausweis hin, der sie entrüstet anschaut. Mitten in seine schöne Rede ist sie hineingeplatzt. Unverzeihlich, wie konnte sie nur. Hätte sie nicht noch ein bisschen warten können? Jetzt hat sie ihn um die Pointe gebracht.

»Sind Sie Ferdinand Meyer?«

Pikiert antwortet er ihr, er sei nicht der Bräutigam. Er sei der Onkel.

Inzwischen hat sich Ferdinand Meyer von seinem Platz erhoben und geht lachend mit ausgestreckter Hand auf Ellen Knapp zu: »Ferdinand Meyer. Was führt Sie zu uns? Welcher Lümmel hat das Blumenbukett von der Haube unseres Jaguars gestohlen?«

Ellen muss ihn enttäuschen: »Leider geht es um mehr. Ihre Frau ist tot.«

Als ob er das nicht gehört hätte, lacht er weiter: »Das ist unmöglich. Darf ich vorstellen: Das ist meine Frau. Helene Meyer-Gutzeit. Heute um 11 haben wir uns das Ja-Wort gegeben.«

Dabei reicht er einer Frau mit strengem Nackenknoten und perfektem Make-up, in einem eleganten rohseidenen Schneiderkostüm die Hand. Beide blicken sich tief in die Augen und wirken auf Ellen einen Moment lang wie aus der Werbeschrift eines Eheanbahnungsinstitutes: Finden Sie ihr Glück in der zweiten Lebenshälfte.

Unbeeindruckt korrigiert sich Ellen und erklärt, es handelte sich natürlich um Meyers erste Frau.

»Sie meinen Ruth?«, mischt sich eine korpulente ältere Dame ein, die sich als Meyers Tante Hilde vorstellt. Ächzend lässt sie sich wieder auf ihren Stuhl zurücksinken: »Endlich.« Sie tupft sich mit einem Spitzentaschentuch die feuchte Stirn.

Ellen glaubt sich verhört zu haben.

»Endlich ist dieses Weib tot. Nicht wahr, mein Junge. Endlich kannst du aufatmen. Und du auch, Helene. Dieses dauernde Theater mit ihr. Als sie jetzt auch noch versucht hat, euch die Hochzeit zu vermiesen durch ihren Einspruch beim Aufgebot, da war das Fass wirklich voll.

Und weißt Du noch, damals, als . . .«

Peinlich betreten schauen alle auf ihre Teller, auf denen die Poire belle Hélène neu gestaltet darauf wartet, endlich gegessen zu werden. Seine Ex-Frau sei krank gewesen, erklärt Ferdinand Meyer. Eifersucht. Das habe das Zusammenleben mit ihr nicht immer einfach gemacht.

Ellen hat währenddessen ihren kleinen karierten Spiralblock gezückt und sich alles notiert. Wenn sich das bestätigt, dann wäre das doch ein fabelhaftes Motiv. Und sie würde Ferdinand Meyer nicht nur zu einer ersten Befragung abholen. In dem Fall könnte es sogar sein, dass er seine Hochzeitsnacht in einem staatlichen Hotel verbringt.

Wie ein Fremdkörper steht Meyer in dem mit Nippes überladenen Wohnzimmer. Zwischen Mopsbildern und Porzellankatzen fühlt sich der kultivierte Lebemann in seinem grauen Cutaway sichtlich unwohl. Ihn schaudert was er sieht. Was hat sie nur aus unserer Wohnung gemacht, billiger Nippes und das in dieser Gegend.

Und wer ist dieser Mensch, der da auf ihn zukommt. Eine ungepflegte Erscheinung. »Herr Meyer? Ritter, Robert Ritter. Ich bin der zuständige Ermittler. Zuerst einmal möchten wir, dass Sie kontrollieren, ob ihrer Frau . . .«

»Ehemalige Frau.«

». . . Ihrer ehemalige Frau vielleicht etwas gestohlen wurde, dass uns nicht aufgefallen ist. Noch legt ihnen niemand irgendetwas zur Last.«

Diesen Satz hat Ritter schon hunderte Male zu dem später überführten Mördern gesagt. Auch dieses Mal wird es wieder darauf hinauslaufen, da ist er sich sicher. Das was Ellen ihm gesagt hat, passt mal wieder wunderbar. Ritter ballt die Fäuste in seinen Manteltaschen. Beziehungstaten kann er nicht mehr ertragen. Sie ekeln ihn an. Sind die Leute nicht in der Lage ihre Angelegenheiten gewaltfrei zu lösen? Warum müssen sie immer gleich ausrasten? Zustechen und dann noch mit einem Dartpfeil in die Halsschlagader. Als nächstes erzählt ihm dieser Meyer noch, all das hier sei ein bedauerlicher Unfall. Er habe mit seiner Ex-Frau noch eine Partie Dart gespielt. Das mache er immer so, wenn er am nächsten Tag vor den Traualtar trete. Das entspanne ihn. Und dann sei sie leider, leider seinem gerade abgeworfenen Pfeil in die Quere gekommen. Und die Polizei und einen Krankenwagen habe er nicht gerufen, weil er unter Schock stand. Das ganze Blut, er sei ja so sensibel. So wird er es ihm auftischen, denkt Ritter. Genau so. Oh, wie ihn das ankotzt. Aber es hilft nichts, da muss er durch.

Ritter fordert Meyer auf, ihm zu sagen, warum er gestern Abend seine Frau besucht habe. Meyer erklärt, er habe etwas Wichtiges mit ihr besprechen müssen. Persönlich. Es gebe nun einmal Dinge, die man, wie er sich ausdrückte, face-to-face besprechen müsse.

Die Knöchel der Fäuste in Ritters Manteltasche werden weiß vor Anspannung. »Was, Herr Meyer, war so wichtig, dass Sie am Vorabend ihrer Trauung mit ihrer neuen Lebenspartnerin ihre Ex-Frau aufsuchen und mit ihr noch eine Partie Dart spielen?«

»Eine Partie Dart?« Völlig verständnislos schaut Ferdinand Meyer Ritter an. «Ich weiß nicht, wovon Sie sprechen.«

Nun reicht es Ritter langsam. Will der Kerl ihn für dumm verkaufen? Das haben schon ganz andere versucht. Ritter weist mit dem Kinn Richtung Tisch. »Herr Meyer, was glauben Sie, was das ist?«

»Ein Dartpfeil.«

»Eben. Und mit einem solchen Dartpfeil ist ihre Frau erstochen worden. Das haben Sie ja wohl gesehen.«

»Ja, aber meine Ex-Frau spielte Dart. Sie ist eine Meisterin darin . . . gewesen. Sie trainiert regelmäßig, auch zu Hause. Ich rühre die Pfeile nicht an. Das ist mir zu martialisch.« Angewidert dreht sich Ferdinand Meyer weg.

Dieser Kommissar schwitzt und hätte vielleicht mal seine Wäsche wechseln sollen. Auch diese ungehobelte Art. Die ganze Zeit hält er die Hände in den Manteltaschen. Und der Ton, mit dem er ihn anspricht. Unmöglich.

Jetzt kommt er auch noch auf ihn zu. Und spricht ihm mit seinem schlechten Atem mitten ins Gesicht: »Ach, das ist ihnen zu martialisch. Wohl Golfspieler, wie?«

Bemüht ruhig antwortet Meyer, ohne diesen schwitzenden Choleriker anzuschauen: »In der Tat, ich bevorzuge Golf.“

Das auch noch! Ritter ist kaum zu halten, mit einem krachenden Geräusch reißt das Futter seiner Manteltasche. Er brüllt Meyer an, er solle ihn gefälligst ansehen, wenn er mit ihm rede. Das sei doch auch in seinen Kreisen üblich und Streit mit der Ex, das gebe es doch auch bei seines Gleichen.

Langsam reicht es Meyer. Was bildet dieser Mensch sich ein, so mit ihm zu reden. Endlich muss Ritter Luft holen und Meyer erklärt ihm, jede einzelne Silbe betonend, dass er das auch nie bestritten habe. Das habe Ritters Mitarbeiterin ihm doch wohl mitgeteilt.

Doch Ritter ist nicht zu bremsen. Mit einem knappen »Hat sie«, schüttelt er den Einwand ab, um dann direkt fortzufahren. »Doch dieses Mal ist es wohl eskaliert, was? Da sind Ihnen die Sicherungen durchgebrannt, was?«

Ferdinand Meyer schüttelt den Kopf, tritt einen Schritt zurück, mustert Ritter, so als wolle er sich das ganze Elend dieser etwas heruntergekommenen Person, die ihn da gerade beschuldigt, anschauen und sagt distanziert: »Nehmen Sie es mir nicht übel, aber ich glaube, das Problem haben eher Sie gerade. Ich pflege mich mehr in der Gewalt zu haben. Meine Ex-Frau habe ich identifiziert. Wenn Sie nichts dagegen haben, würde ich jetzt gerne wieder zu meiner Hochzeitsfeier zurück. Guten Tag.« Meyer nimmt seine Handschuhe vom Tisch und will gehen.

»Hier geblieben«, blafft Ritter ihn an, »was erlauben Sie sich. Sie gehen, wenn ich es Ihnen sage. Und soviel kann ich Ihnen jetzt schon sagen: Ihre Hochzeitfeier wird ohne Sie zu Ende gehen.«

»Chef?« Ellen Knapp traut ihren Augen nicht. Ritter in Rage. Sie muss ihn da raus holen, sonst macht er sich noch unglücklicher. »Chef!«

»Wer stört?« Ritter dreht sich heftig um und funkelt Ellen an.

»Robert, kommst du bitte mal.« Sanft lenkt ihn Ellen Knapp aus dem Zimmer. »Contenance«, flüstert sie ihm zu, »Contenance. Wo bleibt deine Objektivität. Erinnere dich bitte an dein Credo. Immer in alle Richtungen ermitteln. Also reiß dich zusammen, ja!«

Ritter entrüstet sich: »Er spielt Golf!«

Ellen schüttelt den Kopf: »Aber dafür kann er doch nichts.«

»Die sind alle gleich. Alle!«

Dass es so schlimm ist, hätte sie nicht gedacht.

Ellen Knapp führt Ritter ins Schlafzimmer. Dieser Raum hat nichts Gemütliches und ist das glatte Gegenteil des spießigen Wohnzimmers. Ein kalter Raum mit lichtgrauen Möbeln vor cremeweißen Wänden. Die anthrazitfarbenen Vorhänge sind verschlossen, die ebenfalls anthrazitfarbene Tagesdecke ist zurückgeschlagen und zeigt ein unbenutztes Steppbett mit lichtgrauen und cremeweißen Bezügen. An einer Wand steht ein Schreibtisch: lichtgraues Untergestell mit dicker Glasplatte. Ein Raum wie aus einer Möbelausstellung. Und genau wie dort, gibt es auch hier Zeichen der Bewohnbarkeit. Hier ist es ein Kleiderbügel am Schrank, auf dem ein anthrazitfarbener Kimono hängt und auf einem hohen Abstelltisch steht ein technisches Spielzeug. Die einzigen Farbkleckse stammen vom Blut, das Ruth Meyer hinterlassen hat.

Ellen Knapp findet, dieser Raum habe die Atmosphäre eines Eisschranks, doch Ritter ist für solche Feinheiten heute nicht empfänglich. »Also, was soll ich mir ansehen«, herrscht er sie an, denn das Schlafzimmer sei ja wohl nicht so wichtig, dass sie ihn bei einer Vernehmung störe.

Ellen hält ihm einen Kleiderschrankschlüssel vor die Nase. »Mach mal den Schrank da vorne auf, den schmalen. Dann weißt du es. Den Schlüssel trug sie übrigens um den Hals.«

Ritter bewegt sich am Bett vorbei. Ein Blick auf den Griff des Schranks zeigt ihm, die Kriminaltechniker haben ihre Arbeit hier schon abgeschlossen. Ritter öffnet die Schranktür und traut seinen Augen nicht: eine komplette Abhöranlage, ein Empfangsgerät für Peilsender, ein Monitor, auf dem er aus verschiedenen Perspektiven das Haus seines Verdächtigen in Wittlaer sieht. Haustür, die einzelnen Zimmer, Garten, rückwärtige Balkone, Terrasse. Ruth Meyer muss überall Webcames installiert haben.

Ferdinand Meyer reicht es jetzt. Nun lassen Sie ihn auch noch warten. Was soll das? Er geht über den Flur Richtung Schlafzimmer. »Herr Ritter, Frau Knapp. Was ist denn jetzt? Was haben Sie mit mir noch vor? Ich würde gerne wissen . . .« Wie angewurzelt bleibt er stehen.

Ritter winkt ihn ran und zeigt in den Schrank: »Das war der Grund, nicht wahr? Deshalb musste sie sterben.«

Vier Stunden wartet die Hochzeitsgesellschaft nun schon darauf, dass der Bräutigam zurückkommt. Hochprozentiges macht die Runde. Allen voran Onkel Kurt, der jeden weiteren Schnaps damit entschuldigt, auf einem Bein könne niemand stehen. Nun ist er auf dem besten Weg zum Tausendfüßler und garniert jedes Glas mit dem Trinkspruch: »Nun endlich ruht die arme Ruth.«

Auf den Tischen gammelt die Poire belle Hélène neu gestaltet vor sich hin. Die Birne schwimmt im Vanilleeis, die kandierten Veilchen haben sich aufgelöst und alles ist eine schmierige Melange eingegangen. Die Schokoladensauce im Extratöpfchen hat eine glibberig schimmernde Haut bekommen. Helene hat es partout nicht abräumen lassen wollen. Selbst das Angebot des Personals, sofort nach der Wiederkehr des Bräutigams neu zu servieren, lehnte sie ab. Nein, sie war sich sicher, Ferdinand würde bald zurück sein. Ihm war nichts nachzuweisen.

Im Besprechungsraum im Polizeipräsidium ist es heiß. Die Luft ist zum schneiden dick. Ellen Knapp betrachtet ihren unrasierten Chef. Wenn er sich nur nicht so gehen lassen würde. Hat er das nötig? Verliebt sich aber auch immer wieder in Modepuppen mit dem Drang zu Höherem. Und die fliegen auch noch auf ihn. Er sieht ja auch nicht schlecht aus, wenn er in Schuss ist. Ellen kaut versonnen an ihrem Bleistiftstummel. Kaum zu glauben, dass er sich Hörner aufsetzen lässt. Drei Modepuppen, drei Geweihe, dabei sollte seine Biene doch angeblich ganz anders sein. Von wegen. Hätte sie ihm gleich sagen können. Solche Püppchen passen eben nicht zu seinem Job. Die vernebeln ihm nur das Hirn. Es ist eine Schande, denn eigentlich ist er ein Spitzen-Mann.

Peng. Ellen schreckt auf.

Verbissen pinnt Ritter die Fotos der ungeklärten Todessache Ruth Meyer an die Stellwände. Peng. Ein Foto nach dem anderen.

»Das Opfer, 47, Ingenieurin, alleine lebend.« Peng.

»Schlafzimmer.« Peng.

»Wem was einfällt oder auffällt. Her damit. Die Waffe: ein Dartpfeil.« Peng.

»Tisch mit technischem Spielzeug.« Peng.

»Die Überwachungstechnik.« Peng.

Alles spreche für einen gewaltsamen Tod, erklärt Ritter, und er habe auch schon einen Tatverdächtigen. Ferdinand Meyer, der Ex-Mann der Toten. 52, Architekt, Golfspieler. Hatte gestern einen Streit mit dem Opfer. Außerdem nennt er eine falsche Uhrzeit. Behauptet, gegen halbacht seine Ex verlassen zu haben. Doch die Nachbarin, eine Frau Hilbert, sei sich sicher, dass er erst bei der Schlussszene von Casablanca gegangen sei.

»Welch präzise Zeitangabe. Damit ist er natürlich wasserdicht überführt«, wirft ein Kollege ein, dem Ritter heute schon mehr als einmal auf die Füße getreten ist.

Einige kichern. Was kommt jetzt?

Doch Ritter ist in Fahrt, ignoriert den Einwurf scheinbar und präzisiert, dass Casablanca im Fernsehen zu sehen war und erst gegen 22.30 Uhr beendet war. Und für die, die immer noch Zweifel hätten: Meyer ist dahintergekommen, dass seine Ex ihn, die Kinder und die neue Lebensgefährtin rund um die Uhr beobachtet. Dabei zeigt Ritter auf die Fotos mit der Überwachungstechnik.

»Na«, meldet sich der Frischling stolz, «das ist ja wohl ein klassisches Stalker-Verhalten. Da hat sich Meyer gewehrt. Dann ist der Fall doch so gut wie gelöst.«

»Gut beobachtet, junger Mann«, grinst Ritter ihn an. »Deshalb ist er ja auch schon unser Gast. Aber er weigert sich, die Tat zuzugeben. Wir müssen noch ein bisschen ermitteln. Also Leute: Noch sind alle Spuren warm, die Erinnerungen frisch. Macht euren Job.« Dabei klatscht er in die Hände, um auch die wieder aufzuwecken, die in der abgestandenen Luft weggedämmert sind.

Der Frischling, putzmunter und aufgeregt wie ein junger Hund, heftet sich beim Rausgehen an Ellens Fersen. Er ist erst seit ein paar Wochen beim KK11 und jetzt, wo ihm etwas aufgefallen ist, spricht er lieber erst mit Ellen, bevor er sich vor Ritter lächerlich macht.

Ob die Tote kleine Kinder gehabt habe, fragt er Ellen. Und schaut sie dabei mit weit aufgerissenen Augen erwartungsvoll an. Nein, die Kinder seien groß und lebten beim Tatverdächtigen. Damit hatte er nicht gerechnet. Als er das Foto von dem technischen Spielzeug im Schlafzimmer der Toten gesehen hat, war ihm sofort klar: Das muss eine Schokokuss-Wurfmaschine sein. Aber wenn er das jetzt

Ellen Knapp sagt, lacht sie ihn aus. Er versucht gleichgültig zu klingen, als er »Ah ja« sagt. Und um erst gar keine Nachfragen aufkommen zu lassen, will er wissen, warum es so wichtig sei, dass der Tatverdächtige Golf spiele.

Doch, doch, das sei wichtig, erklärt Ellen. Golfspieler stellten momentan eine akute Bedrohung für Ritter dar. Sie grinst und flüstert dem Frischling verschwörerisch zu: »Ein Golfer hat ihm seine Freundin ausgespannt.«

Am nächsten Morgen hat Ellen es geschafft. Jetzt trauen sich die Kollegen wieder ohne Nasenklammer in Ritters Büro. Sie hat eine Streife gebeten, ihm frische Sachen von zu Hause zu holen und ihn mit ihrem Lieblings-Duschgel in den Waschraum geschickt. Nun verbreitet Ritter einen zarten Grapefruit-Ingwer-Duft, ist gekämmt, rasiert und deutlich besser gelaunt.

Der Frischling hat die Nacht über Akten verbracht und zu Tage gefördert, dass Ruth Meyer polizeibekannt war.

»Die Frau war krank«, beginnt er seine Ausführungen. »Vor sieben Jahren wurde eine Streife von einer Frau Hilbert . . .«

»Die Nachbarin«, wirft Ellen ein.

». . . also von dieser Nachbarin wurde die Streife angefordert. Folgendes fanden die Kollegen vor: eine hysterische Frau um die Vierzig, die mit einem großen leeren Benzinkanister und einem Einwegfeuerzeug ihrem Mann den Zugang zur Wohnung verwehrte. Sie drohte damit, das Benzin anzuzünden, wenn er nicht endlich seine Affäre zugebe. Der Mann kniete vor ihr auf dem Fußabtreter, beteuerte, keine Affäre zu haben und bat sie, ihn doch wenigstens die Kinder aus der Wohnung holen zu lassen. Das war wohl in etwa das Bild, das sich den Kollegen bot. Die Frau konnte mit Hilfe eines Polizeipsychologen zum Aufgeben bewogen werden. In der Wohnung fand die Streife zwei Kinder, ein zehnjähriges Mädchen und einen achtjährigen Jungen. Beide waren mit einem Schlafmittel betäubt worden und lagen in ihren Betten.«

»Mein Gott«, entfuhr es Ellen, »das nennt Meyer ein bisschen eifersüchtig. Die war ja völlig durchgeknallt.«

Deshalb sei Ruth Meyer auch einige Monate stationär behandelt worden und sollte in Langzeittherapie. Die Kinder seien aus dem Grund beim Scheidungsverfahren dem Vater zugesprochen worden. Auch dazu hatte der Frischling Unterlagen gefunden. Dann sei es lange ruhig gewesen. Bis vor ein paar Wochen, da habe eine Nachbarin von Ferdinand Meyer Ruth Meyer angezeigt, weil sie in der Dämmerung die Blumenrabatten in Meyers Vorgarten zertrampelt und die Motorhaube des Wagens von Helene Gutzeit, jetzt Meyer-Gutzeit, mit einem Knüppel malträtiert hat. Ritter hat mit großem Vergnügen zugehört und reibt sich die Hände. Hatte er doch wieder den richtigen Riecher gehabt.

Das Haus von Meyer im ruhigen Stadtteil Wittlaer bietet einen wunderbaren Rheinblick. Helene Meyer-Gutzeit empfängt Ritter im sonnendurchfluteten Wohnzimmer. Im Garten wetteifern die Herbststauden um die größte Farbenpracht. Als Kontrast dazu trägt die Hausherrin, die sich wirkungsvoll vor die gläserne Terrassentür gestellt hat, einen caramelfarbenen, weich fließenden Hosenanzug.

Sie ist wieder ganz Herrin der Situation. Keine Spur von der gestrigen Anstrengung. Im Gegenteil, sie ist kampfbereit. Die Anschuldigungen gegen ihren Mann seien geradezu lächerlich. Er könne gar nicht zu der von Ritter angegebenen Zeit bei seiner ersten Frau in der Sybelstraße gewesen sein. Er habe bereits kurz vor neun mit den Kindern Monopoly gespielt und davor hätten sie gemeinsam zu Abend gegessen. Sie schildert ihren Mann als einen sehr geduldigen und sehr freundlichen Charakter, der die Tyrannei seiner Ex-Frau immer mit bewundernswerter Geduld ertragen habe. Und sie macht deutlich, dass sich ihr Mann immer dessen bewusst gewesen sei, wie sehr seine frühere Frau unter ihrer Krankheit gelitten habe. Ritter hört sich ihre Lobeshymne geduldig an und glaubt ihr kein Wort. Das Alibi, das sie ihm gibt, wird er in der Luft zerfetzen. Familie, das gilt nicht.

Außerdem hat er noch ein Ass im Ärmel, von dem sie nichts weiß und es wird ihm ein Vergnügen sein, dieses Ass zu ziehen.

Betont lässig holt er einen handgeschriebenen Brief aus seiner Mantelinnentasche und zeigt ihn ihr.

»Was soll das sein?« Helene Meyer-Gutzeit hebt die Augenbrauen.

»Diesen Brief haben wir in der Schreibtischmappe des Opfers gefunden. Ein Drohbrief, Frau Meyer-Gutzeit. Ein Drohbrief von Ruth Meyer an Sie, als Einschreiben, dessen Empfang Sie quittiert haben.«

Doch Helene Meyer-Gutzeit zuckt mit keiner Wimper: »Mein Mann hat ihn ihr zurückgebracht und ihr gesagt, sie soll den Unsinn lassen. Sie vergessen, Herr Kommissar, ich bin Scheidungsanwältin und dergleichen gewöhnt. Es gibt also keinen Grund zur Aufregung.« Während dieser Belehrung rückt sie ihre Lesebrille gekonnt zurecht. Eine einstudiert Geste.

Ritter wirft sich, ohne seinen schmuddeligen Mantel auszuziehen, in einen der sandfarbenen Sessel. Seinen Triumph möchte er sitzend auskosten „Wenn Sie meinen. Nur, das hier geht sicher über das Übliche hinaus. Ich darf zitieren: ‚Von dem Augenblick an, an dem du Schlampe' – unfeine Ausdrucksweise – ‚an dem du Schlampe auf dem Standesamt unterschrieben hast, bist du deines Lebens nicht mehr sicher. Ich werde dein Schatten sein. Du hast mir alles genommen, Mann und Kinder. Jetzt werde ich dir alles nehmen – Schritt für Schritt – und zum Schluss wirst du mich anflehen, dir das Leben zu nehmen'.« Ritter macht eine Pause.

Doch Meyer-Gutzeit hat sich in der Gewalt und scheint nicht vor zu haben, etwas zu sagen.

Also fährt Ritter fort: »Ein solcher Brief ist doch ein guter Grund, nun doch zu handeln. Endgültig und todsicher sozusagen.«

Im Großraumbüro des Polizeipräsidiums sitzt der Frischling auf seinem Schreibtischstuhl und wimmert vor Schmerzen. Die Kollegen stehen um ihn herum und wissen nicht, ob sie sich vor lachen kugeln oder ihn bedauern sollen.

»Der hat einen weichen Keks«, flachst einer.

»Von einer Waffel Knock-out geschlagen«, grölt ein anderer, der sich auf die Schenkel klopft.

Auf dem Schreibtisch, dem Frischling gegenüber, steht die Schokokuss-Wurfmaschine aus Ruth Meyers Schlafzimmer. Sie wollten sie unbedingt ausprobieren. Begeistert hatte der Frischling seinen Kollegen vorgeschwärmt wie viel Spaß das Ding mache, auch Erwachsenen. Und außerdem sei er ja geradezu ein Meister im Aufschnappen.

Und da sie alle eine Aufmunterung gebrauchen konnten, hatte Ellen in der Mittagspause eine große Schachtel Schokoküsse, Mülltüten und Wischlappen besorgt. Nur für alle Fälle. Um die Schweinerei wieder wegzubekommen.

Punkt zwei waren die Kriminaltechniker mit dem Wurfmaschinchen herübergekommen und hatten für sich auch noch eine Packung Schokoküsse mitgebracht.

Und nun sitzt der große Aufschnappkünstler da, die blaue Mülltüte am Hals hochgekrempelt, hält sich einen nassen Lappen ans Auge und murmelt die ganze Zeit: »Da stimmt was nicht. Das ist mir noch nie passiert. Das ist nicht normal.«

»Nein, das ist wirklich nicht normal«, brüllt Ritter, der unbemerkt von allen hereingekommen ist. »Bin ich der einzige, der hier arbeitet? Und wie sehen Sie überhaupt aus? Was haben Sie an, und was ist mit ihrem Auge?«

Stammelnd erklärt der Frischling, was sich zugetragen hat. Während seine Kollegen die Schokoküsse außer Sichtweite bringen, springt Kriminaltechniker Rübsal bei und erklärt mit wichtiger Miene, es sei ein Experiment gewesen, man habe das Gerät in Aktion sehen wollen, und der junge Kollege habe sich zur Verfügung gestellt. Immerhin habe man jetzt herausgefunden, dass die Maschine mit einer ungewöhnlich hohen Wucht arbeite. Das sei ermittlungstechnisch vielleicht nicht ohne Interesse.

Rübsal hat die Situation gerettet. Der Frischling ist aus der Schusslinie und Ritter besänftigt. Der murmelt vor sich hin, dass es dann ja gut sei, und nun könne ja wieder die trockene Polizeiarbeit im Mittelpunkt stehen.

Um seine Stimmung zu heben, präsentiert Ellen das Ergebnis ihrer morgendlichen Arbeit: Eine Verfügung, nach der die Wohnung von Ruth Meyer an Ferdinand Meyer fällt – im Falle ihres Ablebens. Ein weiteres Motiv.

»Gute Arbeit. Sehr gute Arbeit«, ruft Ritter Ellen zu und verschwindet.

Ferdinand Meyer, noch immer im grauen Cutaway und in seiner Nadelstreifenhose, sitzt auf der Pritsche, auf der er die Nacht verbracht hat. Die Rose hängt schlaff aus seinem Knopfloch. Er starrt auf die kalte Wand gegenüber. Frisch renoviert. Riecht noch nach Farbe. Dreimal hat er die Pritsche verlassen, zum Essen und um seine Notdurft zu verrichten.

Was geschieht hier mit ihm? Es muss doch schon Mittag sein. Warum holen sie ihn nicht zum Verhör? Geistesabwesend fingert er an dem Kulturbeutel herum, den Helene ihm gebracht hat. Sehen durften sie sich nicht. Neben dem Kulturbeutel liegen Hemden, Hose, Jackett, drei Garnituren frische Unterwäsche und Socken. Drei? Warum drei? Solange werden sie ihn doch nicht hier behalten können. Glaubt sie, sie werden ihn so lange hier behalten. Sie ist Anwältin, sie wird wissen, was zu tun ist.

Ellen gefällt Ritters Vorgehen nicht. Seine Version ist zu glatt. Aber wo könnte sie ansetzen? Telefonklingeln reißt sie aus ihren Gedanken. Rübsal ist am anderen Ende. Er will wissen, ob Ritter in der Nähe ist. Ellen bedauert, nein, der sei zum Verhör zu Meyer. Als Antwort legt Rübsal auf. Ja spinnen denn jetzt alle, denkt sie und legt den Hörer auf.

Da wird ihre Bürotür aufgestoßen und Rübsal kommt mit der Schokokuss-Wurfmaschine mit wehenden Kittelschößen hereingestürmt.

»Das Ding ist umgebaut«, platzt es aus ihm heraus. Mit vielen Fachbegriffen, dem Verhältnis von Kraft zu Masse, Newton und dem Hookeschen Gesetz erklärt er Ellen, wie die Schokokuss-Wurfmaschine umfunktioniert worden ist, eine ausklinkbare magnetische Halterung für schmale Wurfgeschosse bekommen hat und wie er schließlich auch noch materialfremde Metallpartikel gefunden habe. Das werfe doch ein völlig anderes Licht auf den Fall, schließt er seine Ausführungen.

Der Frischling, der Rübsal neugierig in Ellens Büro gefolgt war, klatscht in die Hände vor Begeisterung.

Ellen braucht einen Moment, bis sie begreift, dann reißt sie ihre Jacke vom Haken und stürmt aus ihrem Büro: »Wenn uns jemand sucht: Wir sind noch mal in der Wohnung der Toten.«

Ellen hält den Teleskopstab in Höhe der Markierung an die Wand. Hier hatte der Dartpfeil gesteckt. Sie zieht den Stab aus in Richtung des Tischs auf dem die Schokokuss-Wurfmaschine gestanden hat. Könnte funktionieren.

Der Frischling sucht mit einer Lupe die Tapete ab. Etwa in Höhe des Pfeils findet er lauter kleine Pünktchen, die frisch überpinselt worden sind.

Es sieht so aus, als habe Ruth Meyer die Maschine ausprobiert. Sie muss sie immer wieder neu justiert haben, bis sie die richtige Wurfrichtung hatte.

Der Frischling macht sich an der Tapete zu schaffen. »Ich wette, wenn wir die Tapete abmachen, dann ist die Wand in Halshöhe übersät mit Einstichen.«

Ellen blättert derweil in ihrem kleinen karierten Spiralblöckchen. Sie fragt sich, warum die Tote so passgenau zu Meyers Hochzeitfeier gefunden wurde. Irgendjemand muss sie doch gemeldet haben.

Da hat sie's. Sie hat sich notiert, dass sich eine Frauenstimme gemeldet hat. Anonym. Eine Stelle ihrer Notizen hat sie mit Ausrufezeichen versehen: Der Leitstelle war aufgefallen, dass die Frau ihren Text wie auswendig gelernt runtergerasselt hat und auf Nachfragen nicht geantwortet hat.

Grübelnd wandert Ellen durch die Wohnung der Toten. Irgendwo muss es noch einen Hinweis gegen, so kauft ihnen Ritter das nie ab. Wieder fällt ihr auf, wie widersprüchlich diese Wohnung eingerichtet ist. Hier das von den Eltern geerbte Wohnzimmer mit blumigen Raffgardinen, und Spitzendeckchen, drüben das Schlafzimmer so kalt und voller Technik. Technik?

Ellen stürzt ins Schlafzimmer. Die Überwachungstechnik! Die Geräte sind noch da, aber die Techniker haben alle Aufzeichnungen mitgenommen.

Im Treppenhaus erwartet sie schon ungeduldig Frau Hilbert. Die alte Dame erzählt ihnen aufgeregt, sie habe heute früh ihre Nachbarn getroffen, die, bei denen sie am Mordabend Casablanca gesehen habe. Und nun sei etwas sehr, sehr Peinliches geschehen. Mit vor der Brust gefalteten Händen steht sie vor Ellen und dem Frischling und ringt mit den Worten. Sie sei ja nun schon etwas älter und die Eintönigkeit der Tage habe dazu geführt, dass ihr Zeitgefühl nicht mehr so gut sei, aber es sei ihr doch unendlich unangenehm. Nun habe sie wohlmöglich den netten Herrn Meyer noch in Schwierigkeiten gebracht.

Fast eine Viertelstunde brauchen Ellen und der Frischling, um Frau Hilbert zu beruhigen und zu erfahren, was die aufgelöste alte Dame so beunruhigt. Sie hatte zwar das Ende von Casablanca richtig erkannt, aber ihre Nachbarn hatten sich den Film von einer DVD angeschaut. Gegen acht seien sie aus dem Haus gegangen.

»Selbstmord? Bin ich denn nur von Irren umgeben?« Ritter schäumt. »Da liefere ich euch den Mörder auf dem Silbertablett und ihr faselt von Selbstmord. Warum hätte sie das machen sollen? Na? Da habt Ihr keine Antwort. Nicht wahr! Da seid Ihr sprachlos. Dass dieser Gnom hier«, und dabei zeigt er auf den Frischling, »dass der mit solchem Blödsinn ankommt, okay, aber du, Ellen, du lässt dich auch noch anstecken. Ne, wisst ihr was ihr seid, ihr beiden? Obernapfsülzen seid ihr. Und nun lasst mich mit euren Hirngespinsten zufrieden.«

Türknallend und schimpfend stampft er über den Flur. Die Kollegen zuckeln wieder in ihre Büros zurück. Solange er in diesem Zustand ist, will ihm niemand über den Weg laufen.

»Das war's dann wohl.« Der Frischling schiebt die Zettel mit den Zeichnungen und den Fotos zusammen und wendet sich zum Gehen.

Ellen trommelt mit dem Kugelschreiber auf die Tischplatte und guckt verbissen in Richtung Tür. »Bleib hier! Was bildet der sich ein? Glaubt, seine Launen an uns austoben zu können. Serviert uns einen Mörder auf dem Silbertablett. Dass ich nicht lache. Er arbeitet seine Beziehungskrise ab und rächt sich an Golfspielern.«

Etwas kleinlaut widerspricht der Frischling, dass aber doch eine Menge Indizien gegen Meyer sprechen würden. Außerdem habe Ritter Recht, die Motive seien erdrückend.

Ellen nimmt den Frischling die Mappe ab, in die er alle Unterlagen geschoben hat. Zieht jedes Blatt einzeln heraus, legt es auf ihren Schreibtisch und sagt: »Und das hier? Jedes Blatt ein Anlass zum Zweifeln. Und die räumen wir jetzt aus! Ritters Liebesprobleme hin oder her. WIR ermitteln in alle Richtungen. Klar?!«

Als erstes statten der Frischling und Ellen den Kollegen von Ruth Meyer einen Besuch ab. Das Bild, das von ihr gezeichnet wird, deckt sich so gar nicht mit dem Bild der Ruth Meyer, dass sie kennen.

Durchsetzungsfähig, überdurchschnittlich intelligent, praktisch wie theoretisch auf dem höchsten Stand, urteilen alle. Doch privat hatte niemand mit ihr Kontakt. Sie habe sehr zurückgezogen gelebt seit ihrer Scheidung, heißt es. Dass die Kinder sich entschieden hätten, beim Vater zu leben, habe sie wohl nie verwunden. Von ihren Eifersuchtsattacken und der abgebrochenen Therapie weiß niemand etwas. Sie sei, als ihr Mann ausgezogen ist, krank gewesen und habe danach unbezahlten Urlaub genommen. Sie habe gesagt, sie müsse sich ja nun alleine um die Kinder kümmern.

Auch die Dartspieler, mit denen sie sich einmal in der Woche zum Training traf, wussten kaum etwas über sie. Nur eine Trainingspartnerin erzählte, dass es etwa drei Wochen her sei, da sei Ruth zum ersten Mal seit Jahren nicht zum Training erschienen. Das sei ungewöhnlich gewesen, da sie von dem Spiel besessen gewesen sei.

Als sie Ruth gefragt hat, warum sie nicht gekommen sei, habe die nur abgewinkt und gesagt: »Ach, frag nicht.« Und damit sei die Sache erledigt gewesen. Viel erzählt habe sie sowieso nie.

Wieder im Präsidium, knallt der Frischling seine Notizen auf Ellens Tisch und sagt, er gehe nach Hause. Das alles habe doch nichts gebracht. Er hatte es sich so schön vorgestellt. Gemeinsam mit Ellen Knapp marschiert er hinaus in die Welt, stellt ein paar Fragen und schon fügt sich eins zum anderen. Doch die Ausbeute ist mäßig.

Ellen glaubt, etwas übersehen zu haben. »Einen Kaffee und wir gucken uns alles noch mal an«, fordert sie ihn auf.

Gerade will sie das Büro Richtung Kaffeeautomat verlassen, läutet ihr Telefon: »Ja . . . nein, nein, kein Problem, wir haben sie ja gestern erst gefunden.« Ihre Miene hellt sich auf. »Bingo. Das ist es . . . na klar wollen wir das sofort wissen . . . danke. Das erklärt es.«

»Was erklärt es?« Der Frischling ist ganz zappelig geworden.

Ellen strahlt ihn an und verkündet fast singend: »Das war die Rechtsmedizin.«

»Und?«

»Ruth Meyer hatte Krebs.«

In Ritters Büro brennt noch Licht. Die Füße auf dem Tisch, genehmigt er sich ein Bier. Er ist zufrieden mit sich. Einen Mord in knapp 48 Stunden aufzuklären, dass ist schon was. Heute Abend geht er nach Hause. Und er wird Biene sein Husarenstück erzählen, das wird sie beeindrucken und dann – dann wird sie wieder ihre süße Schnute ziehen und er wird ihr verzeihen. Auf dem Heimweg muss er noch Pfefferminz besorgen. Eine Bierfahne mag Biene nicht – und dann nimmt er noch gleich ein Fläschchen Schampus mit.

Mitten in seine Träume von einer wunderschönen Versöhnung platzt Ellen und wirft ihm mit einem triumphierenden Lächeln einen Stapel Notizen auf den Tisch: »Schau's dir an. Wird dir nicht gefallen.« Im Rausgehen ruft sie ihm zu: »Überleg dir schon mal, wie du dich bei Meyer entschuldigst.«

Schon um sieben Uhr ist der Frischling im Kommissariat. Wenn Ellen um acht kommt, will er den Namen des Onkologen von Ruth Meyer wissen. Dann können sie sofort zu ihm.

Um acht Uhr dreißig treffen sie ihn in seiner Krankenhaussprechstunde. Ja, vor drei Wochen habe er ihr die Diagnose mitgeteilt: Lungenkrebs, hohe Metastasierung. Lebenserwartung sechs, vielleicht acht Wochen. Sie habe es sehr gefasst aufgenommen. Vor fünf Tagen habe sie ihren letzten Termin bei ihm gehabt. Er wollte mit ihr, wie er sich ausdrückt, die palliativ-medizinischen Maßnahmen besprechen.

Doch sie habe abgelehnt und gemeint, sie werde nicht leiden. Dafür werde sie sorgen. Er habe eine leichte Ahnung gehabt, dass sie ihrem Leben ein Ende setzen wollte. Er sei aber davon überzeugt gewesen, dass er sie von diesem Entschluss abgebracht hätte.

Eingewickelt in seinen abgerissenen Mantel sitzt Ritter in seinem Bürostuhl, als Ellen und der Frischling vom Onkologen zurückkommen. Vor ihm eine Mitteilung der Kriminaltechnik. Sie haben die bei Ruth Meyer beschlagnahmten DVDs und Flashcards ausgewertet.

Ritter schaut Ellen und den Frischling kaum an: »Die Obernapfsülzen nehme ich zurück«, grummelt er, wirft ihnen den Bericht hin und zieht den Mantel enger um sich.

Auf einer Flashcard hatte sie den Text aufgenommen. Ruth Meyer hatte mit einer simplen Programmierung ihre eigene Leiche bei der Leitstelle gemeldet.

Birne Helene – Poire belle Hélène

Zutaten:
Vier große, nicht zu weiche Birnen
Zitronensaft
150 ml Wasser
100 ml Wein
50 g Zucker
2 bis 3 Zimtstangen
30 ml Sahne
150 g dunkle Schokolade
Vanilleeis
kandierte Veilchen

(Vier Portionen)

Die Birnen schälen, halbieren und das Kerngehäuse gründlich entfernen. Die Stiele zur Dekoration evtl. dran lassen.

Mit Zitronensaft beträufeln, damit sie nicht braun werden.

Wasser, Wein, Zucker und Zimtstangen erhitzen, nicht kochen. Die Birnen hineingeben und etwa zehn Minuten bei geschlossenem Deckel bissfest garen. Von der Kochstelle nehmen und im Sud ziehen lassen.

Die Sahne erwärmen und die Schokolade darin schmelzen.

Das Vanilleeis auf flache Teller geben. Schön ist es, wenn das Eis nicht in Kugeln auf den Teller gegeben wird, sondern in zwei dünnen Scheiben. Dann die Birnen so schneiden, dass sie auf das Vanilleeis gelegt und leicht angedrückt einen Fächer ergeben. Das ganze mit kandierten Veilchen bestreuen. In einem extra Töpfchen die Schokoladensauce dazureichen.

Birne Helene ist übrigens um 1870 von Auguste Escoffier kreiert worden, als Jacques Offenbach Paris mit seiner Operette »Die schöne Helena« begeisterte.

Der Herzensbrecher

Ich wusste von Anfang an, was für ein Typ er war.

Zwanzig Jahre jünger als ich, die Haare viel zu lang, ein Lächeln, mit dem er jede halbwegs attraktive Frau beglückte. Und natürlich immer zu wenig Geld in der Tasche. Die Sorte Männer kenne ich, massenweise turnen sie durch die Szene. Aber es war mir egal. Sein knackiger Hintern gefiel mir einfach zu gut.

Zwei Tage später führte ich ihn aus. Zum Abendessen bei meinem Lieblings-Italiener am Buttermarkt in Kempen. Ein hübsches Städtchen. Mit vielen Erinnerungen und günstig gelegen. Nämlich weit weg von Kaiserswerth, wo mich jeder kennt.

Nach dem Essen schlenderten wir durch Kempens historische Altstadt. Ich zeigte meinem Süßen die Kurkölnische Landesburg, umgeben von alten Edelkastanien, das Kuhtor als einziges noch erhaltenes Stadttor und all die anderen malerischen Ecken.

Für Anfang November war es ungewöhnlich warm. Die letzten Rosen blühten in zartem Gelb und verträumtem Apricot, und es roch immer noch nach Sommer. Auf den Holzbänken vor den Fachwerkhäusern in der Schulstraße flackerten Kerzenlichter in ausgehöhlten Kürbisgesichtern. Mein Herzensbrecher fasste mich immer enger um die Taille.

Seine Ausdauer imponierte mir. Ganz gleich, ob es um die Anzahl seiner Komplimente ging, die unserer geleerten Sektgläser im *Treppchen*, einer lauten Kneipe mit ruhigem Nebenraum, oder die meiner Orgasmen in unserem verschwiegenen Hotel.

Ich beglückwünschte mich. Nicht jeder Liebhaber hält, was er im Schein von zwanzig Kerzen verspricht.

Irgendwann versprach er, was keine einigermaßen vernünftige Frau glaubt, auch wenn sie ein Leben lang davon träumt. Er schwor mir ewige Liebe und bedingungslose Treue. Ich lachte ihn aus. Ich bin zweiundvierzig Jahre alt und habe viel erlebt.

Er wurde nicht müde, den letzten aufrechten Vertreter der Gattung Mann zu mimen, und ich fand schließlich doch Gefallen an seinen Geschichten. Schließlich braucht jeder Mensch ein paar Illusionen. Ich wurde auch nicht stutzig, als er immer weniger Zeit hatte. Würden Sie etwa nicht verstehen, dass ein zielorientierter Architekturstudent für die nächste Prüfung büffeln muss?

Es passte mir gut in den Kram. Irgendwann musste auch ich mich um andere Dinge kümmern. Der achtzehnte Geburtstag meiner Tochter rückte näher, und ich hatte noch nichts vorbereitet.

Sie wünschte sich von mir ein italienisches Vier-Gänge-Menü, eine Reise in die Karibik und einen Carrera in knalligem Rot. Annabel tritt in meine Fußstapfen. Sie weiß die angenehmen Seiten des Lebens zu schätzen.

Also stöberte ich in meinen Kochbüchern und forschte im Internet nach einer interessanten Speisenfolge. Schließlich entschied ich mich für frische Feigen auf Mailänder Salami und Ruccola als Antipasti. Als Primo Piatto folgten mit Ricotta gefüllte Tortellini zur Steinpilzsauce und als Hauptgang Scaloppine al limone mit geraspelten Zucchini. Nur bei der Nachspeise wurden wir uns nicht gleich einig. Zabaione, Tartufo, Tirami su – was auch immer ich Annabel vorschlug, hartnäckig bestand sie auf meine berühmte Herrencreme.

Manch einer unserer Gäste hat beim Anblick dieses Desserts schon das Gesicht verzogen. Stinknormaler Schokoladenpudding – wie einfallslos, war in ihren Mienen zu lesen. Aber beim ersten Löffel glätteten sich die Züge, und ich musste früher immer aufpassen, dass für meine Kleine genug übrig blieb. Feinste Zartbitter- und verlockende Vollmilchschokolade, mit Milch und frischer Sahne verrührt und Minze dekoriert – bei dieser Mischung kann kaum jemand widerstehen.

Drei Tage vor der Feier, als ich den Einkaufszettel schrieb, vertraute Annabel mir ihr Geheimnis an. Dieses Mal würde sie zum Geburtstagsessen nicht nur ihre altbewährten Busenfreundinnen einladen, sondern auch ihren neuen Freund. Wir dürften gespannt sein: Mr. Perfect alias das achte Weltwunder.

Mein Mann war so erleichtert wie ich. Maximilian und ich hatten schon befürchtet, unsere Tochter würde ihr Leben als vergessenes Mauerblümchen beschließen. Nicht einmal beim Tanzkurs-Abschlussball hatte sie einen Tanzpartner gefunden. Damals fragte Maximilian einen Freund, ob dessen Sohn einspringen wolle. Was Männer angeht, kommt Annabel nicht auf mich.

Jana, meine beste Freundin, übernahm für den großen Abend die Dekoration. Herzen überall: auf der Tischdecke, an der Wand, auf Kerzen und Servietten sowieso. Sie weiß, was ankommt. Ich vertraue ihr in jeder Hinsicht. Oder sagen wir, in fast jeder.

Maximilian und Jana führten das Geburtstagskind in den festlich gedeckten Speisesaal. Der Märchenprinz hielt lächelnd die Hand meines großen Mädchens, und sie blinzelte ihn verliebt an. Meine Annabel und ihr Dreamboy ...

Diese miese, kleine Ratte! Am liebsten hätte ich den Kerl gevierteilt, in der Luft zerrissen, im Elfrather See versenkt. Ich habe schon immer viel Fantasie gehabt. Nicht nur beim Sex oder Kochen.

Natürlich ließ ich mir nichts anmerken und begrüßte den neuen Familienzuwachs mit strahlendem Lächeln. Aber nach der Wut spürte ich die Traurigkeit. Wem sollte ich jetzt die Sehenswürdigkeiten Kempens zeigen? Mit wem beim Italiener am Buttermarkt schlemmen? Und wie leer würde das Bett in jenem versteckten Romanik-Hotel in Zukunft sein?

Andererseits, wer ist schon unersetzbar?

Der Abend war ein voller Erfolg. Alle lobten das gelungene Menü, und nach dem Dessert erfuhren wir ganz nebenbei, dass wir nicht nur ein Geburtstagsfest feierten, sondern auch eine Verlobung. Nach sechs Monaten sei es an der Zeit, an den Bund fürs Leben zu denken, teilte Annabels Strahlemann uns grinsend mit. Keine Spur von Verlegenheit.

Was ich für mich behielt: Es gab noch einen dritten Grund zum Feiern. Denn ich beschloss, mich wieder meiner früheren Arbeit zu widmen. Achtzehn Jahre lang hatte ich mich bei Tennis und Golf gelangweilt. Achtzehn Jahre lang hatte ich Gläser aus geschliffenem Kristall gesammelt und Grillpartys für Maximilians Parteifreunde im Bauaufsichtsamt organisiert. Achtzehn Jahre lang hatte ich mir beim wöchentlichen Kaffeeklatsch der aktuellen Gattinnen die ewig gleichen Geschichten über die Erfolge von Männern und Kindern anhören müssen. An diesem Abend wehte der Wind der Veränderung so stark, dass er fast das gute Rosenthal-Geschirr in Scherben fegte.

Gleich am nächsten Tag schritt ich zur Tat. Ich organisierte die besten Handwerker und gab endlich den Ausbau des lange geplanten Hobbyraums in Auftrag. Im hintersten Kellerwinkel, wohin sich niemand verirrte außer mir. Auch meine alten Kontakte funktionierten noch, und dort, wo sie nicht mehr existierten, tat ich neue auf. Ambrosius, mein früherer Chef, versuchte sofort, mich trotz der langen Pause für einen kniffeligen Auftrag anzuwerben. Immer schon hatte er meine Fähigkeiten zu schätzen gewusst. Vielleicht später, sagte ich. Erst einmal gingen meine eigenen Pläne vor.

Als im Garten die ersten Krokusse blühten, hatte ich alles beisammen, was ich brauchte. Wie in jedem Beruf, den man lange nicht mehr ausgeübt hat, hatte sich auch in meinem vieles verändert. Aber wer einmal gelernt hat, einen Sprengsatz zu bauen, verlernt es nie.

Das Schwierigste war die exakte Planung, wann und wo die Detonation erfolgen sollte. Sie musste absolut tödlich sein, durfte aber keine Unbeteiligten verletzen. Das hatten sie uns beim MAD, dem Militärischen Abschirmdienst, eingetrichtert. Natürlich gab es auch Betriebsunfälle, ein gewisser Prozentsatz an Toten war unvermeidbar, auch unter der Zivilbevölkerung. Aber bei diesem Einsatz würde alles glatt gehen. Mein Süßer würde keine Herzen mehr brechen.

Wie immer konnte ich auf Jana zählen. Sie würde unseren Sunnyboy so gekonnt ablenken, dass er ahnungslos in die Falle ging. Beste Freundinnen sind nicht zu unterschätzen. Vor allem, wenn sie so berechenbar sind wie mein Jana-Mäuschen. Maximilian nannte sie so. Natürlich nur, wenn er dachte, ich würde es nicht hören. Aber ich höre alles. Bomben, Wanzen, Beschattungen sind mein Metier. Meine Ausbildung war nicht vergebens.

Ich machte Jana den Vorschlag, unseren Märchenprinzen in die Geheimnisse des Golfens einzuführen. Jana war eine brillante Spielerin. Was übrigens auch mein Maximilian zu schätzen wusste. Beim siebzehnten Loch am Golfplatz an der Elfrather Mühle, in der am besten versteckten Ecke hinter den Bäumen, brauchten die beiden grundsätzlich am längsten. Obwohl der Abschlag dort nicht wirklich knifflig war, nicht für zwei so exzellente Spieler. Jedes Mal staunte ich aufs Neue über ihre originellen Ausreden, warum es wieder einmal so lange gedauert hatte. Sie dachten natürlich, ich würde nichts merken. Aber die Grashalme auf Maximilians Jacke und die zerdrückten Blätter in Janas Haaren sprachen für sich.

Jana stimmte, wie erwartet, begeistert zu. Wenn hier jemand einen guten Golfer aus unserem Süßen machen würde, dann sie. Das sei ihr Hochzeitsgeschenk für ihr Patenkind, raunte sie mir verschwörerisch zu.

Als ich Jana kennenlernte, waren Maximilian und ich noch ein richtiges Liebespaar. Annabel, unser Wunschkind, war gerade sieben Jahre alt geworden. Mein Beruf als MAD-Agentin fehlte mir nicht. Schließlich wollte ich ein ganz normales Leben führen. Was gibt man nicht alles auf für die Familie und den Mann, den man liebt.

Wenn Maximilian Zeit hatte, machten wir zu Dritt Ausflüge in die Gegend. Am Niederrhein gibt es viel zu sehen. Also besuchten wir in Brüggen den Tierpark, erkundeten in Grefrath die Burgruine Uda und fütterten am Kleinen Breyeller See die Enten. In Kempen spazierten wir jedes Mal an der alten Stadtmauer entlang und schleckten Eis auf dem Buttermarkt, dem alten Marktplatz. Zwei Kugeln für jeden. Noch heute sehe ich meine kleine Annabel vor uns herlaufen, mit wehendem Röckchen und übers Kopfsteinpflaster klappernden Sandalen.

Einmal, an einem sonnigen Julitag verschwand sie einfach. Es dauerte über eine Stunde, bis wir sie endlich wiederfanden. Seelenruhig saß sie im Gras vor der Kempener Turmmühle und guckte mit großen Augen zwei kleinen Jungs zu, die mit Holzschwertern gegen imaginäre Drachen und böse Zauberer kämpften. Wie gekonnt die beiden parierten, wie sie tobten und lachten. Vor Erleichterung spendierte ich jedem der Drei eine Eistüte. Fünf Kugeln. Pistazie, Vanille, Kirsch, was immer sie wollten.

Nach diesem Erlebnis sprach mein Mädchen nur noch von einem: Sie musste einfach Fechtunterricht nehmen. Ich war einverstanden, aber Maximilian wollte nichts davon hören. Also überredete ich beide zu Karate. Selbstverteidigung kann schließlich niemandem schaden.

Bald darauf stellte Maximilian mir seine neue Assistentin vor. Jana war so gertenschlank, wie ich nie werden würde, und voller sprühender Ideen. Die frisch diplomierte Architektin krempelte alles um. Aus Maximilians mehr schlecht als recht laufendem Architekturbüro machte sie die Top-Adresse in Düsseldorf. Natürlich mussten Köpfe rollen. Wer die Zeichen der Zeit nicht erkennt, darf nirgendwo auf Milde hoffen, weder langjährige Mitarbeiter noch Alleinverdiener mit fünfköpfigen Familien. Nicht nur darin waren der Chef und seine neue rechte Hand sich einig.

Jana wurde nicht nur Maximilians Stellvertreterin und Annabels Kommunionspatin, sondern auch meine Anlaufstelle, wenn mein Mann und ich uns wieder einmal gezankt hatten. Sie konnte zuhören und wusste immer ein tröstendes Wort. Natürlich verstand ich, dass Stararchitekten mehr arbeiten müssen als Finanzbeamte. Aber wenigstens für unsere Sonntagsausflüge hätte er sich noch hin und wieder Zeit nehmen können.

Annabels Hochzeit sollte also Ende Mai stattfinden. Wie zu erwarten, brauchte sie Unterstützung. Wer einmal eine Trauung organisiert hat, weiß, an wie vieles man zu denken hat. Unterlagen fürs Standesamt, Brautkleid, Eheringe, Geschenke für den Hochzeitstisch, ein angemessenes Lokal ausfindig machen. Dann die Menüauswahl, Gästeliste, Einladungen, Blumenschmuck und zu guter Letzt die Flitterwochen. Als kleines Extra wünschte sich Annabel meine Herrencreme. Der Besitzer des Fünf-Sterne-Restaurants in Düsseldorf-Oberkassel rümpfte zwar die Nase, aber der Wunsch meiner Tochter war entscheidend.

Mich plagte mein schlechtes Gewissen. War das, was ich vorhatte, die Mühe wert? Warum investierte ich so viel Zeit und Geld in dieses Hochzeitsprojekt, das von Anfang an zum Scheitern verurteilt war? Und außerdem – wollen nicht alle Mütter, dass ihre Töchter glücklich sind?

Doch meine Gefühlsduseleien verflogen so schnell, wie sie gekommen waren, und bald kümmerte ich mich wieder um die Vorbereitungen für die große Feier und meine kleine Bastelei. Die ersten Experimente liefen ein wenig aus dem Ruder. Der Nachbarshund, der Annabel vor Jahren gebissen hatte, war nach meiner Probesprengung nicht wieder zu erkennen, und die Gartenlaube seines Herrchens ging in Flammen auf. Aber wenigstens mussten wir uns das nervige Gejaule und die feucht fröhlichen Skatrunden nicht länger anhören.

Endlich war es soweit. An einem strahlend schönen Freitagnachmittag schlug ich Jana vor, dass sie und unser Herzensbrecher zum Golfplatz an der Elfrather Mühle fahren sollten. Ich schob einen wichtigen Termin mit Annabel vor. Maximilian musste ohnehin zu einer brisanten Sitzung des Pfarrgemeinderats, denn auch dort ist er unabkömmlich.

Annabel lud ich zum Shoppen auf die Kö in Düsseldorf ein. Andernfalls wäre sie noch auf den Gedanken gekommen, ihren Süßen zu begleiten. Seit er und Jana so fleißig zum Golfen gingen, schien meine Kleine sich vernachlässigt zu fühlen. Immer öfter sah ich sie unruhig aufs Handy starren, bis das Piepsen einer SMS sie endlich erlöste.

Den Schläger in der Golftasche hatte ich bestens präpariert: Der Final Countdown der Zeitschaltuhr würde bei Loch Nummer Siebzehn zu Ende sein. Ich wusste genau, wie lange Jana und unser Süßer bis zu dieser Stelle brauchen würden. Oft genug hatte ich im Café des Golfclubs gewartet, um die Zeit zu stoppen. Die Explosion würde einen unschönen Krater in den gepflegten Rasen sprengen. Aber ich verstand das als Arbeitsbeschaffungsmaßnahme. Im Zweifelsfall übernahm Maximilians Firma auch Aufträge für Landschaftsarchitektur.

Während Annabel und ich unseren Caffè latte schlürften und den auf der Königsallee flanierenden Passanten nachguckten, blickte ich immer wieder auf die Armbanduhr. Um zwei hatten Jana-Mäuschen und unser Herzensbrecher sich am Golfplatz verabredet. Wenn alles glatt gegangen war, waren sie genau jetzt auf dem Weg zum siebzehnten Loch. Zum fünften Mal zog ich das Handy aus der Tasche und überprüfte, ob die normale Lautstärke eingestellt war. Am Ende überhörte ich noch den Anruf aus dem Golfclub. Natürlich würde man mich informieren, sobald Notarzt und Polizei verständigt waren. Jeder wusste, wie sehr Maximilian und ich unsere Jana vergötterten. Das Golfgepäck, das Annabels Verlobter bei sich trug, war das meines Gatten. Wenn einer von Maximilians Schlägern in die Luft ging, dann musste jeder einen Anschlag auf das Leben des politisch aktivsten Architekten der Region vermuten, der – ohne mit der Wimper zu zucken – jedes Naturschutzgebiet dem nächsten Gewerbepark opferte.

Annabels Milchkaffee war noch fast voll. Etwas beschäftigte mein Mädchen, das sah ich ihr an.

Verstohlen schaute ich wieder auf die Uhr. In dieser Minute waren die beiden vermutlich schon bei den Bäumen angelangt.

Meine Kleine seufzte erbärmlich. Nicht einmal die neuen Gucci-Sandalen hatten sie aufheitern können.

»Was ist los?«, fragte ich liebevoll.

»Du wirst nicht begeistert sein.«

Ich lächelte abwesend und schielte auf die Zeiger.

»Was würdest du sagen, wenn wir die vierhundert Hochzeitseinladungen neu drucken lassen?«, hauchte mein Töchterchen, während eine Träne über ihre Wange kullerte.

Ich riss die Augen auf.

»Die Namensschilder, Tischkarten und Menükarten nicht zu vergessen?« Die Träne tropfte auf den weißen Tisch. »Wirklich schade um die leckere Herrencreme.«

»Die bekommst du auch so.« Ich reichte ihr ein Taschentuch. »Was ist denn los?«

»Ich habe jemanden kennen gelernt.« Annabel schnäuzte sich geräuschvoll. »Aber heiraten werden wir nicht. Mein Neuer hält nichts von diesem altmodischen Firlefanz.«

»Dein Neuer?«

»Er ist sooooo süß.« Ein Ruck ging durch ihren zarten Körper, und auf einmal strahlte sie. »Du wirst ihn lieben, Mama!«

Das hoffte ich ganz und gar nicht. Ich wollte nicht noch

einen zukünftigen Schwiegersohn in die Luft sprengen müssen.

»Außerdem hat Leonardo einen tollen Job«, schwärmte sie weiter. »Er ist selbstständig und gerade auf der Suche nach einem Geschäftspartner. Jemand mit Erfahrung soll es sein.«

»Dann will er also nicht die Firma deines Vaters übernehmen?«, fragte ich. Den Zusatz ‚wie dein Verflossener' schluckte ich selbstverständlich hinunter.

»Natürlich nicht. Er arbeitet mit irgendeinem Ausländischen Amt zusammen. Aber wohl auch mit Privatkunden.« Sie senkte die Stimme. »Ich habe nicht so genau verstanden, was Leonardo macht. Er muss viel reisen, spricht fließend Englisch, Französisch, Spanisch. Sogar Russisch. Wie du, Mama!«

Ich lächelte.

»Ständig kriegt er Anrufe, Mails, was weiß ich«, fuhr meine Kleine fort. »In seinem Loft in Düsseldorf gibt's nur das Neueste vom Neuen. Der hat es nicht nötig, eine Frau wegen Papis Firma zu heiraten.«

Ich verkniff mir meinen Kommentar.

»So schicke Möbel, überall Gemälde und alles echt. Zwei Laptops hat er und mindestens fünf Handys. Und eine Waffensammlung – einfach irre!«

»Ach?«

»Ja, zuerst war er sauer, als er mich in dem Zimmer erwischte. Da darf nämlich niemand rein. Nicht mal die Putzfrau. Aber dann war er platt, weil ich in Karate besser bin als er, und jetzt will er mir sogar das Fechten beibringen. Weißt du, Mama ...« Ihre wasserblauen Augen fingen an zu leuchten. »Wenn du mich fragst, dann macht er so was wie diese Typen in den Kinofilmen.«

Ich hob die Augenbrauen.

»Na, James Bond und so!« Ihre Augen wurden noch größer. Mit einem Mal sah ich, wie darin Funken sprühten. »Vielleicht sollte ich doch nicht BWL studieren, wie diese falsche Schlange von Jana immer meint. Es gibt doch wirklich aufregendere Berufe, oder?« Nachdenklich kaute sie auf einer ihrer langen, kohlrabenschwarzen Haarsträhnen, die sie wie die Augenfarbe von mir geerbt hatte.

Auch ich kam ins Grübeln, ließ die Jahre Revue passieren, dachte an die Zukunft. Vielleicht sollte ich doch nicht wieder bei Ambrosius anfangen. Der Gedanke, mich selbstständig zu machen, hatte mich schon früher fasziniert. Allerdings nur mit Kompagnon. Als Einzelkämpfer hat man's überall schwer, nicht nur in meiner Branche. Sicher könnten mein Geschäftspartner in spe und ich auch eine Azubine gut gebrauchen. Außerdem eine Zentrale mit unverfänglicher Adresse. Vielleicht in einem der hübschen Fachwerkhäuser in Kempen?

Ein weiterer Gedanke beschäftigte mich: Was würde wohl Maximilian sagen, wenn ich nach achtzehn Jahren wieder eigene Wege gehen würde? Vielleicht sogar ohne ihn?

Als das Handy zu piepsen anfing, atmete ich befreit auf. Der Manager vom Golfclub war so aufgeregt, dass ich Angst bekam, er würde kollabieren. Ich tätschelte Annabels Hand. Denn mir war noch etwas klar geworden:

Mein großes Mädchen war mir viel ähnlicher, als ich gedacht hatte.

Herrencreme

1/2 l Milch
1 Päck. Vanillepudding
4 El Zucker
1 Messerspitze Salz
0,25 l Sahne
100 g Zartbitterschokolade
100 g Vollmilchschokolade
evtl. frische Minze

Die Milch zum Kochen bringen. Puddingpulver mit Zucker und Salz kalt anrühren, in die Milch geben und aufkochen lassen. Die Flüssigkeit in eine Schüssel geben und unter Rühren abkühlen lassen. Es soll sich keine Haut bilden.

Die Sahne steif schlagen. Die Schokolade fein raspeln.

Wenn der Pudding abgekühlt ist, werden Sahne und Schokoraspeln vorsichtig untergerührt. In Schüsselchen geben und kalt stellen.

Nach Belieben mit frischer Minze dekorieren.

Ganz ohne Zucker

»Mäuschen?«

Ich mag es nicht, wenn er mich so nennt.

»Mäuschen, ich habe ganz spannende Neuigkeiten«, sagte er und klopfte mit seiner Hand auf die Sitzfläche des freien Küchenstuhls neben sich.

*

Es war schon eine Überraschung, als der alte Willi Janssen den neuen Geschäftsführer vorstellte. Was heißt da auch neu? Willi Janssen – so die Firmenlegende – hatte nach dem Krieg einem englischen Soldaten einen alten Transporter abgekauft und sich mit ein paar Aufträgen für die britische Armee, die unweit in Weeze untergebracht war, selbstständig gemacht. Später kamen ein zweiter und ein dritter Lkw hinzu und Mitte der Siebziger erwarb Janssen ein größeres Grundstück im frisch erschlossenen Nieukerker Industriegebiet, gleich an der B 9. Gute dreißig Jahre später war Jan-Trans das größte Speditionsunternehmen am Niederrhein.

Den einen und den anderen Rhetorikkurs hatte er wohl besucht, aber einen Geschäftsführer hatte der clevere Willi nie gebraucht.

Ich musterte den jungen Mann. Er war um die Vierzig, sportlich-schlank und steckte in einem schicken, teuren Designeranzug. Seine Haare trug er lang, aber gepflegt und modern in Wellen nach hinten geföhnt.

Er war auf jeden Fall eine Bereicherung für unser kleines Büro. Auch, weil dort außer meiner Kollegin und mir nur noch drei im Ort verheiratete Männer beschäftigt waren. Und weil an seinem rechten Ringfinger kein Ring steckte.

*

»Am kommenden Wochenende kommt Mutter zum Mittagessen«, erklärte er mit einem Funkeln in den Augen.

»Oh«, sagte ich.

»Ich habe da schon etwas vorbereitet«, murmelte er und zog einen in der Mitte säuberlich gefalteten Zettel aus dem Hemd. »Das Essen soll wirklich einmalig werden! Ich möchte, dass Mutter sich so richtig wohl fühlt, wenn sie uns das erste Mal hier besucht. Deshalb habe ich schon ein kleines Menü zusammengestellt. Anfangen sollten wir mit einer leichten, selbst gemachten Spargelcremesuppe.«

Ich zog die Augenbrauen zusammen. »Das ist nicht dein Ernst?«

»Warum nicht? Eine leichte Spargelcremesuppe zu Anfang ist doch prima. Und auch so originell, weil doch Walbeck gleich um die Ecke liegt ...«

*

»Herr Holger Kürten bringt aus seiner Tätigkeit als Logistik-Experte einer weltweit operierenden Düsseldorfer Firma Erfahrungen ein, die uns helfen werden, den Anforderungen eines sich ständig wandelnden globalen Marktes des noch jungen, neuen Jahrtausends zu begegnen.«

Janssen strich sich zufrieden über die breite Krawatte.

»Nach mehreren, intensiven Gesprächen bin ich zur Überzeugung gekommen, dass Herr Holger Kürten mit seiner familiär-traditionellen und dennoch weltoffenen Art genau der richtige Mann für unsere Firma ist und ich bin froh, ihn aus Düsseldorf hierhin nach Nieukerk, an den linken Niederrhein gelockt zu haben."

Den versteckten Hinweis bemerkte ich nicht. Das kam dann später.

*

Holger ignorierte meine in Falten gelegte Stirn und fuhr mit begeisterter Stimme fort. »Danach einen leckeren Krustenbraten. Mutter hat dir bei unserem vorletzten Besuch doch dieses herrliche Rezept mitgegeben. Krustenbraten, du weißt doch, wie Mutter ihn immer macht. Mit Pfeffer, gut gewürzt und auf dem Rost gegart. Frische Kartoffeln dazu und Gemüse vom Markt.«

Er strahlte. »Das wird ihr gefallen. Das wird ein herrlicher Sonntag.«

*

»Holger Kürten hat die Fähigkeit, Entwicklungen auf dem Markt früh zu erkennen, sie schnell und sachgerecht zu bewerten und er ist in der Lage, zügig die richtigen, strategisch erforderlichen Maßnahmen einzuleiten. Und dies immer«, fügte Janssen mit erhobenem Finger fort, »mit einem Blick über den Tellerrand hinaus und ohne die kleinen Dinge aus dem Auge zu verlieren.«

Die kleinen Dinge . . .

Das war dann ich. Zwei Wochen später gingen wir zusammen aus. Zwei weitere Wochen später waren wir ein Paar. Am Wochenende blieb er bei mir in meinem kleinen Häuschen, das ich vor einiger Zeit in einer Ortschaft gleich in der Nähe von Nieukerk gekauft hatte.

Das besaß viele Vorteile. Ich hatte ihn ganz für mich, er kurze Wege, wenn es am Wochenende in der Firma kurzfristig noch was zu regeln gab. Das kam hin und wieder vor, die Geschäfte liefen gut.

Seine Mutter durfte davon noch nichts wissen.

»Ich habe ihr erzählt, dass ich mir im Ort ein Hotelzimmer genommen habe. Wir lassen ihr noch ein wenig Zeit. Sie liebt den Gedanken, ich würde immer noch wie ein kleiner Schulbub mit ihr in einem Haus wohnen.«

»Nun ja, du wohnst tatsächlich immer noch bei deiner Mutter.«

»Weil sie doch sonst ganz alleine wäre. Nachdem Vater gestorben ist.«

»Vor zehn Jahren, sagtest du?«

»Ja, aber völlig unerwartet. Herzinfarkt. Plötzlich standen Mutter und ich ganz alleine da.«

»Nun hast du ja mich«, flüsterte ich und schmiegte mich an ihn.

»Du weißt, was ich meine«, murmelte er zurück.

Und ich nickte.

So langsam bekam ich eine Vorstellung davon, was der alte Janssen mit einer traditionell-familiären Art gemeint hatte ...

*

In seine feinen Mundwinkel legte sich ein erwartungsfrohes Lächeln. »Und für das Dessert, Mäuschen, lasse ich dir freie Hand. Mutter liebt ein feines, kleines Dessert nach einem guten Essen. Zaubere was ganz Spezielles! Was Geschmackvolles! Etwas, das sie von den Füßen haut.«

»Oh, du meinst, ich darf das Dessert tatsächlich ganz alleine aussuchen?«, fragte ich bissig, aber der sarkastische Unterton entging ihm.

*

Man kann es ja in allen Frauenzeitschriften nachlesen, dass Männer zu ihren Müttern ein ganz besonderes Verhältnis haben. Normalerweise werden diese Artikel immer mit einer ganzen Reihe von Tipps und Tricks angereichert, wie man sich als Frau den nötigen Platz und Respekt frei schubst.

Aber bei Holger kam ich überhaupt nicht weiter.

Das war alles noch mal eine Nummer ... härter.

Alles was er beruflich oder privat machte musste perfekt sein. Nicht für sich. Für Mutter! Jede seiner Entscheidungen glich er mal offen, mal still und heimlich für sich daraufhin ab, was Mutter wohl dazu sagen würde.

Egal, ob es um den etwas nebulösen Transportauftrag in die Ukraine oder um eine neue Tapete für die Küche ging. Was sagt Mutter dazu? Soll man das Risiko eingehen? Passt das mediterrane Orange zu den dunklen Naturschieferfliesen?

Manchmal, wenn wir im Bett etwas Neues ausprobierten, fragte ich mich, ob er vorher überlegt hatte, was ...

Aber ich wollte und durfte nicht unfair sein! Holger war ein toller Mann. Ich war selbst deutlich über dreißig, meine biologische Uhr tickte unaufhaltsam. Im Ort schauten sie schon komisch, weil ich immer noch unverheiratet war und meine bisherigen Lebensgefährten sich scheinbar immer irgendwann still und heimlich aus dem Staub gemacht hatten.

Nein, Holger war genau der Mann, den ich mir an meiner Seite gewünscht hatte, um mit ihm alt zu werden.

Aber ich wollte ihn für mich. Für mich allein. Und ich wollte ihn nicht mit Mutter teilen!

Ich brauchte fachmännischen Rat. In Nieukerk hatte sich vor zwei Jahren ein Psychologe niedergelassen. Ich machte einen Termin.

*

»Ein weit verbreitetes Phänomen«, erklärte er mir mit sanfter, tiefer Stimme.

Er war jünger als ich ihn mir vorgestellt hatte und ich musste mich auch nicht auf eine Couch legen. In dem von hellem Licht durchfluteten und in weiß gehaltenen Raum gab es überhaupt keine Couch. Er saß mir an einem flachen, hölzernen Weichholztisch gegenüber, schlug die Beine beim Gespräch übereinander und schaute mir beim Sprechen immer direkt in die Augen.

»Es gibt für dieses Verhalten natürlich einen lateinischen Fachausdruck, aber den möchte ich uns beiden ersparen. Es ist, wie Sie vermuten, tatsächlich so, dass Ihr Lebensgefährte immer versuchen wird, es seiner Mutter Recht zu machen. Er wird – wie Ihnen richtigerweise aufgefallen ist – jede seiner Lebensentscheidungen abschließend dahingehend überprüfen, ob seine Mutter diesen Entschluss gut heißen würde.«

»Im Zweifelsfall . . .«

»Würde er seine Meinung ändern, um ihr gerecht zu werden.«

Ich räusperte mich. »Dann bräuchte eigentlich er einen Termin bei Ihnen.«

Er lächelte. »Richtig. Und da sind wir schon mitten im Problem. Er wird diesbezüglich keinen Termin mit mir machen. Mutter hätte selbstverständlich etwas dagegen.«

Ich strich eine Strähne aus dem Gesicht. »Geht dieser... Komplex irgendwann von alleine weg?«

»Das ist nicht eindeutig zu beantworten. Diese abhängige Phase endet normalerweise dann, wenn eine neue, starke Bezugsperson in das Leben tritt. Ihr Lebensgefährte ist über Vierzig? Meist beginnt ein natürlicher Abnabelungsprozess wesentlich früher, nämlich dann, wenn der junge Mann eine junge Frau kennen lernt und merkt, dass es eine große Beziehung jenseits von Mutter und Sohn geben kann. Tatsächlich gelebte und erfahrene Sexualität spielt dabei eine große Rolle.«

»Sexuell haben wir keine Probleme«, beeilte ich mich festzustellen.

»Das ist nicht untypisch. Es ist auch nicht so, dass Ihr Lebensgefährte Sie nicht liebt. Das wird schon so sein. Aber es gibt in seinem Leben eben eine weitere, wichtige Person, nämlich seine Mutter.«

Ich nahm meinen ganzen Mut zusammen für die entscheidende Frage. »Und wenn ich ihn vor die Wahl stelle: Sie oder ich?«

Er legte seine Stirn in Falten. »Ich fürchte, er würde sich für seine Mutter entscheiden.« Er zögerte. »Und wenn er sich für Sie entscheiden sollte, wird er Ihnen ein Leben lang vorwerfen, dass Sie ihn zu einer Entscheidung gegen seine Mutter genötigt haben. Das ist wahrscheinlich noch schlimmer!«

»Aber ich möchte ihn nicht teilen.«

Wir erhoben uns und er geleitete mich an die Tür. Noch im Rahmen legte er eine Hand auf meinen Arm. »Wie werden Sie mit dieser Situation umgehen?«

Ich blickte ihm in die Augen. »Konstruktiv. Sehr konstruktiv.«

*

Für das Dessert hatte ich schon eine Idee. Etwas ganz Leckeres. Schneeküsschen mit Mandarinen. Eine süße, flockige Sünde mit Sahne und weißer Schaumcreme. Das war ein kulinarischer Trumpf in meinem Ärmel. Damit konnte ich zur Not auch einen angebrannten Krustenbraten gegebenenfalls noch rausreißen.

Aber ich hatte natürlich nichts weniger vor, als Mutter den weltbesten aller Krustenbraten zu servieren.

Unter gewissen Umständen kann ich einen ganz erheblichen Ehrgeiz entwickeln.

»Ich könnte eine leckere Schneeküsschencreme machen. Ganz köstlich . . .«

»Das klingt gut«, unterbrach mich Holger. »Auf jeden Fall muss es aber was ohne viel Zucker sein! Du weißt ja, wie Mutter auf ihre Figur achtet. Süßes ist da nicht so gut.«

Ich nickte. Soviel zu meiner eigenständigen Dessert-Entscheidung ...

Mir war aber noch was anderes eingefallen.

Ganz ohne Zucker!

*

Ich stieß das Messer kräftig durch die braune Kruste.

»Warum nimmst du nicht das gute, teure Fleischermesser, das ich euch zu Ostern geschenkt habe?«

Ich drückte das Messer durchs Schweinefleisch. »Ich weiß jetzt gar nicht ganz genau, wo es ist, aber es geht schon.«

Ich trennte eine Scheibe vom Braten und legte sie vorsichtig zwischen die frischen Kartoffeln und das Gemüse.

»Ich wollte ja nur behilflich sein«, murmelte sie zänkisch. »Wo Holger nur bleibt? Es ist nicht schön, dass wir beide hier alleine essen müssen.«

Ich seufzte. »Es schien etwas sehr Dringendes zu sein. Sonst hätten sie ihn nicht am Sonntagmittag angerufen. Er musste sofort in die Firma und hat gesagt, wir sollen auf jeden Fall ohne ihn anfangen.«

Mutter schüttelte den Kopf und piekste eine Kartoffel mit der Gabel auf. »Vielleicht hat er sich ja auch verfahren.«

Ich blickte sie fragend an und lud mir ein saftiges Stück Braten auf den Teller. »Wieso?«

„Na, ich habe mich auf dem Weg hierhin ja auch dreimal verfahren. Kerken ... ein merkwürdiger Ort. Ich komme von der Autobahn und bin gleich mehrmals in den Ort rein und raus gefahren."

»Kerken ist eine Gemeinde. Sie besteht aus mehreren Ortschaften, Nieukerk ist eine davon. In die einzelnen Ortschaften fährt man rein und wieder raus, aber man bleibt in Kerken.«

»Die Bahnlinie habe ich auch dreimal gequert, bevor

ich hier war. Und Bahnschranken haben die hier gar nicht. Alles sehr verwunderlich, hier am Niederrhein.«

»Hier ist es ja so flach, dass man den herannahenden Zug schon sehen kann, wenn er noch drei Bahnhöfe weit entfernt ist und in Krefeld gerade los fährt«, versuchte ich ein bisschen gute Stimmung zu machen.

Sie kaute und verzog keine Miene.

»Holger hätte dich auch gerne in Düsseldorf abgeholt«, versuchte ich es weiter.

»Das ist doch nicht nötig. Ich kann noch sehr gut Auto fahren.«

Ich genoss ein krosses Stück Kruste. Na ja, normalerweise quert man die Bahnlinie nur einmal. Egal, wo man in Kerken hin will.

Ich wischte mit einer letzten, zerdrückten Kartoffel die dunkle Soße vom Teller. Mutter war auch fertig. Wenn es ihr geschmeckt hatte – wovon ich ausging, denn sie hatte zwei Stücke Braten verputzt – dann ließ sie es sich nicht anmerken.

Muss ja auch nicht. Ich hatte noch meinen Trumpf im Ärmel.

»Hilfst du mir mit dem Dessert? Es ist in der Küche.«

Sie nickte stumm, wir standen auf und ich schob sie vor mich in die Küche.

Sie erstarrte und schrie spitz auf.

Ich erklärte: »Das Dessert. Holger in einem Traum von Rot.«

Sie schlug die Hände vors Gesicht.

»Ach, da ist ja auch das Fleischermesser.«

Holger saß auf einem Stuhl in der Mitte der Küche. Das gute, teure Fleischermesser steckte bis zum Schaft in seiner Brust.

Ich legte eine Hand auf ihre Schulter. »Übrigens, das Dessert: ganz ohne Zucker.«

Sie wirbelte herum und griff sich an die Brust. Ihr Mund öffnete sich, aber ehe sie irgendwas sagen konnte, drehten sich ihre Augen nach innen und sie fiel wortlos hinten rüber auf den gefliesten Fußboden. Ihr Kopf schlug hart auf.

Ich wollte Holger mit niemand teilen. Auch nicht mit seiner Mutter.

»Ganz. Oder gar nicht!«

Ich würde hier am idyllischen Niederrhein schon ein hübsches Plätzchen für die beiden finden. Und immerhin: Das Dessert hatte Mutter wirklich von den Füßen gehauen.

Buchstäblich.

Holger wäre stolz auf mich gewesen.

Schneeküsschencreme mit Mandarinen
Klaus Stickelbroeck

250 g Quark
1 Becher Schmand (200 g)
1 Becher Sahne (200 g) geschlagen
2 Dosen Mandarinen (300 g)
5 Dickmanns ohne Waffeln

Alles untereinander vermischen.
Sieht lecker aus und ist es auch.

Gesine Schulz

Auftrag von Frau K.

»Ich soll *was* tun?« Karo starrte Frau Kowalsky an, die in dem apricotfarbenen Cocktailsessel Platz genommen hatte, wie so manche potentielle Kundin zuvor. Der Sessel stammte, wie die gesamte Einrichtung in Karos Detektivbüro, aus den fünfziger Jahren und bildete den einzigen Farbfleck in dem schäbigen kleinen Büro.

Abgesehen von der spitzen Zellophantüte mit Himbeerbonbons, die seit einigen Minuten vor Karo auf dem Schreibtisch lag.

»Diese Klümpkes mochtest du doch früher so gerne, Karola«, hatte Frau Kowalsky gesagt und ihr die knisternde Tüte in die Hand gedrückt. »Hast du immer an der Bude geholt, wenn du mal 'n Tacken übrig hattest. Weißt du noch?«

Karo hatte gelächelt und genickt, war sogar ein wenig gerührt gewesen, dass Frau Kowalsky sich daran erinnerte. Mit Karos Eltern war sie eine der wenigen Bewohnerinnen der Bergarbeitersiedlung, in der Karo aufgewachsen war, die bereits lange vor dem Zechensterben dort gelebt und ihre Familie großgezogen hatte.

Aber Frau Kowalsky war keineswegs nur um der alten Zeiten willen in Karos Büro in der Essener Lichtburg aufgetaucht. Sie sah sich als Kundin. »Ich weiß gar nicht, was du willst. Zeit hast du doch wohl. Erst gestern sagte deine Mutter zu mir, als ich ein bisschen Dill borgen ging für das Gurkengemüse zum Mittagessen, sie sagte, als ich gefragt hatte, wie es bei dir so läuft, es könnte besser gehen. Als Putzfrau hat sie zu tun wie Bolle, sagte sie, aber als Detektivin dreht sie zur Zeit Däumchen.«

Karos Nasenflügel weiteten sich. Sie beschloss, ein ernstes Wort mit ihrer Mutter zu reden.

»... und deshalb dachte ich, wärest du sicher froh über einen netten kleinen Auftrag, auch wenn ich dir nicht deine übliche Gage zahlen kann, das muss ich ehrlicherweise gleich dazusagen.«

Gage? Guckte die Frau keine Krimis? Karo unterdrückte einen Seufzer, zog die Bonbontüte heran und nestelte den Verschluss auf.

»... aber etwas ist besser als nichts, das siehst du sicher auch so und deine Mutter meinte, du würdest mir sicher sowieso einen Freundschaftspreis anbieten . . .« Frau Kowalsky sah Karo aufmunternd an.

Behindert von drei kaum angelutschten Himbeerbonbons im Mund machte Karo: »Mhhhm.« Ehe sie die süßen Stücke in ihre rechte Backe bugsieren und zu einer Erläuterung ausholen konnte, hatte Frau Kowalsky die Äußerung zu ihren Gunsten ausgelegt und strahlte.

»Wusst' ich's doch. Bist 'n Schätzken.«

Karo schüttelte den Kopf, holte tief Luft und fing an zu husten, weil ein Bonbon in Richtung ihrer Luftröhre gerutscht war. Karo sprang auf, riss ihre Arme hoch und hustete wie ein röhrender Hirsch. Durch Tränen sah sie, dass die beiden anderen Bonbons wie rosa Kugeln auf Frau Kowalsky zuschossen. Aber der bewährte Trick mit den erhobenen Armen half. Das verrutschte Bonbon löste sich aus ihrem Luftröhreneingang, Sekundenbruchteile, bevor Frau Kowalsky um den Schreibtisch gehastet war und begann, Karo mit ihren ans Zupacken gewöhnten Hausfrauenhänden auf den Rücken zu trommeln.

»Hurrhk!« Vor Schreck verschluckte Karo das Bonbon und nun steckte es mit der gefühlten Größe eines Hühnereis in ihrer Speiseröhre fest. Karo griff sich an den Hals und schluckte mehrmals. Es rührte sich nicht. Sie würde warten müssen, bis sich die Zuckermasse auflöste.

»Das ist ja gerade noch mal gut gegangen«, meinte Frau

Kowalsky und ließ sich wieder in den Cocktailsessel sinken. »Gut, dass ich da war, was?« In ihrer silbergrauen Dauerwelle klebte ein feucht glänzendes Himbeerbonbon.

Karo deutete mit dem Zeigefinger darauf. »Sie haben da ein ...«

»Würde mich nicht wundern, wenn ich dir das Leben gerettet hätte. Was ist? Man deutet nicht mit dem nackten Finger auf eine angezogene Frau, das weißt du doch wohl.« Frau Kowalsky lachte meckernd und schlug sich auf den Schenkel.

Karos gefühltes Alter raste rapide auf die zwölf zu. Sie senkte ihren Finger und beschloss nichts zu sagen. Auch nicht, dass sie kaum dem Erstickungstod nahe gekommen wäre, wenn ihr Frau Kowalsky nicht auf den Rücken gehämmert hätte. Gerade noch rechtzeitig verhinderte Karo, dass sich ihre Unterlippe trotzig nach vorne wölbte. Sie verschränkte ihre Arme vor der Brust.

»Also dann kann ich mich auf dich verlassen?«

»Mhm.« Ihr blieb wohl kaum etwas anderes übrig, wenn ihre Mutter der Kowalsky praktisch eine Zusage gegeben hatte. Über Karos Kopf hinweg. Sie presste ihre Lippen aufeinander.

»Und denk dran: Schnell muss es gehen. Lass alles andere fallen. Oberste Priorität. Sonst sitze ich in der Tinte. Tief. Sehr tief ...«

Frau Kowalskys Blick wurde melancholisch und Karos Unmut schmolz. »Ja, okay, geben Sie's her. Aber ich kann nichts versprechen. Wenn sie mich nicht in die Küche lässt oder ich sie da nicht für einen Moment ablenken kann ...«

»Du wirst es schaffen, Karo, ich spüre es. Hier.« Frau Kowalsky presste ihre Fäuste auf die linke Seite ihres Busens. »Und du musst es auch schaffen. Ich wäre völlig unten durch, wenn es herauskäme. Ach, ich weiß wirklich nicht, was über mich gekommen ist. Aber seit vier Jahren gibt sie damit an, in einer Weise ... völlig unerträglich. Ich meine, wir haben alle irgendwelche Rezepte, auf die wir stolz sind ... Familienrezepte meist ... jede einzelne in unserer Gruppe. Die Frau Grabenhorst aus Hamminkeln zum Beispiel backt einen wirklich köstlichen schlesischen Pflaumenkuchen – ihre Mutter stammt von da, aus der Nähe von Breslau – mit einer Spur von ... na ja, ich bin noch nicht dahinter gekommen. Geriebene Zitronenschale ist es nicht. Aber habe ich versucht, ihr Rezept zu klauen? Nee! Auf die Idee würde ich nie kommen. Es ist diese überhebliche herablassende Art, die Frau Eggers an sich hat.« Frau Kowalsky spitze ihre Lippen und flötete: »‚Das Rezept habe ich erhalten, als ich mit meinem Mann zu einem Literaturwochenende auf Schloss Anholt war. Von der Cousine einer Köchin, die früher im Schloss gekocht hat. Eine ganz reizende alte Dame, sie war Gouvernante in den besten niederrheinischen Adelsfamilien' ...« Frau Kowalsky schüttelte sich. »Inzwischen ist die Frau leider verstorben. Ich habe das Schloss angerufen. Jetzt kann man nicht mal mehr nachprüfen, ob das Rezept tatsächlich von ihr stammt. Tja, jedenfalls, beim letzten Treffen letzte Woche – wir haben uns alle mal in der Kur in Bad Münstereifel kennengelernt und seitdem gibt es diese Runden – letzte Woche also waren wir wieder bei der Eggers in Duisburg, sie wohnt da am Innenhafen, das sagte ich doch schon? Nein? Na, da wohnt sie jedenfalls seit zwei Jahren, in einem dieser schicken Häuser am Wasser, an den Grachten. Grachten! Als wären sie schon in Holland. Na, trotzdem ganz schön, der Blick aufs Wasser, und so nah am Innenhafen und am Museum Küppersmühle für Moderne Kunst. Ich liebe ja diese alten Backsteingebäude. Wir haben uns da sogar eine Ausstellung angesehen. Von .. wie heißt er noch? Er malt die Bilder immer falschrum. Na, egal. Tja, und sie erzählte, dass sie Leute von der Ruhr-Touristik zu einem kleinen Mittagessen da gehabt hätte. Und was hat sie aufgetischt? Dreimal darfst du raten! Ja, und die waren ja soooo begeistert und haben sie soooo bedrängt, das Rezept zu verraten. Ach! Ich konnte es nicht mehr hören und habe mich entschuldigt, um zur Toilette zu gehen. Die Küchentür stand auf, als ich daran vorbei kam. Tja, und da bin ich rein und zu ihrem Kochbuchregal und habe das dicke Buch ausgeschüttelt, aus dem sie den Umschlag manchmal nimmt, wenn sie mit dem Rezept angibt. Niederrheinisches Kochbuch von 1777. Nicht das Original, verstehst du, sonst hätte ich nicht so geschüttelt. Ich wollte nur kurz draufschauen auf das Rezept, das schwöre ich. Aber dann hörte ich Schritte auf dem Parkett im Flur und ich schmiss das Buch zurück und ließ den Umschlag in der Tasche verschwinden. Mein gelbes Sommerkleid – ich weiß nicht, ob du es kennst? Hat zwei aufgesetzte Taschen. Sehr praktisch. Ein Burda-Muster. Ja, und schon kam die Eggers in die Küche. Peinlicher Moment. Ich sagte, ich wollte einen Schluck Wasser, um eine Tablette zu nehmen. Na ja. Es ergab sich keine Gelegenheit mehr, den Umschlag zurückzulegen. Und nun hörte ich zufällig von der Gerda Schaphusen, dass sie und die Eggers Samstag für das Buffet kochen, das es bei ihrem Klassentreffen geben wird, das zweiundvierzigste oder so. Die Gerda macht ihren Kartoffelsalat mit selbst eingelegten Gürkchen, und die Eggersche natürlich das Dessert von der Schlossköchin. Wenn sie dann entdeckt, dass der Umschlag weg ist und sich erinnert, dass sie mich in der Küche . . .«

»Ja, ja, ich verstehe, Frau Kowalsky. Nun brauche ich noch ein paar Details.« Karo notierte die Anschrift in Duisburg (Philosophenweg), ließ sich die Wohnung beschreiben (Parterrewohnung mit Loggia, dahinter die Gracht; ein eingezäunter Innenhof auf der Rückseite des Hauses), die Bewohner der Wohnung (nur Frau Eggers, da Gatte mit Mini-Yorkie zur Zeit auf Besuch bei seiner Mutter und Bed & Breakfast-Gäste erst ab Juni geplant waren, zum Beginn des Klavier-Festivals Ruhr), Standort des Kochbuchregals (über dem Frühstückstisch), Aussehen des Kochbuches (»Was weiß ich – dick ist es und auf dem

Rücken steht ‚Niederrheinisches Kochbuch von 1777'«).

»Versprechen kann ich nichts, Frau Kowalsky, das verstehen Sie doch.«

»Natürlich, Karola. Aber wie schwer kann es sein?« Sie hängte ihre Handtasche über den Arm und erhob sich. »Du musst sie nur kurz ablenken und in die Küche schlüpfen. Oder sie unter einem Vorwand aus der Küche schicken, solltet ihr da drin sein. Eigentlich ein Puppenspiel.«

Karo presste die Lippen aufeinander. Sie würde es nicht sagen. Sie würde professionell bleiben und gelassen. »Wenn es so einfach ist, warum bringen Sie das Rezept nicht selber zurück?«

Frau Kowalsky gab vor, die Bemerkung nicht gehört zu haben. Mit einer kurzen Geste des Abschieds und einem etwas starrem Lächeln segelte zur Tür hinaus.

»Ist doch wahr . . .«, murmelte Karo und nahm den cremefarbenen Umschlag auf. *Schloß Anholt* stand in der linken oberen Ecke, gleich über einem von mehreren Fettflecken. Sie zog ein hellblaues Blatt Papier heraus. In einer fließenden, altmodisch anmutenden Schrift in schwarzer Tinte stand darauf ein *Rezept für Berthas Schaumcreme, wie auf Anholt zum Dessert gereicht*. Karo zog ihren Notizblock heran und schrieb es ab. Hörte sich etwas merkwürdig an, aber wenn alle so begeistert davon waren . . . Sie würde es ihrer Mutter geben, die kochte gerne. Außerdem hatte sie ihr die ganze Sache aufgehalst, da war eine Einladung zum Schaumecreme-Essen á la Bertha ja wohl das mindeste, das eine geplagte Tochter erwarten konnte.

Drei Stunden später stand Karo in ihrer Inkarnation als Dubber-Ware-Vertreterin vor der Duisburger Haustür und klingelte bei Eggers. Im Kofferraum von Karos Wagen lagen immer ein paar Plastikdosen der neusten Kollektion und ein Stapel Prospekte. Ihre Mutter vertrieb die bunten Behältnisse auf Hausfrauen-Partys. Karo hatten sie schon oft als Vorwand gedient, wenn sie Nachbarn von Verdächtigen ausfragen wollte. So nebenbei hatte sie ihrer Mutter dabei manchen Auftrag beschert.

Die Tür wurde mit einem Schnarren aufgedrückt. Karo trat in den kühlen Hausflur. In der linken Wohnungstür im Parterre stand eine zierliche schwarzhaarige Frau. »Ja, bitte?«

Karo lächelte strahlend und begann ihr bewährtes Verkaufsspiel. »Guten Tag! Kennen Sie Dubber-Ware, die preiswerte Alternative für die qualitätsbewusste Hausfrau?« Sie hob das neuste ineinanderpassende Dosen-Set mit sonnenfarbenen Deckeln in die Höhe. »Siebzig Zentimeter geballten Aufbewahrungsraums. Darf ich es Ihnen kurz zeigen und erläutern? Wir haben da gerade ein Aktions-Angebot . . .«

Frau Eggers zögerte und machte einen Schritt rückwärts, war kurz davor, die Tür wieder zu schließen.

Karo verstärkte ihr Lächeln um einige Lux. ». . . ein Aktions-Angebot speziell für, äh . . . herausragende Bed-and-Breakfast-Gastgeberinnen im Ruhrgebiet.«

Frau Eggers Augen weiteten sich. »Ach . . . ?«

»Ja! Sie wurden uns empfohlen von, äh . . . der, mh . . .«

»Ach, wahrscheinlich vom Kulturhauptstadt-Büro.«

Karo nickte. »Ja, das war's.«

»Ich werde nämlich in die Liste der B und B's mit dem Touristik-Siegel Ruhr aufgenommen.«

»Das ist ja fantastisch.«

»Nicht wahr? Schon bald wird man mich auf die Webseite setzen, in die Kategorie Übernachten am Wasser. Ach, treten Sie doch näher. Darf ich Ihnen einen Kaffee anbieten?«

Kaffeekochen! Küche! Das lief ja wie geölt. »Och, na ja, wenn es keine Umstände macht, sag ich da nicht nein.«

»Nein, überhaupt keine Umstände! Kommen Sie. Die Thermoskanne ist noch fast voll.« Frau Eggers führte Karo in ein helles Wohnzimmer. Die Tür zur großen Loggia stand auf. Ein Geländer trennte den mit Gartenmöbeln aus gebürstetem Aluminium möblierten Außenraum von dem schmalen Weg, auf dem Karo gekommen war, dahinter blinkte die Sonne auf dem Wasser der Gracht. Auf dem Couchtisch im Wohnzimmer stand ein Tablett mit Kanne, Milchkännchen und einem Becher.

Frau Eggers deutete auf das Sofa. »Nehmen Sie doch bitte Platz. Ich hole Ihnen rasch noch einen Kaffeebecher.« Frau Eggers wandte sich zum Gehen, Karo wollte ihr folgen. »Nein, bitte, setzen Sie sich doch. Ich bin gleich zurück.«

Karo wartete, bis Frau Eggers im Sessel saß und ihr Kaffee eingegossen hatte, ehe sie nach Zucker fragte.

»Entschuldigung!«, rief Frau Eggers. »Moment, ich . . .«

»Ach, bemühen Sie sich nicht, den kann ich mir doch eben selbst aus der Küche holen.« Karo erhob sich.

»Nicht nötig.« Frau Eggers deutete auf die Vitrine, die neben dem Sofa stand. »Hinter der rechten Tür. Würfelzucker, Rohrzucker und Kandis, Honig – was immer Sie wollen. Agavendicksaft habe ich auch.«

So ein Pech. Karo ließ ein Stück Würfelzucker in ihren Becher fallen und lauschte mit einem Ohr Frau Eggers Lobgesängen auf ihre Bed & Breakfast-Idee.

Diese Wohnung und die darüber gekauft, nachdem die Zeche Zollverein in Essen Weltkulturerbe worden war, aber noch bevor Essen mit dem Ruhrgebiet zur Kulturhauptstadt 2010 gekürt wurde (»Ich habe schon immer ein gutes Näschen gehabt«) – der anfängliche Widerstand ihres Mannes aus der Dorfidylle von Rheurdt in die Großstadt zu ziehen - internationale Gäste - internationale Frühstücksvariationen – die Einrichtung der Zimmer – ihr Bemühen um das Touristik-Siegel Ruhr.

Karo wurden trotz des Koffeins die Augenlider schwer. Sie riss sich zusammen. »Entschuldigung, dürfte ich wohl mal Ihre Toilette benutzen?« Die Gästetoilette befand sich nur zwei Türen von der Küche entfernt, wie sie von Frau Kowalsky wusste.

»Aber ja. Kommen Sie, ich zeig's ihnen.«

»Nein! Nein, ist doch nicht nötig, meine ich. Bleiben Sie doch bitte sitzen!«

»Oh, ich muss ohnehin nach dem Kuchen schauen. Kommen Sie.«

»Kuchen? Äh ... Kuchen ... ja! Wir haben auch fabelhafte Kuchen-Frischhalte-Behälter im Programm, erwähnte ich das schon? In drei Größen. Oder vier. Öhm, darf ich mal einen Blick auf Ihren Kuchen werfen? Dann kann ich Ihnen gleich sagen, ob wir die passende Größe haben.«

»Es ist ein ganz normaler Kastenkuchen. Dafür haben Sie auch Behälter?«

»Selbstverständlich. Jede Menge fabelhafte Kastenkuchen-Behälter«, beteuerte Karo, während sie unter Frau Eggers Augen die Tür zur Gästetoilette öffnete. War die Frau misstrauisch oder nur eine gute Gastgeberin?

Karo ließ sich Zeit. Wie lange konnte es dauern, nach so einem Kastenkuchen zu schauen? Backofenklappe auf, Backofenklappe zu. Vielleicht noch ein Stich mit einer Stricknadel. Zwei Minuten höchstens. Karo drückte den Spülknopf. Spülte nochmals. Wusch sich die Hände. Cremte sie ein. Cremte ihre Ellenbogen ein. Lauschte. Verließ die Gästetoilette und näherte sich mit Blick auf die angelehnte Wohnzimmertür auf Zehenspitzen der Küche. Es war nichts zu hören. Eben wollte Karo nach der Klinke greifen, als die Küchentür von innen geöffnet wurde.

»Huch!«, hauchte Frau Eggers.

»Entschuldigung! Ich wollte Sie nicht erschrecken. Nur fragen ... ähm ... haben Sie eventuell ... ähm ... ja, ein Tampon für mich?«

Frau Eggers schüttelte den Kopf. »Sorry. Auch wenn man es mir nicht ansieht: Ich bin fast sechzig.«

»Oh. Ja. Ich meine: nein! Hätte ich nie gedacht. Aber ist doch vielleicht ein Tipp für ihre Gäste, nicht? Ich meine, könnte ja mal nötig sein.«

»Sehr gute Idee! Werde ich mir gleich notieren. Der

Servicegedanke steht bei mir an oberster Stelle. Mit oder ohne Applikator, was meine Sie?«

Karo überlegte. Frau Eggers sah auf ihre Armbanduhr. »Aber nun muss ich Sie leider . . .«

»Aber meine Dosen! Es dauert nur zwei Minuten.« Karo lief ins Wohnzimmer und griff nach den ineinander ruhenden Plastikbehältern. »Wär's nicht am besten, ich zeige Ihnen die Bandbreite dieser praktischen . . . uhm, Teile in der Küche? Sozusagen am Schauplatz des Geschehens. Mache ich am liebsten. Der Genius Loci und so weiter.«

Frau Eggers schüttelte den Kopf. »Es tut mir leid, die Zeit, verstehen Sie? Ich erwarte einen wichtigen Anruf. Vom Klavier-Festival Ruhr! Die wollen wahrscheinlich einige Künstler bei mir unterbringen, für die Konzerte in Duisburg und Essen. Das ist das Neueste: Die Künstler sollen die Region hautnah erleben. Billiger als die üblichen Luxushotels sind wir mit unseren B und B's natürlich auch. Ach, ich hoffe auf einen der ganz Großen. Sir Simon Rattle, das wär mein Traum. Eines der anderen Häuser hier am Philosophenweg wurde von Lord Norman Foster entworfen, wussten Sie das? Das würde doch irgendwie passen, nicht? Sir Simon, Lord Foster . . . Nur kommt Sir Simon in diesem Jahr gar nicht. Zwei, drei Pianisten aus Asien wären auch ganz schön. Lassen Sie mir einen Prospekt da. Ich melde mich, wenn ich etwas bestellen will. Aber der Anruf kann jede Minute kommen und ich will vorher noch meine Gedanken ordnen.«

»Schon klar.« Karo nahm aus ihrer Umhängetasche eine Dubber-Ware-Broschüre und legte sie auf den Couchtisch. »Aber ich könnte auch später wiederkommen. So in ein, zwei Stunden. Oder morgen früh?«

Das Telefon auf der Anrichte schrillte.

»Ogottogott.« Frau Eggers richtete sich auf, atmete tief durch und strich ihren Pullover glatt. »Sie finden selbst hinaus?«

»Ich? Aber natürlich! Bemühen Sie sich nicht. Lassen Sie das Klavier-Festival keinesfalls meinetwegen warten. Wiedersehen!« Leise schloss Karo die Wohnzimmertür hinter sich und lauschte.

»Ja, ich bin»s persönlich. Guten Tag. Und, bekomme ich die Pianisten? Oh. Sie verbinden nur. Ja, ich warte.«

Karo wartete keine Sekunde länger. Sie sprintete über den Flur in die zum Innenhof gelegene Küche, ortete das Kochbuchregal und fand den von Frau Kowalsky beschriebenen Band. Das Buch öffnete sich auf Seite 157. Gut möglich, dass der Umschlag vorher an dieser Stelle gelegen hatte. Aber egal. Hauptsache, er war wieder im Buch. Auftrag erledigt!

Karos Magen knurrte. Seit den Himbeerbonbons hatte sie nichts zu sich genommen. Sie schnupperte. War das der Kastenkuchen im Ofen? Oder . . . sie lüpfte das über einer Keramikschüssel liegende rot-weiße Geschirrtuch: Dunkelbraune Schoko-Plätzchen! Frisch gebacken und verführerisch duftend. Sie probierte eines. Ausgezeichnet. Außen leicht kross, innen butterweich. Die Frau konnte backen. Karo genehmigte sich noch ein Plätzchen. Und ein drittes. Widerstrebend deckte sie die Schüssel wieder zu. Die Türklingel schellte. Verdammt! Sie schlich zur angelehnten Küchentür. Frau Eggers telefonierte noch. Jeden Moment konnte sie ihr Telefongespräch unterbrechen. Karo huschte zur Wohnungstür, öffnete sie und zog sie behutsam ins Schloss. Dann rasch durch den Hausflur.

Mit Schwung zog Karo die Haustür auf und stutzte. »Frau Kowalsky! Was machen Sie denn hier?« Die Tür fiel ins Schloss.

»Karola!« Frau Kowalsky lächelte wehmütig. »Ich bin gekommen, um zu tun, was ich gleich hätte tun sollen. Ich werde meine Tat gestehen!«

»Wie bitte?«

„Ja, vorhin beim Kartoffelschälen fiel es mir wie Schuppen von den Augen. Ich habe einen Fehler begangen, ich muss dazu stehen. Dann werde ich mich besser fühlen. Der Druck auf meiner Brust wird verschwinden. Schließlich habe ich keine Bank überfallen. Ich habe noch nicht einmal in den Umschlag geschaut.«

»Wie bitte? Nicht in den Umsch-«

»Nein, und das ist doch ein mildernder Umstand. Es ist sozusagen kein Schaden entstanden. Von Neugier überkommen, habe ich lediglich in einem Moment der Verwirrtheit den Umschlag . . .«

»Aber Frau Kowalsky, er liegt wieder im Kochbuch! Ich hab ihn gerade . . .«

»Ach . . . ? Na gut, dann werde ich auch das auf mich nehmen müssen.« Ihr Zeigefinger näherte sich dem Klingelknopf.

Karo sprang auf Frau Kowalsky zu und riss ihren Arm nach unten. »Nein! Frau Kowalsky, Sie bringen mich damit in Teufels Küche. Vergessen Sie die ganze Angelegenheit. Kommen Sie.« Der Türsummer schnarrte. Karo versuchte Frau Kowalsky in Richtung Straße zu ziehen.

»Karola! Lass mich! Ich werde dich nicht mit hineinziehen, nur sagen, dass ich jemanden überredet habe . . .«

Karo stellte sich vor Frau Kowalsky auf und zischte: »Auf dem Couchtisch liegt eine Dubber-Ware-Broschüre mit dem Namen und der Telefonnummer meiner Mutter! Ein völlig harmloser Prospekt. Aber wenn Sie Frau Eggers aufs Butterbrot schmieren, dass ich mir unter Vorspiegelung falscher Tatsachen Einlass in ihre Wohnung verschafft habe und ihr dann klar wird, dass ich, statt die Wohnung zu verlassen, in ihre Küche eingedrungen bin – wer sagt, dass sie nicht sauer wird und die Polizei verständigt?«

»Zuzutrauen wäre es ihr.« Frau Kowalsky seufzte. Sie legte eine Hand auf die Stirn. »Jetzt bin ich ganz durcheinander. Was soll ich nur tun?«, sagte sie, gerade als Frau Eggers hinter ihr die Haustür öffnete und verwundert von Frau Kowalsky zu Karo blickte.

»Was sollen Sie tun?«, sagte Karo, »Aber das ist doch ganz

einfach. Am besten nehmen Sie beide Sets, das sonnengelbe und das mittelmeerblaue.«

»Wie bitte?« Frau Kowalsky nahm die Hand von ihrer Stirn und sah Karo zweifelnd an.

Frau Eggers beugte sich vor. »Frau Kowalsky? Sie sind das! Wollten Sie zu mir? Warum sind Sie nicht reingekommen, als ich aufdrückte? Ist der Summer etwa kaputt?«

»Oh!« Frau Kowalsky fuhr herum. »Frau Eggers! Ja ... Nein ... Ich meine ...«

Karo hakte sich bei Frau Kowalsky ein und lachte trällernd. »Ja, sie wollte zu Ihnen, aber nun will sie zu mir, eine Bestellung aufgeben. Eine Großbestellung, die noch heute raus muss, nicht wahr?«

»Ähm ...«, machte Frau Kowalsky.

»Nicht wahr«, wiederholte Karo und presste ihren Arm gegen den von Frau Kowalsky.

Die nickte und ließ sich nun widerstandslos von Karo den Weg entlang ziehen.

»Aber warum wollten Sie denn zu mir?«, rief Frau Eggers ihnen hinterher.

Frau Kowalsky blieb stehen. »Ob ich nicht doch ...«

»Hören Sie zu.« Karo bohrte ihren Blick in Frau Kowalskys Augen. »Wenn Sie gestehen, dann veröffentliche ich das Rezept im Internet, als ‚das bislang geheime Rezept von Berthas Schaumcreme, wie auf Anholt zum Dessert gereicht, aus dem Besitz von Frau Eggers, Bed & Breakfast-Gastgeberin im Duisburger Innenhafen‘. Dann wird sie nicht länger glauben, dass Sie überhaupt nicht in den Umschlag geschaut haben.«

»Nein, und sie würde mich nicht nur für eine Diebin, sondern auch noch für eine Lügnerin halten. Oh, Gott! Ich wäre unten durch in unserer Gruppe.« Frau Kowalskys Stimme bebte. »Und das würdest du tun? Pfui, Karola! – Ähm ... du hast also in den Umschlag geschaut und das Rezept gelesen?«

»Ja, natürlich habe ich das. Gelesen und abgeschrieben.«

Karo grinste. »Und Sonntag steht Berthas Schaumcreme bei Muttern auf dem Tisch.«

»Mmhh ...«, machte Frau Kowalsky. »So?« Sie hakte sich bei Karo unter. »Na dann. Komm, wir gehen noch ein paar Schritte. Ein bisschen am Wasser entlang. Mein Adrenalin pumpt noch. Ich kann jetzt nicht gleich ins Auto steigen und über den Ruhrschnellweg fahren, nicht mit meinen flatternden Nerven, nicht bei dem Verkehr. Das kannst du nicht verantworten. Du bist diese Aufregungen gewöhnt, aber ich muss erst mal einsinken lassen, dass alles wieder gut ist. Wie vorher. Komm, ich lade dich auf ein Eis ein, du darfst dir eines der Cafés an der Promenade aussuchen. Wir können draußen sitzen, aufs Wasser gucken und auf die Schiffchen.«

Karo ließ sich über die Straße lenken, an einem Arm Frau Kowalsky, im anderen den Dosenstapel. Die breite sonnenbeschienene Promenade war bunt von Leuten. Schlendernde Paare, rollernde Kinder, fotografierende Touristen. Vier Malerinnen mittleren Alters saßen am Segelboothafen vor ihren Staffeleien.

»Wie in Italien, was, Karola?«

Karo deutete mit dem Kopf auf einen freien Zweiertisch vor einem Restaurant.

Frau Kowalsky runzelte die Stirn. »Nee – hier nicht. Ich zeig dir mal das Café, in dem wir neulich waren. Wahnsinns-Eisbecher gibt es da, und nicht teuer. Ist nicht mehr weit, noch'n Stückchen in Richtung Museum.«

Karo wünschte, sie hätte den Plastikdosenturm vor diesem zu einer Wanderung ausartenden Gang in ihrem Auto verstaut. Und sich dazu. Sie könnte längst zu Hause sein. Sie beschloss, sich den teuersten Eisbecher auf der Karte auszusuchen, selbst wenn er Pfefferminzeis enthalten sollte, das sie nicht mochte.

»So! Ist doch schön hier. Setz dich.« Frau Kowalsky staubte einen Bistrostuhl mit einer Papierserviette ab und ließ sich mit einem entspannten Seufzer nieder. »Ach ...

Guck mal, der Kahn. Wink doch mal ... Ja, Karola, nun ist alles ist wie vorher. Bin ich erleichtert! Der Umschlag ist zurück, ich habe das Rezept nicht kopiert, noch nicht mal gelesen. Ist schon besser, dass ich kein Geständnis abgelegt habe. Ich werde es Sonntag beichten. In der Kirche. Das tut's auch.« Sie schnipste nach der Bedienung. »Und, meinst du, deine Mutter würde mir das Rezept verraten? Die Eggers würde aus den Pantinen kippen, wenn ich das Dessert servieren würde, beim nächsten Treffen bei mir. Ich könnte guten Gewissens sagen, dass ich es von einer Nachbarin habe.« Frau Kowalsky stieß ihr meckerndes Lachen aus. »Gut, nicht?«

Karo empfing einen Ellenbogenstoß gegen ihre Rippen. Sie beschloss, Nachbarn ihrer Eltern künftig keinen Rabatt mehr zu gewähren und hoffte, ihr Lächeln sah nicht so säuerlich aus wie es sich anfühlte. Regel Nummer 43 – oder war es 53? – aus dem Fernkurs für erfolgreiche Privatdetektive lautete: »Ärger über Kundschaft lässt man sich keinesfalls anmerken: Jeder zufriedene Kunde ist ein Empfehlungsschreiben auf zwei Beinen.« Und Frau Kowalsky kannte viele Leute. Ganz abgesehen davon, dass Karos Mutter ihrer Tochter Saures geben würde, sollte sich Frau Kowalsky bei ihr über Karos Verhalten beklagen.

»Welchen Eisbecher können Sie mir denn empfehlen, Frau Kowalsky?«

»Du, versuch doch mal den Goldbraunen Eis-Traum. Den hab ich sogar nachgemacht. Wirklich lecker und gar nicht schwer. Echtes Vanilleeis pur, dann eine Lage Vanilleeis, auch echt natürlich, mit Zuckerrübensirup verwirbelt, eine tolle Farbe gibt das und schmeckt wie Dulce de Leche in Spanien, und zuletzt eine dünne Schicht geriebenen Pumpernickel mit Crème fraîche. Geht auch mit Mascarpone. Oder Quark. Und das Ganze noch ein- oder zweimal, je nachdem wie hoch der Becher ist. Darüber eine Sahnehaube mit winzigen Zuckerrübensirupklecksen.«

»Tja . . .«

»Und das Gute ist: Es schmeckt nicht nur traumhaft, sondern ist auch noch gesund. In Rübenkraut stecken ja nicht nur jede Menge Mineralstoffe, sondern auch viel Eisen. Kannst du bestimmt brauchen. Ich finde, du siehst ein bisschen blass aus. Könnte Eisenmangel sein. Hast du eine starke Periode? Rück deinen Stuhl doch ein Stück rüber, in die Sonne. Vitamin D, weißt du, sonst kriegst du noch Osteoporose. Nicht zuviel natürlich. Sonne, meine ich, wegen Hautkrebs. In Australien – habe ich beim Frisör gelesen – hat man . . . Was ist denn da drüben los?«

Alle Köpfe wandten sich in Richtung Küppersmühle. Stimmen erhoben sich, darüber war ein sich wiederholender Ruf zu vernehmen, der sich anhörte wie – konnte es sein? – ja: Haltet ihn! Haltet den Dieb!

Karos Lebensgeister belebten sich. Sie stand auf. Die auf der Promenade flanierenden Menschen blieben stehen, bewegten sich zur Seite, eine Gasse tat sich auf vor einer schwarz gekleideten Gestalt auf Rollerblades, die ohne Rücksicht auf dem Weg in Richtung Westen schoss, den Kopf gesenkt, durch den Motorradhelm mit herabgelassenem dunklen Visier jeglicher Individualität beraubt. Ein schlanker durchtrainierte Mann mittlerer Größe, mehr konnte man nicht erkennen. Unter dem linken Arm trug er einen rechteckigen flachen Gegenstand, lose in Packpapier gehüllt, wie Karo sah, als er näher kam. Weit hinter ihm sein Verfolger, abgeschlagen, langsamer werdend, dessen Rufe schwächer wurden, von Japsern nach Luft unterbrochen.

Frau Kowalsky kniff ihre Augen zusammen. »Der ist doch ein Museumswärter? Na, wenn das nicht . . .« Sie bekam glänzende Augen und sah sich um. Ihr Blick fiel auf ein Mädchen am Nebentisch, das darin vertieft war, eine SMS zu verfassen und die Aufregung um sie herum nicht mitbekommen hatte.

Frau Kowalsky beugte sich vor, riss dem Mädchen das

Handy aus der Hand und tippte ein paar Nummern ein. »Hallo?«, rief sie, »hallo, ist das die Polizei?«

In der das Spalier bildenden Menge wurden die Handys gezückt, allerdings zum Fotografieren, auch Digitalkameras wurden hochgehalten. Karo griff mit beiden Händen nach ihrem Schüsselstapel und ging leicht gebeugt in Stellung. Wenige Sekunden, bevor der Rollerblader die Höhe ihres Tisches passierte, warf sie ihm den bunten Hartplastik-Turm in den Weg. Es war zu spät für sein Ausweichmanöver. Er rammte das Hindernis, ein paar der Schüsseln lösten sich voneinander, rollten umher, und er landete wie ein gefällter Baum auf seinem flachen Paket.

Ein paar Leute klatschten. »Wird hier ein neuer Schimanski gedreht?«, fragte eine Frau.

Der Museumswärter, ein rundlicher Endzwanziger, kam außer Atem und mit hochrotem Gesicht an. Der Rollerblader versuchte, sich aufzurichten. Der Wärter beförderte ihn mit einem Fußtritt in die Taille von seiner Unterlage und hob mit großer Vorsicht das sich aus dem Packpapier schälende Gemälde an. Ein gerahmtes Bild, mehr konnte Karo nicht erkennen.

»Gott sei Dank«, murmelte er. »Es scheint okay zu sein. Oh, Mann!«

Frau Kowalsky stand hinter ihm und legte den Kopf schräg. »Ist es so rum richtig rum? Oder ist das nicht von ihm, dem . . . Dingens?«

In der Ferne ertönten Martinshörner. Die Menge wandte den Blick erwartungsvoll zur Straße.

Der Rollerblader nutzte die Gelegenheit und begann, sich auf allen Vieren aus dem Staub zu machen. Karo griff in ihre Umhängetasche, schnipste mit dem Daumen die Plastikhaube von der Pfefferspraydose und überholte ihn mit wenigen Schritten. Ehe er aufspringen konnte, hob Karo sein Visier an und sprühte ihm eine Ladung in den Helm. Mit einem wütenden »Au, au! Bist du wahnsinnig, ey?«, sank er in sich zusammen.

Frau Kowalsky ließ es sich nicht nehmen, Karo, den Wärter und den von den Polizisten an Handschellen geführten Täter zum Museum zu begleiten. »Ich vertrete praktisch die Mutterstelle«, behauptete sie. »Sie sehen doch, wie blass sie ist.«

Karo verdrehte die Augen. Sie drängten sich alle im Büro eines Museumsmenschen. Der Wärter gab einen Bericht ab. Karo versuchte auszurechnen, was von ihrem Tagesverdienst noch übrig bleiben würde, nachdem sie ihrer Mutter die demolierten Dubber-Ware-Schüsseln bezahlt hatte. Das Benzingeld war bei den heutigen Preisen auch nicht ohne ...

Frau Kowalsky stieß ihr einen Ellenbogen in die Seite. »Na, das ist doch was. Und das verdankst du mir, Karola, vergiss das nicht.«

»Was?«

Der Museumsmann, ein leitender Herr, Karo hatte nicht so genau hingehört, strahlte sie an. »Wie gesagt, es wird eine Weile dauern, Sie wissen ja, wie Versicherungen so sind, aber wir werden unser Bestes tun, um die Auszahlung der Belohnung zu beschleunigen.«

Karo sah sich um. Alle blickten auf sie. »Oh! Ich meine: vielen Dank! Sehr nett. Und ... eh ... was meinen Sie, wie viel es sein wird? So ungefähr?«

»Na ja, der Marktwert ist natürlich gewissen Schwankungen unterworfen, und die Bankenkrise ist nicht ohne Einfluss auf den Kunstmarkt geblie–«

»Ja, ja. Aber so in etwa?«

„Circa drei- oder vier ...«

Nicht schlecht, dachte Karo.

»... tausend.«

»Ups?« Karos Knie wurden weich.

Frau Kowalsky griff ihr unter den Arm und stützte sie. »Zu wenig Eisen, ich sag's doch. Und, Karola, auf mein Honorar kannst du dann sicher verzichten, nicht? Denn ohne mich ...«

Mousse von dunklem Starkbier mit Pumpernickel und Rübenkraut

300 g Pumpernickel
1000 g Starkbier, dunkel
750 g Sahne
100 g Zucker
1 Vanilleschote
750 g Vollmilchschokolade, zerkleinert
6 Blatt Gelatine

Das Mark aus der Vanilleschote herausstreichen.

Pumpernickel im Mixer bröseln, etwa 15 Minuten im Bier einweichen.

Sahne, Zucker und Vanilleschote aufkochen, von der Feuerstelle nehmen und die Vollmilchschokolade darin schmelzen lassen.

Mit einem groben Schneebesen verrühren, so dass eine homogene Masse entsteht. Gelatine in eiskaltem Wasser einweichen, ausdrücken, der Masse zugeben und nochmals verrühren.

Bier und Pumpernickelbrösel dazugeben, gut vermischen und kalt stellen. Gelegentlich durchrühren.

Ist die Masse fast gestockt, mit einem Mixer oder in der Anschlagmaschine aufschlagen und abfüllen.

Nach dem endgültigen Erstarren mit »Schaumwölkchen« aus Schlagsahne, Pumpernickelecken und Rübenkraut garnieren.

(Aus: »Das Dessert« von Uwe Koch und Franz Biermann, Matthaes-Verlag, Stuttgart 2004. Abdruck mit freundlicher Genehmigung des Verlags.)

Ulrike Renk

Eine Hochzeit und ein Todesfall

»Das war mal wieder richtig schön heute.« Elsbeth Rheinhausen nahm die Sherryflasche aus dem Schrank und stellte sie auf den Tisch.

»Ja, ganz nett.« Gerda Ruhrort holte die Kristallgläser und füllte sie. »Wobei mir Maria inzwischen richtig auf die Nerven geht.«

»Du meinst Maria Moers?« Elsbeth hob ihr Glas.

»Ja, Maria Moers, mit ihrer ewigen Pfennigfuchserei. Himmel, ist das nervig.«

»Sie kann doch nichts dafür, dass ihr Mann so kniepig ist und ihr nur so wenig Haushaltsgeld zuteilt. Ich fand es auch sehr großzügig von dir, dass du für sie mitbezahlt hast. Prösterchen, meine Liebe.«

»Stößchen.« Die beiden rüstigen Damen prosteten sich zu.

Alle zwei Monate trafen sie sich mit einigen Freundinnen zum Kaffeeklatsch bei Café Heinemann. Wie seit mindestens drei Jahren war Maria Moers in ihrem alten, geblümten Kostüm gekommen und wie immer hatte sie die Sonderangebote bei Aldi und Lidl heruntergebetet.

»So geht das doch nicht weiter.« Gerda verschränkte entschlossen die Arme von der Brust. »Maria gehört nun wirklich nicht zu meinen engsten Freundinnen, aber irgendwie tut sie mir auch leid. Manfred verdient sich als Bestatter bestimmt dumm und dusselig, denn gestorben wird immer. Aber seine Frau hält er kurz. Selbst fährt er einen dicken Mercedes und sie ist mit dem AOK-Shopper unterwegs.“

»Was willst du denn tun, Gerda?«

»Das weiß ich noch nicht, aber irgend etwas wird mir schon einfallen. Maria macht die beste Sherrycreme in ganz Krefeld, ach, was sage ich, die beste Sherrycreme vom linken Niederrhein. Ich hätte wirklich zu gerne ihr Rezept. «

»Sie kann einem ja den letzten Nerv rauben mit ihrem Sparfimmel, aber eines muss man ihr lassen, kochen kann sie wirklich. Ihre Sherrycreme ist unübertroffen. Ich versteh' auch nicht, warum sie ihr Rezept nicht verrät. Wir sind doch befreundet und mit Freunden sollte man teilen. Auch Rezepte."

In diesem Moment schellte es an der Tür von Elsbeth Rheinhausens Haus in der Bismarckstraße.

»Erwartest du noch jemanden?«, fragte Gerda.

Elsbeth schüttelte den Kopf. Dann stand sie auf und ging zur Tür. »Martha! Was machst du denn hier?«

»Es tut mir leid, wenn ich euch störe, aber ich muss unbedingt mit jemandem reden.« Martha Geldern stürzte an Elsbeth vorbei und ging zielstrebig in die Küche. »Ein Sherry! Denn kann ich gut gebrauchen!«

Elsbeth holte für Martha ein weiteres Glas. »Wir haben doch schon den ganzen Nachmittag geredet. Aber hier, trink erst mal.«

Martha Geldern gehörte auch zu den Kaffeeklatsch Freundinnen. Elsbeth setzte sich zu den beiden anderen an den Tisch, schaute Martha besorgt an. »Ist etwas passiert?«

»Nein, aber ich habe mich so furchtbar über Maria aufgeregt, dass ich gar nicht mehr zur Ruhe komme. Ich bin nach Hause gefahren und wollte mich mit Gartenarbeiten ablenken, habe die Rosen beschnitten, aber ich konnte mich gar nicht beruhigen.«

Elsbeth und Gerda tauschten einen besorgten Blick. Martha war passionierte Gärtnerin, erst im letzten Jahr war ihr wundervoller Garten in die ‚Offene Gartenpforte' aufgenommen worden. Normalerweise vergaß Martha alles um sich herum, sobald sie in ihrem Garten war.

»Nun trink erst mal einen Sherry und erzähl uns dann, worüber du dich so aufregst.« Gerda schob das Glas näher zu Martha.

Endlich nahm diese das Glas und nippte daran. »Ich habe Maria doch in meinem Wagen mit nach Hause genommen.« Martha bekam Schluckauf, trank noch mal.

»Stimmt, ihr seid ja seit neuestem Nachbarn.« Elsbeth nickte.

»Wie gefällt Maria denn das Haus, das sie und Manfred von Hugo von Goch gekauft haben?«

»Das weiß ich nicht. Aber sie geht mir ständig damit auf die Nerven, wie unglaublich günstig sie an das Haus gekommen sind und, dass sie sich über den niedrigen Preis ein Loch ins Hemd gefreut hat. Das hat sie mir jetzt mindestens in hundert Varianten erzählt. Weil Hugo letztes Jahr mit Hildegard durchgebrannt ist, hätten Manfred und sie ‚nur'n Appel und'n Ei' für das Haus bezahlt.«

»Ja, ja. Hugo und Hildegard.« Gerda räusperte sich. »Irgendwie fehlt Hildegard ja bei unseren Treffen, obwohl . . .«

»Ach, sie ist sicher glücklich jetzt zusammen mit Hugo.« Elsbeth zog ein Taschentuch aus dem Ärmel und putzte sich lautstark die Nase.

»Mir geht Maria auf den Geist. Sparsamkeit ist ja ganz nett, aber bei ihr wird das ja zur Manie. Noch viel schlimmer ist ihr allerdings ihr Putzfimmel.«

»Sie hat einen Putzfimmel? Das wusste ich gar nicht.« Elsbeth zog die Augenbrauen hoch.

»Ne, das wusste ich auch nicht. Aber wenn sie uns ein Mal im Jahr einlädt, ist es immer blitzsauber, das stimmt schon.« Gerda nickte.

»Sauber? Nein, nicht nur sauber, sondern rein. Sie saugt und wischt jeden Tag, nach jedem Regentropfen werden die Fenster geputzt. In der ganzen Nachbarschaft stinkt es nach Citrus-, Meeres- und Apfelfrische. Sie hat ein Verhältnis mit Meister Proper und dem General.« Martha hielt demonstrativ ihr Sherryglas in die Höhe und Elsbeth schenkte ihr nach. »Obwohl sie schon seit ein paar Monaten neben uns wohnt, hat mich Maria noch immer nicht zu einer Tasse Kaffee eingeladen. Aber sie kommt dauernd zu mir herüber und ‚borgt' sich alle möglichen Dinge.« Martha Geldern beugte sich vor und zischte: »Da kommt sie doch neulich zu mir und jammert: ‚Wir haben heute Abend Gäste und ich habe nur Weißwein gekauft. Bei Aldi gab es den für zwei Euro elf. Einen Grauen Burgunder im Sonderangebot. Davon habe ich gleich drei Kartons mitgebracht. Und nun bringt Manfred Gäste an, die nur Rotwein trinken. Ich habe keinen Rotwein im Haus. Und in die Stadt komm ich jetzt auch nicht mehr. Hast du Rotwein?' Dazu ihr Dackelblick und mein Herz schmolz. Ich hatte noch Rotwein im Keller. Ich hab ihr die ganze Kiste mitgegeben. Zurückbekommen hab ich natürlich nichts.« Martha schnaubte wütend.

»Du weißt doch, wie knapp sie ihr Mann hält. Wahrscheinlich kann sie es sich nicht leisten dich einzuladen. Du trinkst doch gar keinen Rotwein. Man muss auch gönnen können.« Elsbeth prostete Marha zu. »Wenn das Sherry gewesen wäre, könnte ich dich ja verstehen . . .«

»Ihr Mann hält sie knapp?« Martha lachte schrill. »Na von wegen, da bist du aber auf dem Holzweg!«

»Aber das hat sie mir doch erzählt. Und überlege mal, wie sie immer aussieht. Ihre altmodischen Klamotten und wie verhuscht sie wirkt. Sie ist ein Jahr jünger als ich, sieht aber zehn Jahre älter aus.« Gerda nickte heftig.

»Maria lügt!« Martha lehnte sich zurück und sah die beiden Freundinnen ernst an. »Sie lügt wie gedruckt.«

»Was lügt sie? Über ihr Alter? Nein, ich weiß genau, dass sie jünger ist als ich. Sie war doch mit mir auf der Schule, nur eine Klasse unter mir.«

»Nein, ich meine doch nicht ihr Alter. Sie lügt, was das Geld angeht.«

»Was?« Elsbeth schüttelte den Kopf.

»Im Ernst?« Gerda sah Martha ungläubig an.

»Ja, ich weiß zufällig genau, dass sie über das Konto ihres Mannes frei verfügen kann, sie bekommt kein abgezähltes Haushaltsgeld, so wie ich früher. Manfred würde ihr alles geben, und sie darf ausgeben soviel sie will. Aber sie ist krankhaft geizig. Geiz ist geil.«

»Und woher hast du die Informationen?«

»Nun, das kann ich nicht sagen.« Auf einmal knetete Martha nervös ihre Hände.

»Aber natürlich kannst du es uns sagen. Wir sind doch unter uns und Geheimnisse sind bei uns todsicher aufgehoben.« Elsbeth und Gerda nickten sich verschwörerisch zu.

»Ich weiß es von Elfriede Süchteln.«

»Meiner ehemaligen Nachbarin?«, entfuhr es Elsbeth.

»Ich weiß ja, dass du mit ihr Differenzen hattest, Elsbeth, aber ich versteh mich gut mit ihr. Sie hat ein gutes Gespür für Blumen und Pflanzen. Ihr Garten war auch in der Offenen Gartenpforte, so wie meiner. Wir haben immer Samen getauscht und Setzlinge. Genauso war sie aber auch mit Maria befreundet.«

»Elfriede lästert, wo sie nur kann. Ich würde ihr kein Wort glauben. Du ahnst gar nicht, wie froh ich bin, dass sie zu ihrem Sohn nach Italien gezogen ist, nachdem ihr schrecklicher Hund starb.« Elsbeth lehnte sich zurück und verschränkte die Arme über der Brust. Sie schaute in ihren Garten. Endlich konnte sie wieder nach draußen gehen, ohne ständig von Elfriede beschimpft zu werden.

»Woher will Elfriede das denn wissen? Und wann hat sie dir das gesagt?« Gerda nahm ihr Sherryglas in die Hand.

»Ich habe Elfriede besucht. In Palermo. Letzte Woche.«

»Ach, du warst in Italien?«

»Ja, wir haben Setzlinge und Pflanzensamen getauscht. So wie früher. Nun habe ich jede Menge italienischer Kräuter.« Martha seufzte glücklich. »Elfriede war ja sehr eng mit Maria befreundet und ärgert sich nun darüber, dass Maria sie nicht besuchen kommt. Aus finanziellen Gründen, sagt Maria. Dabei gibt es inzwischen so günstige Flüge, sagt Elfriede. Ich weiß das nicht, ich bin mit dem Zug gefahren. Das dauert zwar länger, war aber einfacher, wegen der Pflanzen.« Martha nippte an ihrem Sherry. »Und außerdem weiß ich es auch von Manfred?«

»Von Marias Mann?«

Martha nickte stumm. Elsbeth und Gerda warfen sich einen Blick zu.

»Er hat dir das erzählt?«

»Ja.« Martha stand auf. „Es tat gut, mit euch über Maria zu reden. Aber ich muss jetzt fahren. Maria macht mich madig.«

»Irgendwie klang das komisch«, sagte Elsbeth, nachdem sich die Tür hinter Martha geschlossen hatte.

»Ja, fand ich auch. Ob sie was mit Manfred hat?«

»Ein Techtelmechtel über den Gartenzaun?« Elsbeth kicherte. »Kam mir so vor. Jeder ist seines eigenen Glückes Schmied – aber Manfred?« Gerda rollte die Augen. »Ausgerechnet Manfred? Ich glaub, ich brauch noch einen Sherry.« Sie schenkte sich und ihrer Freundin wieder ein.

»Prösterchen, Elsbeth.«

»Stößchen, Gerda.«

In den nächsten Tagen hatte Elsbeth viel zu tun und vergaß das Gespräch. Ihr Neffe Peter eröffnete ihr, dass er heiraten würde. Elsbeth mochte seine Freundin und versprach, bei den Hochzeitsvorbereitungen zu helfen.

»Ich wusste ja gar nicht, wie anstrengend so eine Hochzeitsplanung sein kann.« Elsbeth ließ sich neben Gerda auf die Gartenbank fallen und seufzte. »Was es da alles zu bedenken gibt. Die Gästeliste, das Essen, die Tischordnung, die Räumlichkeiten, der Geschenktisch und nicht zuletzt die Kleidung.«

»Oh, ja. Ich kann mich noch gut daran erinnern, wie das damals bei uns war.«

»Ich hab' ja nie geheiratet und jetzt weiß ich auch, dass

es die richtige Entscheidung war. Als Braut hat man ja noch mehr um die Ohren.«

»Mehr als den Schleier?« Gerda kicherte. Dann beugte sie sich zu ihrer Freundin und flüsterte: »Weiß du, wen ich gestern gesehen habe?«

»Nein, wen denn?«

„Ich war doch gestern mit meiner Schwägerin essen. Im Nordbahnhof, gut bürgerlich. Lecker war das. Ich hatte Speckpfannekuchen mit Salat der Saison und meine Schwägerin den großen Lokführerspieß mit . . .«

»Ja, und wen hast du gesehen?«

»Martha.« Gerda nickte eifrig.

»Ach?«

»Ja, aber sie war nicht alleine . . .«

»Nein?«

»Nein, rate mal, mit wem sie da war.«

»Doch etwa nicht mit . . . nein, das glaube ich nicht. So in aller Öffentlichkeit?«

»Sie saßen ganz versteckt in der Ecke. Martha hat mich gar nicht gegrüßt, sie hat mich nicht einmal gesehen. Nun ja, sie hatte nur Augen für ihn.«

»Du meinst, sie ist wirklich verliebt in Manfred? Also ich weiß ja nicht.« Elsbeth schüttelte entsetzt den Kopf.

»Wo die Liebe hinfällt, wächst kein Gras mehr. Aber, dass er Maria einfach so betrügt . . .«

»Ach, hör mir auf«, Elsbeth schnaufte, »Maria, die hab' ich gefressen. Für die bezahle ich nie wieder ein Stück Kuchen.«

»Was ist denn nur passiert?«

»Hol uns mal erst mal den Sherry, dann erzähl ich es dir.«

Gerda holte die Sherryflasche und zwei Gläser, schenkte ein.

»Pröstereben, meine Liebe.«

»Stößchen. Weißt du, Peter, mein Lieblingsneffe, hat sich von mir gewünscht, dass ich für seine Hochzeitsfeier den

Nachtisch mache. Das Essen bestellt er beim Party- und Büffetservice Lintfort, aber den Nachtisch soll ich machen.«

»Das ist doch eine wunderbare Idee.«

»Das mache ich natürlich gerne und es soll etwas ganz besonderes sein. Daher habe ich an Marias Sherrycreme gedacht.«

»Ja, sehr gut. Die wunderbare Sherrycreme.«

Elsbeth nickte, senkte dann betrübt den Kopf.

»Was ist denn los? Mag Peter keine Sherrycreme?« Gerda sah ihre Freundin besorgt an.

»Doch, doch, das schon, aber ich war gestern bei Maria und habe sie inständig gebeten, mir das Rezept zu geben.«

»Und?«

Elsbeth schüttelte den Kopf. »Sie rückt es nicht raus. Da half kein Bitten und kein Betteln, die ist hart wie Stein. Schließlich meinte sie, ich solle selbst probieren, aber so wie sie die Creme macht, würde ich es nie hin bekommen. Nicht mit und nicht ohne Rezept – mit meinen dürftigen Kochkünsten. Und dann hat sie mich regelrecht ausgelacht.«

»Sie hat dich ausgelacht? Unmöglich!« Gerda stieß wütend den Atem aus.

»Ja, das war unverschämt, wie sie mich behandelt hat. Und Martha hatte Recht, Maria hat einen Putzfimmel. Der Boden war derartig glatt gebohnert, dass ich beinahe ausgerutscht wäre. Die Fenster sind so klar, als wären gar keine Scheiben drin. Ich war so geladen, ich hätte sie umbringen können.«

»Maria umbringen?« Gerda runzelte nachdenklich sie Stirn. »Dann hätten wir zwei Fliegen mit einer Klappe geschlagen. Du kämst an das Rezept und Martha und Manfred könnten glücklich werden.«

»Ach, Gerda, ich weiß nicht. Das wäre nun doch übertrieben. Aber das Rezept brauche ich unbedingt. Vielleicht könnten wir noch einmal zusammen zu ihr fahren und sie um das Rezept bitten. Wenn du dabei bist, lässt sie sich eventuell erweichen.«

»Maria bitten? Meinst du wirklich? Gib mir mal einen Sherry, ich muss darüber nachdenken.«

»Prösterchen.«

»Stößchen.«

Endlich war es soweit. Peter Rheinhausen trat vor den Altar und bekräftigte seine Liebe mit einem lauten und deutlichen: »Ja, ich will!«

Die anschließende Feier war wunderschön, das Essen vorzüglich und alle Gäste sehr beschwingt. Elsbeth saß mit Gerda selig lächelnd in einer Ecke und sah den anderen beim Hochzeitswalzer zu. »Sind sie nicht ein Traumpaar, mein Peter und seine junge Braut?« Elsbeth seufzte glücklich.

»Ja wirklich. Die beiden passen richtig gut zusammen. Und es war ein gelungenes Fest. Dieses exquisite Hochzeitsmahl – und deine Sherrycreme war die Krönung, Elsbeth.«

»Danke, das ist lieb von dir. Aber ich bin auch froh, wenn alles überstanden ist. Es war doch sehr aufregend und anstrengend in den letzten Tagen. Erst Marias Beerdigung und nun Peters Hochzeit.«

»Die Beerdigung war aber auch schön, wenn ich das mal so sagen darf.« Gerda nickte entschieden.

»Manfred ist ja schließlich vom Fach. Er hat sich nicht lumpen lassen und alle Register gezogen. Übertrieben fand ich nur Marthas Tränen.« Elsbeth zog die Nase kraus.

»Vielleicht hat sie vor Freude geweint? Sie hat mir übrigens gestern erzählt, dass Manfred tonnenweise Putz- und Reinigungsmittel zur Müllverbrennung gebracht hat. Jetzt muss das Haus nur ordentlich auslüften.«

Elsbeth putzte sich die Nase. »Sie war aber auch selbst schuld.«

»Ja, sicher. Wer denn sonst? Wir etwa? Gut, wir haben geahnt, dass sie gerade duscht, als wir bei ihr geklingelt haben. Martha hat uns ja erzählt, dass Maria mehrmals am Tag duscht. Vor allem, wenn sie beim Putzen zu richtig ins schwitzen gekommen ist.« Gerda seufzte.

»Warum musste sie auch so übertreiben? Vor allem mit der Putzerei. Hätte sie nicht so oft geputzt und den Boden nicht so glatt gebohnert, wäre sie nicht ausgerutscht, die Treppe hinuntergefallen – und hätte sich nicht das Genick gebrochen.«

»Da hast du Recht, Elsbeth. Wir haben schließlich alles versucht, um sie zu retten. Gut, dass sie die Terrassentür aufgelassen hatte und gut, dass du daran gedacht hattest, hinten herum zu gehen und nachzuschauen, als uns keiner geöffnet hat.«

»Ja, nicht wahr? Es war schon ausgesprochenes Pech, dass dir die Flasche Bohnerwachs hingefallen ist, Gerda, dadurch war die Steintreppe erst recht glitschig.«

Die beiden rüstigen Damen zwinkerten sich zu.

»Ja, alles sehr unglückliche Umstände, Gerda. Aber wir haben ja dann auch den Rettungswagen gerufen und den Notarzt und Manfred.«

»Ja, gleich nachdem wir ihre Rezeptsammlung gefunden hatten. Mehr konnten wir nicht tun.«

»Ich fand es sehr anständig, dass Manfred gesagt hat, dass wir Marias Rezepte ruhig behalten können.« Elsbeth rieb sich die Hände.

»Ach, was soll er denn auch damit? Er wird doch auf die alten Tage nicht noch das kochen lernen wollen.« Gerda schüttelte den Kopf.

»Er war übrigens gestern bei mir – zusammen mit Martha. Die beiden haben meine Sherrycreme gekostet. Ich habe ihm nochmals mein Beileid ausgedrückt, aber Manfred sagte, dass es wohl Schicksal war. So sehe ich das auch. Und jetzt brauch ich einen Sherry, Gerda.«

»Ich auch. Prösterchen, Elsbeth.«

»Stößchen.«

Sherrycreme

3 Eier
100 g Zucker
1/8 l Sherry
1/8 l Wasser
10 - 12 Blatt weiße Gelatine

Eier trennen, Eigelb und Zucker schaumig rühren. Gelatine nach Angaben auf der Packung auflösen, mit Sherry und Wasser vermischen und unter die Ei-Zuckermasse rühren.

Eiweiß zu steifem Schnee schlagen, vorsichtig unter die Masse ziehen.

Nach Geschmack garnieren.

Der letzte Gast

»Mein Herr, kann ich Ihnen noch etwas bringen? Etwas von unserem Käsewagen oder ein Dessert?« Pierre beugt sich leicht vor und ohne aufdringlich zu sein, empfiehlt er dem grauhaarigen Herrn, der recht spät und alleine das Restaurant betreten hat, den Schokoladenauflauf. »Unser Schokoladenauflauf mit Orangen-Dattel-Sauce wird sicher ganz nach Ihrem Geschmack sein.«

Der Gast mit dem kurzen graumelierten Haarschnitt hatte ursprünglich nicht die Absicht, etwas zu essen. Er wollte eigentlich nur diesen Laden in Augenschein nehmen. Aber da er auch nicht auffallen wollte, hat er sich hinreißen lassen, doch etwas von den ausgesuchten Speisen auf der Karte zu wählen. Er fährt sich mit der Hand über das Kinn, auf dem graue Bartstoppeln den Weg ans Licht suchen.

Nicht ungepflegt, denkt Pierre, starker Bartwuchs oder heute noch nicht zum Rasieren gekommen. Der Anzug ist nicht mehr ganz neu, aber sauber. Wirkt ein bisschen überarbeitet, der Mann, vielleicht will er einfach nur einen arbeitsreichen Tag mit einem guten Essen abschließen. Aber da muss noch etwas anderes sein, der Gast wirkt nicht richtig entspannt. Pierre sieht dem älteren Herrn aufmunternd ins Gesicht.

»Das hört sich verlockend an. Geht das denn noch? Ich meine, es ist schon spät, die Küche schließt sicher gleich und vermutlich wollen Sie und Ihre Kollegen Feierabend machen.« Der graumelierte Herr schaut auf seine Armbanduhr und dann zum Nachbartisch, an dem ein junges Paar gerade nach der Rechnung verlangt. Nur noch zwei der insgesamt zwölf Tische sind besetzt. Als er vor etwa einer Stunde das Restaurant betreten hat, war dieser Zweiertisch am Fenster der einzige, der schon frei geworden war.

»Aber selbstverständlich bringe ich Ihnen noch ein Dessert. Das gehört doch zu einem guten Essen dazu.«

Der Mann lächelt zum ersten Mal an diesem Abend und überlegt, ob er sich eine Quittung geben lassen soll, um das Abendessen auf seine Spesenrechung zu setzen. In diesem feinen Schuppen hat er zum ersten Mal gegessen. Das ist eigentlich nicht seine Preisklasse, denn es widerstrebt ihm, für ein Essen derartig viel Geld auszugeben. Obwohl er sein Vorurteil revidieren muss – der Gratinierte Rücken vom Salzgraslamm war jeden Cent wert und die Portion war auch nicht so ‚übersichtlich', wie er vermutet hatte. Jetzt etwas Süßes, ein Schnäpschen und eine Zigarette, dann hätte er die Welt ‚in et Blösken'.

Wenn er ehrlich ist, beneidet er diejenigen unter seinen Kunden, die sich diesen Luxus regelmäßig leisten können. Er selbst bevorzugt die gut bürgerliche Küche, greift aber viel zu oft auf Fastfood zurück, wie die meisten seiner Kollegen. Pommes frites, Currywurst und kalorienreiche regionale Gerichte wie Reibekuchen, Kartoffelsalat, Sauerbraten oder Heringsstipp haben deutlich zu seinem Bauchumfang beigetragen.

Pierre schätzt den späten Gast auf Mitte Fünfzig, alleinstehend, Workoholik, eher ein Stammkunde in Döner- und Pommesbuden, der nicht nur zum Vergnügen hier ist. Als Restaurantleiter fühlt er sich für jeden Gast verantwortlich und behält den grauhaarigen Herrn im Auge, seit er Platz genommen hat.

Pierre hat dafür gesorgt, dass die blonde Auszubildende diesen Gast bedient. Obwohl sie gerade im ersten Lehrjahr ist, versteht Julia es ausgezeichnet, auf Gäste einzugehen. Genau wie er selbst hat sie genügend Fingerspitzengefühl, um zu spüren, ob ein Gast beraten werden möchte, Unterhaltung wünscht oder nur einen anstrengenden Tag angenehm ausklingen lassen möchte.

Das Dessert bringt Pierre persönlich an den Tisch. Er ist sicher, dass dieser Gast noch einen weitern Wunsch hat.

Inzwischen sind alle anderen Gäste gegangen. Julia und ihre ältere Kollegin Regina polieren im hinteren Thekenbereich leise scherzend Gläser. Fast alle anderen Tische sind schon für den nächsten Tag neu eingedeckt.

Pierre hält sich dezent im Hintergrund und begibt sich erst wieder zu seinem Gast, als dieser genüsslich den letzten Rest aus dem Dessertschüsselchen gekratzt hat.

»Das war wirklich ausgezeichnet, Herr äh . . .«

»Pierre, unsere Gäste nennen mich Pierre.« Der Restaurantleiter deutet eine Verbeugung an und zeigt auf das Namensschild an seinem Revers.

»Aber sie sind nicht aus Frankreich, ich meine, Sie sprechen akzentfrei deutsch.«

»Vermutlich spreche ich nicht mehr französisch als Sie.« Aha, denkt Pierre, jetzt ist er warm geworden und reif für eine kleine Unterhaltung. »Mein Vorgänger in diesem Restaurant war Franzose, Philippe. Besonders die weiblichen Gäste haben ihn vermisst und ständig nach ihm gefragt. Die Damen mittleren Alters scheinen es zu bevorzugen, von einem charmanten Franzosen bedient zu werden. So gaben mir meine Kollegen den Spitznamen Pierre. C'est tout.« Der Restaurantleiter beugt sich herab. Für den Fortgang des Gesprächs ist es günstiger, sich in Augenhöhe mit seinem Gast zu befinden. »Jebürtisch bin ich von Hünxe. Das sagt Ihnen doch etwas? Sie sind vermutlich auch vom Niederrhein, man hört das an der Wortmelodie, Herr Kommissar.«

Der grauhaarige Herr zieht aufmerksam die Augenbrauen hoch, dann macht er eine einladende Geste.

Pierre zieht sich den zweiten Stuhl zurecht und setzt sich an den Tisch zu seinem letzten Gast. »Sie gestatten? Bin ich in Ihren Augen jetzt ein Hochstapler?«

Der Kommissar schüttelt lachend den Kopf und reibt sich mit der Hand über das Kinn.

»Noch einen Grappa vielleicht – oder bevorzugen Sie einen effen Jriesen? Der geht natürlich auf's Haus. So richtig im Dienst sind Sie ja nicht mehr.«

Nachdem Julia die Getränke an den Tisch gebracht und das Dessertschüsselchen mitgenommen hat, prosten sich die Herren zu.

»Sie haben eine gute Beobachtungsgabe, alle Achtung. Wie sind Sie darauf gekommen, dass ich Kommissar bin?«

Pierre schmunzelt. »Das gehört zu meinem Beruf. Ein guter Kellner muss den Geschmack und die Wünsche seiner Gäste erahnen, noch bevor sie selbst wissen, was Ihnen schmecken könnte. Ich habe ein gutes Gedächtnis, das ich ständig trainiere. Mein Streben ist es, mich an jeden Gast zu erinnern und was er hier gegessen und getrunken hat, um seine Vorlieben zu kennen und ihn entsprechend zu beraten.«

»Ich war noch nie hier zu Gast.«

»Nein, aber Ihr Bild war in der Zeitung, in Zusammenhang mit dem Mordfall Pötter. Herr Pötter war regelmäßig Gast in unserem Hause, da lag es nahe, dass Sie uns über kurz oder lang einen Besuch abstatten würden.«

Der Kommissar nickt anerkennend. »Sie haben eine gute Kombinationsgabe. Dann bin ich bei Ihnen also an der richtigen Adresse und Sie können mir etwas über Ihren Stammgast erzählen.«

»Mit aller gebotenen Diskretion natürlich und nur, um zu helfen, den gewaltsamen Tod unseres Gastes aufzuklären. Was möchten Sie denn wissen?«

»Alles, was Sie mir über ihn sagen können.«

»Nun, Herr Pötter war ein sehr großzügiger Gast und auch sehr wohlhabend. Aber er war auch vom Niederrhein und hier gibt es das Sprichwort ‚häbbe kömmt van halde'.«

Der Kommissar runzelt die Stirn. »Sie wollen damit zum Ausdruck bringen ...«

»Herr Pötter brachte stets andere Gäste mit, deren Rechnung er immer übernahm. Aber was zum Beispiel das Trinkgeld betraf, war er recht sparsam, obwohl er das Personal mit Sonderwünschen und Umbestellungen stark in Anspruch nahm.«

In Gedanken versunken, schiebt der Kommissar das niedrige Milchglasgefäß, in dem sich ein Teelicht befindet, zur Seite. »Was waren das für Gäste? War er privat oder geschäftlich mit ihnen hier?«

Ohne zu zögern, antwortet der Restaurantleiter, »Eher geschäftlich. Er kam meistens mit männlichen Gästen, obwohl er dem weiblichen Geschlecht recht zugetan war. Wie Sie sicher schon wissen, war er nicht verheiratet, was damit zu tun haben könnte, dass er seine gute Kinderstube schon mal vergaß. Wobei er aus so genannten kleinen Verhältnissen stammte und sein Vermögen und die Firma mit, sagen wir, Bauernschläue und einem ausgeprägten Geschäftssinn erworben haben soll.«

Nachdem sie eine Weile geschwiegen haben, sieht der Kommissar seinen Gesprächspartner mit zusammen gekniffenen Augen an. »Herr Pötter war kein angenehmer Kunde, wenn ich Sie richtig verstehe?«

»Er war auch Sponsor eines regionalen Fußballvereins. Das werden Sie wahrscheinlich schon herausgefunden haben. Es kam auch vor, dass er für seine Sportkameraden das ganze Restaurant reservierte. Das konnten wir ihm leider nicht immer abschlagen, obwohl es für uns angenehmer ist, Gäste zu bedienen, die erlesene Speisen mehr zu würdigen wissen und auch Wert auf ausgesuchte Weine legen.«

Mühsam verkneift sich der Kommissar ein Lächeln. »Wir tappen noch ziemlich im Dunklen. Könnten Sie sich ein mögliches Motiv vorstellen? Das Gespräch bleibt unter uns, Sie können ruhig konkreter werden.« Der Kommissar kneift die Augen zusammen und legt den Kopf leicht schräg.

»So erfolgreiche Geschäftsmänner wie Herr Pötter machen sich natürlich auch Feinde.«

»Natürlich. Wissen Sie Einzelheiten?« Mechanisch rückt der Kommissar die schmale Glasvase mit der einzelnen roten Blüte neben das Teelicht und sieht den Restaurantleiter erwartungsvoll an.

»Nicht, dass ich meine Gäste belauschen würde, aber beim Bedienen schnappt man schon mal Wortfetzen auf. Herr Pötter war so spendabel, dass er seine Geschäftspartner nicht nur zum Essen einlud, sondern auch in andere Etablissements, wenn Sie verstehen, was ich meine.«

»Verstehe. Sie meinen . . .«

»Nun, um der einen oder anderen geschäftlichen Abwicklung Nachdruck zu verleihen, deutete er schon mal an, dass es nicht günstig sei, wenn die eine oder andere Ehefrau von diesen Einladungen erfahren würde.«

»Sie wollen damit sagen, er erpresste seine Geschäftspartner. Unter anderem damit, ihre Ehefrauen über gemeinschaftliche Bordellbesuche zu informieren.«

»So würde ich das nie formulieren.« Pierre lehnt sich auf seinem Stuhl zurück.

»Natürlich nicht. Sie haben einen konkreten Verdacht?« Der Kommissar beugt sich weit über den Tisch. Seine grauen Bartstoppel glänzen silbern im Schein des Teelichtes.

»Bei seinem letzten Besuch am Mittwoch, bevor er am folgenden Tag von der Haushälterin erschlagen in seinem Haus gefunden wurde, war Herr Pötter mit seinem Kompagnon hier. Sie diskutierten sehr intensiv, um es positiv auszudrücken. Ihre Unterredung führten sie recht laut und einige Gäste fühlten sich belästigt. Es gibt also weitere Zeugen für den Streit, bei dem es um diese umstrittene Erschließung des Bauerwartungslandes ging. Sie haben das sicher in der Zeitung gelesen.«

Der Kommissar trinkt seinen Grappa aus und betrachtet versonnen das leere Glas. »Die Geschäfte der Firma waren nicht ganz astrein?«

Pierre zieht die Schultern hoch. »Nachdem was man so hört, werden der Firma Pötter & Partner Unregelmäßigkeiten und Mauscheleien mit einem einflussreichen lokalen Politiker nachgesagt. Der Kompagnon von Herrn Pötter, Herr Ophey, war anscheinend mit dessen Geschäftspraktiken nicht mehr ganz d'accord, um es mal so zu formulieren. Aber nun wird er die Firma ja in seinem Sinne alleine weiter führen können.« Pierre sieht dem Kommissar direkt ins Gesicht. »Als Laie würde ich das für ein starkes Motiv halten, aber Sie haben sicher schon mit ihm gesprochen und er hat ein hieb- und stichfestes Alibi.«

Das Teelicht erlischt und der Kommissar murmelt: »Herr Ophey hat kein Alibi. Er gab an, den Abend zu Hause verbracht zu haben, aber das widerspricht der Aussage seiner Gattin.«

Pierre schüttelt in gespielter Empörung den Kopf. »Dann muss ich davon ausgehen, dass ich außer Herrn Pötter auch Herrn Ophey als Gast verlieren werde.«

Der Kommissar lacht und schiebt sein leeres Glas in eine Reihe neben Vase und Teelicht. »Sie haben den falschen Beruf – Sie hätten bei uns anfangen sollen.«

Der Restaurantleiter schmunzelt. »Sicherlich nicht, Herr Kommissar. Obwohl unsere Berufe vieles gemeinsam haben. Auch bei Ihnen ist eine gute Beobachtungs- und Kombinationsgabe unerlässlich und auch unter meinen Gästen befinden sich korrupte Politiker, Pleitegeier, die ihre Insolvenz verschleppen und Bänker, die sich schmieren lassen, um mich mal Ihres Jargons zu bedienen. Aber mein Bestreben ist es, dass die Gäste sich bei mir wohl fühlen, ihren Aufenthalt genießen und gerne jederzeit wiederkommen. Das ist so ziemlich das Gegenteil, von dem, was Sie sich für Ihre Kundschaft wünschen.«

Nachdem der Kommissar gegangen ist, räumt Pierre mit routinierten Hangriffen den Tisch ab. Ein zufriedenes Lächeln liegt auf seinem Gesicht.

Während Julia neu eindeckt, sieht sie immer wieder

besorgt zu ihrem Vorgesetzten. Sie wagt nicht, ihn nach dem Gespräch mit dem Kommissar zu fragen. Als sie ein neues Teelicht in das Windlicht gestellt hat, begegnet sie Pierres Blicken.

»Alles in Ordnung, Julia. Weder von Pötter noch von Ophey hast du weitere Belästigungen zu befürchten. Es ist alles zu unser aller Vorteil geregelt.« Pierre nickt zufrieden und fügt lächelnd hinzu. »Frau Ophey werden wir nun sicher häufiger begrüßen dürfen und das Trinkgeld wird üppiger ausfallen als bei ihrem Gatten.«

Julia sieht ihren Vorgesetzten erleichtert an. »Danke Pierre, danke, dass du dich um diese unangenehme Angelegenheit gekümmert hast.«

Pierre legt beruhigend eine Hand auf ihren Arm. »Falls du befragt wirst, sagst du, dass du zur Tatzeit mit mir zusammen warst, nicht mit Pötter.« Das Mädchen nickt stumm.

Gerade als der Restaurantleiter die Eingangstür abschließen will, steckt der Kommissar noch einmal den Kopf durch den Türspalt. »Ach, bevor ich es vergesse. Nicht nur unter den Reichen und Schönen, Bänkern und Politikern gibt es Korruption und Bestechlichkeit. Das zieht sich quer durch die Bevölkerungsschichten.« Gut gelaunt zwinkert er Pierre zu. »Auch kleine Beamte sind davor nicht gefeit. Mir hat es sehr gut geschmeckt bei Ihnen, ich komme bestimmt bald wieder. Gruß an die Küche, der Schokoladenauflauf war ein Traum.«

Schokoladenauflauf mit Orangen-Dattel-Sauce

Zutaten:
120 g Zartbitterschokolade
1 El Wasser
50 g Zucker
5 cl Milch
2 Eigelb
2 Eiweiß
1 El Zucker
Puderzucker und Kakaopulver zum Bestäuben
5 cl frisch gepressten Orangensaft
50 g Zucker
100 ml Doppelrahm
4 frische Datteln
3 Orangen
1 El gehackte Pistazien

Zubereitung:

Die Zartbitterschokolade fein zerschneiden und zusammen mit dem Wasser im heißen Wasserbad schmelzen lassen. Zucker und Milch dazugeben und gut verrühren. Eigelb hinzufügen und mit dem Schneebesen aufschlagen. Aus dem Wasserbad nehmen und über Eiswürfeln kalt schlagen.

Eiweiß mit dem Zucker zu steifem Schnee schlagen und unter die Schokoladenmasse ziehen. Die Masse in vier ausgebutterte Portionsformen geben und im vorgeheizten Backofen bei 180 Grad auf der zweituntersten Schiene ca. 20 Minuten backen.

Der Auflauf soll innen saftig bleiben.

Den Orangensaft um 2/3 einkochen lassen, Zucker und Doppelrahm hinzufügen und mit dem Schneebesen aufschlagen. Die Datteln schälen, entkernen, in feine Streifen schneiden und in die Sauce geben. Die Orangen filetieren, die Sauce damit garnieren und mit gehackten Pistazien bestreuen.

Den Auflauf mit Puderzucker und Kakaopulver bestäuben und sofort servieren.

Die Sauce wird getrennt dazu gereicht.

Kaltschale

Sorgsam zog sie die feinen Gummihandschuhe über ihre Finger. Sie atmete tief ein – und wieder aus. Vor ihr lag eine alte Haarnadel. Sie nahm die Nadel und stieß zu. Immer wieder, mit chirurgischer Präzision. Gleichgültig betrachtete sie ihre Handschuhe, wie sie sich rot färbten. Bei jedem Stich spritzte es, doch sie hörte nicht auf, bis alles erledigt war. Wieder atmete sie tief ein und aus. Es war getan.

Ihre Mutter hatte Magda beigebracht, Kirschen mit einer Haarnadel zu entsteinen. Man stach einfach am Stiel ins Fruchtfleisch und zog den Kern mit der geschlossenen Seite der Nadel hinaus. Wenn man es geschickt anstellte, konnte ein kleiner Topf Kirschen in einer halben Stunde kernfrei sein. Puuh! Magda Krause wischte sich über die feuchte Stirn. Heute waren es wieder über 30 Grad gewesen. Und dann diese Hitzewallungen – ihr klebte die Bluse am Rücken. Klimawandel und Klimakterium wirkten wieder perfekt zusammen.

Sie betrachtete ihr Werk. Der spritzende Fruchtsaft hinterließ immer eine riesige Sauerei, aber darauf war sie vorbereitet gewesen. Eine Plastikfolie deckte alles großflächig ab. Das war sie immer; vorbereitet. Niemand würde Magda als Houdini der Küche bezeichnen, da machte sie sich nichts vor. Aber sie war immer perfekt vorbereitet. Das war ihre Stärke. Und heute würde sie sie voll ausspielen.

Zügig mischte sie die Kirschen mit den übrigen Zutaten zusammen. Dann aufkochen, andicken, ein bisschen

Zucker dran – fertig. Sicherlich nicht das opulenteste Dessert, nichts verheißungsvoll Französisches mit »bruleé«, »chocolat« und »oh lá lá«. Einfach »Kaltschale«, wie man sie am Niederrhein gerne hat, und geradezu perfekt für den heutigen Abend.

Sie sah auf die Uhr: kurz nach sieben. Ludger würde gleich zurückkommen und Punkt acht durften sie dann seinen Chef nebst langweiliger Gattin hineinbitten. Neun bis zehn Minuten später, beinahe auf die Minute unpünktlich, würde Malinowski über sie hereinbrechen. Und dann irgendwann kam die Zeit des »Überraschungsgastes«.

Schon der Gedanke machte sie rasend. Wieder atmete sie tief ein und aus. Das hatten sie ihr in der Gymnastikgruppe in Viersen beigebracht. Atmen war der Schlüssel zur Ausgeglichenheit: Atmen bei Stress, atmen bei Kummer, atmen bei Zorn – es half bei allem. Ein Wunder, dachte sie oft, das Sauerstoff noch nicht zuzahlungspflichtig war.

Sie ließ Wasser über ihre schmierigen Gummihandschuhe laufen, behielt sie aber an. Vorsichtig umfasste sie nun die Glasschüssel mit der Kaltschale und trug sie hinüber in den ausladenden Garten. Hier in Bettrath, an der Mönchengladbacher Peripherie, konnten sie sich das leisten, obwohl Ludger schon wieder an der Beförderung vorbeigeschrammt war.

Der neue Geräteschuppen war der ideale Platz. Hier würde die Kaltschale abkühlen, und Magda konnte ungestört ihre Vorbereitungen treffen. Auf den groben Bretterregalen, die mit Blumentöpfen, Gartengerät und schweren Werkzeugen bestückt waren, hatte sie bereits einen Platz ausersehen. In der obersten Reihe, über Kopfhöhe.

Zuvor hatte sie hier ein weites Tuch ausgebreitet, das fast die ganze Regalbreite mit einbezog. Man würde später annehmen, damit ihr Villeroy & Boch-Schmuckstück nicht verdreckte. Mit ihren guten einssiebzig musste sie sich nur leicht strecken, um die Kaltschale dort oben in

Position zu bringen. Jetzt begann der schwierige Teil, nun kam es auf Millimeter an: Vorsichtig neigte sie die Schüssel nach hinten, so dass eine kleine Menge der klebrigen Zucker-Fruchtsaft-Mixtur langsam den hinteren Glasrand hinabtroff und sich auf dem Tuch sammelte. Sie bewegte die Schüssel leicht hin und her, so verteilte sie den Mix am hinteren Teil des Glasbodens. Der Kaltschale-Saft würde einen ordentlichen Kleister abgeben, sie musste ihn jetzt nur fest werden lassen.

Aber eines war noch zu tun. Sie fischte das kleine Zettelchen aus ihrer Schürze, das sie im Sakko ihres Mannes gefunden hatte und glättete es, obwohl sie es lieber in tausend Stücke zerrissen hätte. Magda verbot sich die Folter, noch einmal die handschriftlichen Zeilen zu lesen. Ludger, du alter Bastard!

Ohne die Schüssel zu touchieren, schob sie das Zettelchen unter den Rand des Tuches. Noch einmal kontrollierte sie auf das Genaueste, was rechts neben der Kaltschale wie zufällig ins Tuch gewickelt war. Ja, es lag nah genug an der Kante – perfekt! Jetzt konnten sie kommen. Magda war vorbereitet.

Ludger kam nach Hause. Sie hörte es daran, dass er seine Golfschläger in die Ecke schleuderte.

»Wie war's?«, fragte sie maliziös lächelnd, als er sich frischgemacht hatte und zu ihr ins Schlafzimmer kam.

»Ich war nicht in Form.«

»Ach, du durftest mitspielen? Ich dachte, die Chefs hätten dich als Caddy dabei.«

»Sehr witzig. Ich war schlecht und habe verloren.« Ludger griff sich die Bundfaltenhose, die neben einem frischen Hemd auf dem Bett bereitlag.

»Und jetzt dürfen sie bei dir ihren Sieg feiern. Das nenne ich Sportsgeist.«

»Ja ja«, blaffte Ludger.

Magda hatte ein Sommerkleid für sich auserkoren. Sie

zogen sich an, ohne die Nacktheit des anderen überhaupt zur Kenntnis zu nehmen.

»Aber so gehört sich das doch. Als braver Untergebener lässt man doch die Vorgesetzten gewinnen.«

»Malinowski ist nicht mein Vorgesetzter«, fauchte Ludger.

»Aber er ist doch der neue Abteilungsleiter, oder etwa nicht?«

Ludger antwortete nicht. Stattdessen schmiss er sich Aftershafe ins Gesicht, dass es nur so klatschte.

»Ist alles vorbereitet, oder soll ich etwas helfen?«, wechselte er das Thema.

Magda lächelte gnädig: »Keine Angst, Herr Krause: Alles ist zu ihrer Zufriedenheit.«

»Ich meine es ernst, Magda. Der heutige Abend ist wichtig für mich.«

»Das stimmt. Sehr wichtig. Auch für uns.«

»Gut, dass du es so siehst.«

»Nein, Ludger, du verstehst mich nicht.« Zum ersten Mal heute sahen sie sich richtig in die Augen. »Du wirst heute Abend über deine Zukunft entscheiden und damit auch über die unsrige.«

»Über unsere Zukunft? Was meinst du?«

In diesem Moment sprang ihr Radiowecker auf Punkt acht.

»Geh zur Tür«, sagte sie nur. »Dein Chef ist da.«

Und wirklich, wenige Sekunden später klingelte es an der Tür. Diese Bande ist so berechenbar, dachte Magda.

»Pünktlich wie immer«, schnarrte Erich Meyer senior und verstaute seine goldene Uhr. »Zuverlässigkeit hat Meyer & Meyer groß gemacht.«

»Und zuverlässig sagen Sie das jedesmal, wenn Sie zur Tür hereinkommen.« Magdas Lächeln enttarnten nur Kenner als aufgesetzt. Sie servierte Sekt und Orangensaft.

Anschließend tauschten sie Belanglosigkeiten aus, bis Malinowski an der Tür polterte und mit einem »na Kollege, Niederlage schon verdaut?«, eröffnete.

»An Niederlagen ist er gewöhnt“, gab Magda zurück und fing sich einen bösen Blick ihres Gatten ein.

Jetzt begann der nächste unveränderliche Akt in der beinahe wöchentlich wiederaufgeführten Geschäftsessen-Operette: die Hausbesichtigung.

Ungerührt zog Ludger die Führung durch, obwohl die Gäste vor drei Wochen das letzte Mal hier gewesen waren: Wie immer wies er auf die neue Holzvertäfelung in der Wohnzimmerdecke hin, führte das Bose-Soundsystem vor, um dann die Geschichte von dem unmöglichen Fliesenleger zum Besten zu geben, der beinahe die Küche versaut hätte. Ständig unterbrochen vom widerwärtigen Malinowski. Sicher, es gab Fesselnderes als Ludgers Einrichtungs-Saga, aber dieser Typ mit seinen Kommentaren, seinem ganzen großkotzigen Habitus war rundum verachtenswert. Aber Magda hielt sich zurück und atmete ein und aus.

Sie erreichten den Garten und kamen zum letzen Besichtigungsobjekt, das an Langeweile noch einmal alles übertraf: dem Geräteschuppen. Hier wurde Magda schlagartig bewusst, dass es jetzt ernst wurde. Phase 1 begann.

»Praktisch, so ein Schuppen. Da bekommt man eine ganze Menge verstaut«, prahlte Ludger.

Alle warfen sie einen prüfenden Blick hinein und das war gut so: Alles wirkte wie immer.

»Weil du ja so viele Werkzeuge brauchst, Krause«, stichelte Malinowski. Schon beim letzten Besuch hatte er sich über das komplette Set an Gartengeräten und Werkzeugen lustig gemacht. Schließlich war der hagere und immer etwas steif wirkende Ludger alles andere als ein Heimwerker-Typ.

Damals hatte der grobe Malinowski einen in der Ecke lehnenden Vorschlaghammer gepackt und damit herumgewedelt: »Was machst du mit einem solchen Teil? Den kannst du ja nicht einmal heben«, hatte er gescherzt, und der schwere Hammer in seinen Händen hatte Magda erst auf die Idee für die ganze Sache gebracht.

Darum lehnte der Hammer heute Abend nicht in der Ecke.

Endlich hatte die Gruppe ihr Ziel erreicht: die kleine Laube im hinteren Teil des Gartens. Auf die war sogar Magda stolz. Ein efeuumranktes Überdach schützte eine kleine Teakholz-Sitzgruppe, drumherum schirmten Laubbäume das Fleckchen von der Außenwelt ab: Geräteschuppen und Haus waren von hier aus nicht zu sehen.

Magda hatte kühles Bier aus dem Campingkühlschrank kredenzt. Während die Männer von ihrer langweiligen Arbeit redeten, wurde Magda von der Frau des Chefs in ein Gespräch über Pudelrassen gezogen. Nach einer geschlagenen halben Stunde versuchte Magda sich aus Schulzeiten zu erinnern, ob Goethes Faust der Teufel in Pudelgestalt erschienen war, oder in Gestalt einer älteren Dame, die mittels Pudelgeschichten Höllenqualen entfachen konnte.

Da klingelte Ludgers Handy. Magda lauschte gespannt.

»Ach Kindchen . . . na so was . . . nein, nein, kein Problem . . . wirklich nicht . . . bis gleich.«

»Wer war das?«, fragte Magda, obwohl sie es längst wusste. Heißer Zorn wallte in ihr auf. Sie atmete ein und aus.

»Das war Hannah Trenka aus der Buchhaltung. Ihr Käfer ist wieder liegengeblieben. Hier in der Nähe, ich hab ihr vorgeschlagen, von hier aus auf den ADAC zu warten.«

»Und? Hat sie widerstrebend angenommen?« Magda hätte laut gelacht, wenn sie nicht fürchten müsste, sich an ihrer Galle zu verschlucken! Die Sache war so offensichtlich.

Das letzte Mal hatte Hannah ausgerechnet an dem Samstag Unterlagen vorbeibringen müssen, als sie hier zum Essen geladen hatten. Da hatte sie sich auch ohne mehrfaches Bitten und Betteln zu einem Gläschen überreden lassen und war dann als Letzte gegangen.

Hannah Trenka war eine verdammte Kakerlake!

»Ach nein, Hannah, das sind doch keine Umstände«, säuselte Magda kurz darauf und schob einen weiteren Stuhl heran. ‚Jedenfalls keine mildernden', murmelte sie.

Die drei Männer erhoben sich unbeholfen wie Marionetten, als Hannah ihnen gegenüber Platz nahm. Es war so peinlich. Man musste sich ernstlich fragen, ob die Herren eine Fünfundzwanzigjährige mit alter Kavaliersschule zu beeindrucken suchten, oder ihr nur aus besserem Winkel in den Ausschnitt schielen wollten.

Denn Hannah war widerlich attraktiv: klein, schlank, sportlich, knackig, sexy. Ihr Outfit war so was wie das Gegenstück einer arabischen Burka: Bis auf einen schmalen Streifen Stoff war alles andere zu sehen.

Das Flittchen genoss es offensichtlich, Männer zu provozieren. Ihre grünen Augen zwinkerten herausfordernd, wenn sie zuhörte. Und wenn sie redete, spielten ihre Hände immerzu mit ihren Haaren oder wanderten an ihrem Körper entlang. Aber Hannahs Geheimnis – ihre unschlagbare Waffe im Nahkampf mit den älteren Herren der Schöpfung – war ihr Lachen. Ihr omnipräsentes, kesses Lachen, dass sogar einem Mürbeteig wie Ludger das Gefühl gab, ein toller Hecht zu sein. In Hannahs Gegenwart fanden die Kerle nicht nur sie, sondern auch sich selbst unwiderstehlich.

Doch sie spielte nicht nur mit den Männern, sie wollte mehr. Hannah Trenka wollte nach oben und das machte sie so gefährlich. »Hannah Tripper« war nicht umsonst ihr Spitzname bei Meyer & Meyer: Immer beste Arbeitszeugnisse, schneller Aufstieg in der Firma – kein Mann, den sie für karrierefördernd erachtete, konnte ihr lange widerstehen. Und jetzt war Ludger dran. Für eine Frau war das Spiel so durchschaubar, für einen Mann offenbar nicht.

»In der Abteilung von Herrn Krause ist es viel besser als in der alten. Nein ehrlich, es macht Spaß, unter ihm zu arbeiten.« Hannahs Grinsen war so einladend, wie ein Paar gespreizter Beine. Die Herren lachten und Magda wurde fast übel vor Zorn.

Tief ein- und ausatmen, alles lief nach Plan. Sie hatte tagelang über der richtigen Sitzordnung für heute gebrütet. Sie hatte die Gäste so am Tisch verteilt, dass die nachgekommene Hannah, mit der sie ja fest gerechnet hatte, Ludger gegenüber saß.

»Au!« Plötzlich quiekte Hannah und fuhr aus ihrem Stuhl hoch. Sie hatte eine kleine Schnittwunde am rechten Unterschenkel und nur Magda registrierte, dass sie ihren rechten Schuh nicht mehr trug.

Magda hatte sich erlaubt, kleine scharfkantige Nägel dort in das Tischbein zu treiben, wo sich Hannah und Ludger gegenüber saßen. So musste jemand, der mit nacktem Fuß versuchte, den Schoß des Gegenübers zu erreichen, eine kleine Überraschung erleben.

Dieses miese Stück, dachte Magda. Nun hatte sie die Bestätigung, die sie brauchte: Der uralte Füßel-Trick, in meinem Garten mit meinem Mann – was für ein Flittchen! Magda brodelte wie der Ätna. Jedweder Zweifel war von ihr abgefallen. Das Folgende hatte sich die Trenka redlich verdient!

Denk an das Blut, rief Magda sich zur Ordnung.

»Warten Sie, ich wische Ihnen das ab. Die Blutung hört bestimmt gleich auf.« Magda hatte einen Lappen griffbereit und drückte ihn auf Hannahs Wunde.

»Halb so wild. Ich hab mich nur zu Tode erschrocken«, scherzte die Jüngere und ließ wieder ihr mitreißendes Lachen hören.

»Vielleicht brauchen Sie was Erfrischendes zur Stärkung?«

»Au ja!«, strahlte Hannah. »Dann geht's mir gleich wieder gut.«

Magda lächelte verbindlich und erhob sich, sackte dann aber zusammen: »Oje, die Bandscheibe!« Ihr Stöhnen war hoffentlich nicht zu übertrieben. Schnell wandte sie sich an Hannah: »Bitte seien Sie so lieb – im Schuppen steht eine Schüssel mit Kaltschale im Regal. Können Sie die schnell holen?«

»Kein Problem. Ich bin fit«, bemerkte Hannah frech und ging mit wiegenden Hüften davon.

Magda sah ihr einen Moment nach: »Ja ja, das Alter. Weißt du noch, Ludger, als wir jung waren?« Sie widmete sich einem Teller mit Obststückchen, den sie auf einem Rollwagen neben ihrem Platz vorbereitet hatte.

Der alte Meyer antwortete, bevor Ludger es konnte: »Ich weiß noch, als ich jung war . . .«

Der folgende Monolog lenkte die Gäste ab und Magda konnte seelenruhig den Lappen mit Hannahs Blut nehmen und ihn über den Rand des Obsttellers ziehen. Sicherlich, dieser Teil des Planes ließ eine gewisse Eleganz vermissen, aber der Zweck heiligte die Mittel. Jetzt musste sie nur noch entscheiden, wer den Teller in Empfang nehmen sollte.

Im anderen Teil des Gartens hatte Hannah den Geräteschuppen erreicht. Sie öffnete den Holzverschlag, ihre Augen mussten sich an das trübe Dunkel gewöhnen.

In der Laube setzte Magda wieder an: »Weißt du noch, Ludger, dieses kleine Häuschen in den Alpen, in dem wir früher immer Urlaub gemacht haben?«

Ludger nickte, obwohl ihn der Themenwechsel irritierte. »Ja, Magda, das weiß ich noch.«

»Vielleicht sollten wir da mal wieder hin, was meinst du?

Hannah hatte unterdessen die Kaltschale ausfindig gemacht. Da Hanna recht klein war, musste sie sich ganz schön strecken. Sie griff die Schüssel mit beiden Händen, hob sie an und zog sie mit einem Ruck zu sich herab.

Das große Tuch klebte an der Schüsselunterseite und sauste ebenfalls herab und mit ihm der schwere Vorschlaghammer, der darin eingewickelt war.

Magda blickte Ludger fragend an, Ludger blickte zurück. Die Situation war ihm unbehaglich, aber er schien ernstlich darüber nachzudenken. Dabei war gemeinsamer Urlaub seit Jahren kein Thema mehr gewesen.

Magda hielt den mit Blut beschmierten Teller wie eine Schicksalsgöttin in der Hand. In den nächsten Momenten würde sich entscheiden, an wem der Kelch beziehungsweise Teller vorüberging.

Malinowski gackerte: »Na Krause, Ihnen wird in der Hütte aber ganz schön langweilig werden, wenn ihre Frau den Rücken kaputt hat.« Er stieß Ludger in die Seite und grinste widerwärtig zweideutig.

Jetzt setzte Ludger zum Sprechen an. Langsam und wohl überlegt wie immer. Eine seltsame Stille lag über der Laube, die Luft knisterte. Aber wahrscheinlich empfand es nur Magda so, weil sie als Einzige wusste, was auf dem Spiel stand: Los, Ludger! Rette dich! Rette uns!

»Nein«, sagte Ludger Krause bestimmt. »Es wird alles andere als langweilig in den Alpen, das war es mit Magda nie.« Er stand auf und schob ihr behutsam sein Sitzkissen ins Kreuz. »Außerdem wäre das Wandern gut für deinen Rücken.« Er lächelte sanft, sie lächelte selig zurück.

Sie hatte entschieden: »Hier, Herr Malinowski, nehmen sie mal das Obst in Empfang. Die Kaltschale müsste gleich da sein, dann können wir essen.«

Sie reichte Malinowski den verschmierten Teller.

»Igitt«, brüllte er. Er ließ den Teller fallen und begutachtete seine schmierigen Hände.

Magda tat überrascht: »Oje, die Erdbeeren müssen gekleckert haben, das tut mir leid. Am besten, sie gehen sich schnell im Haus die Hände waschen. Und sehen Sie mal, wo Hannah bleibt.«

Malinowski warf fast den Tisch um, als er aufstand, um Magdas Rat zu folgen. Auf seinem Weg zum Haus zerstampfte er einige Primeln. Magda sah ihm nach und wusste, dass sie die richtige Wahl getroffen hatte.

»Müsste Frau Trenka nicht langsam zurück sein?«, fragte Meyer in die wartende Runde.

»Stimmt schon«, erwiderte Ludger und Magda nahm sein mangelndes Interesse freudig zur Kenntnis.

»Herr Malinowski wird sich sicher um sie kümmern.«

In dem Moment erschien Malinowski. Kalkweis. Alles bullige, männliche war von ihm abgefallen. Einem Greis ähnlich trottete er auf die Sitzenden zu: »Sie liegt im Schuppen. Hannah. Sie liegt da. Sie ist tot.«

Am nächsten Tag.

Malinowski gab bei der Vernehmung ein lächerliches Bild ab: »Ich hab nichts damit zu tun«, heulte er, als sie ihm den Zettel vorlasen, den sie im Schuppen gefunden hatten.

»Wenn ich dich im Büro sehe, möchte ich mich am Liebsten gleich auf dich stürzen. Am Samstag will ich dich sehen. Unbedingt! Ich lass mir was einfallen, um auch zu kommen! Tausend unanständige Küsse, Deine Hannah«

Der Kommissar wurde langsam ungeduldig. »Sie hatten ein Verhältnis mit ihr, Malinowski. Leugnen Sie es doch nicht!« Die Sache war so eindeutig und schließlich wollten alle nach Hause. »Sie gingen ihr in den Schuppen nach, um sie zur Rede zu stellen. Vielleicht wurde sie zu aufdringlich? Vielleicht stellte sie Forderungen, oder drohte, ihre Liaison dem Chef zu verraten? Jedenfalls haben Sie sie dort mit dem Vorschlaghammer erschlagen.«

»Habe ich nicht«, jammerte Malinowski.

»Herr Malinowski, nur ihre Fingerabdrücke und die des Besitzers sind auf dem Hammer. Aber Herr Krause, der nach Aussage dreier Zeugen zur Tatzeit in der Laube saß, kann es ja wohl nicht gewesen sein. Dann bleiben nur Sie.«

»Aber ich war es doch nicht.«

Ein Beamter kam mit einem Schreiben herein. »Aus der Gerichtsmedizin, Chef.«

Der Kommissar las es, nickte kurz und setzte wieder an: »Sie waren es also nicht?«

»Nein!«

»Und warum hatten Sie dann Spuren von Frau Trenkas Blut an den Händen?«

Magda inspizierte den aufgeschlagenen Koffer kritisch. Ihren hatte sie bereits gepackt, jetzt half sie Ludger. »Nimm noch die Weste mit. In den Bergen sind die Abende kühl.«

»Du hast recht, Schatz.« Ludger kam mit dem Telefon in der Hand ins Schlafzimmer. »Rate, wer das war?«

»Weiß nicht.«

„Der alte Meyer. Und jetzt rate mal, wer der neuer Abteilungsleiter wird?« Ludger strahlte wie lange nicht mehr.

Magda ging einen Schritt auf ihn zu: »Da muss ich nicht raten«, sprach sie sanft. »Keiner hat das so verdient wie du.«

Er zog sie an sich: »Du hast aber auch deinen Anteil daran. Wie du mich immer unterstützt.«

»Ach was.« Sie küssten sich. Zum Glück verlernt man das nicht so schnell.

Dann wurde er wieder ernst: »Du Magda, dieser Zettel, den sie neben der Leiche gefunden haben . ..«

Sie schnitt ihm mit ihren Lippen das Wort ab. »Du und ich, wir fangen ganz neu an.«

Er strich ihr bewundernd durchs Haar. »Ich freue mich darauf.« Wieder küsste er sie. »Ich hole schon mal den Wagen aus der Garage.«

»Gut, ich bin gleich soweit.« Noch einmal kontrollierte

sie die Koffer, ging im Kopf die Checkliste durch. Ja, sie hatten alles, sie waren gut vorbereitet.

Magda war immer gut vorbereitet.

Kaltschale

500 g Schattenmorellen
1 l Waser
1 El Zucker
1 Päckchen Vanillinzucker
Kartoffelmehl

Die Kirschen waschen und entsteinen. Kirschen in einen Topf geben und mit Wasser, Zucker und Vanillinzucker zum Kochen bringen.

Mit Kartoffelmehl andicken, bis die Flüssigkeit sämig wird.

Mit Zucker abschmecken und kalt servieren.

Gitta Edelmann

Ein fast perfektes Dinner

Wissen Sie, ich glaube, das wäre alles nicht passiert, wenn er nicht diese furchtbaren Zigarren geraucht hätte.

Dann wäre Günter noch am Leben und ich säße nicht hier.

Tabak. Ich habe das Teufelszeug nie angerührt.

Eine meiner frühesten Erinnerungen ist mein Vater, der mir Zigarettenrauch ins Gesicht bläst und lacht, weil ich panisch nach Luft schnappe. Wenn er mich Jahre später zum Automaten schickte, um Zigaretten zu holen, kam ich meist unverrichteter Dinge nach Hause und behauptete, der Automat sei leer oder er habe die Münzen nicht angenommen.

Und dann war da natürlich Onkel Karl. Onkel Karl war eigentlich gar nicht mein Onkel, aber damals hätte kein Kind gewagt, einen Erwachsenen einfach nur mit dem Vornamen anzureden.

Tante Brigitte war die Frau von Onkel Karl. Einmal schenkte sie mir ein Puppenservice aus echtem Porzellan. Das kleine Zuckerdöschen habe ich noch heute. Sie war viel jünger als Onkel Karl, hübsch und schlank. Aber ich glaube, besonders glücklich war sie nicht.

Onkel Karl war alt, dick und ein bekannter Unternehmer hier in Goch. Was er so unternahm, wusste ich nicht. Auf jeden Fall munkelten die Erwachsenen, dass er unter seinem Stand geheiratet hatte. Und dass die beiden keine Kinder hatten, sei schade, aber in so einem Fall nicht anders zu erwarten.

Vielleicht versuchte Onkel Karl deshalb immer, sich bei mir und meiner Schwester einzuschmeicheln. Er brachte uns Schokolade mit und Gummibärchen. Allerdings mochte ich nicht, dass er uns Süßigkeiten schenkte. Er guckte dabei immer so komisch.

Und dann war da die Sache mit den Höschen. Damals waren die Kinderkleidchen und Röckchen sehr kurz. Wir trugen darunter farbige Höschen aus Frottee oder »für gut« weiße mit Rüschchen am Po. Ich war total stolz auf mein Rüschenhöschen. Bis Onkel Karl es sah. Er war so begeistert. Irgendwie war das nicht richtig.

Und ich mochte es gar nicht, als ich dann bei ihm auf dem Schoß sitzen sollte. Er hatte irgendwas Hartes in der Hosentasche, das mich drückte. Und dauernd tätschelte er meinen Oberschenkel. Das Schlimmste aber war sein Atem und der Gestank seiner Zigarre.

Meine Schwester wich ihm geschickter aus als ich. Vielleicht weil sie ein bisschen älter war. Oder weil sie eine Brille trug und eine Zahnspange. Ich dagegen hatte Pausbacken und blonde Kringellocken.

Mit Mama oder Papa über meine Abneigung zu reden, hatte keinen Zweck. Sie hielten enorm viel von Onkel Karl und Papa hatte auch beruflich irgendwas mit ihm zu tun. Da mussten wir Kinder ihn mögen.

Warum ich Ihnen das alles erzähle? Weil ich immer daran denken muss, wenn ich Zigarren rieche. Und dann würgt es mich und ich muss mich übergeben.

Meine Liebe zum Kochen entdeckte ich spät aber heftig. Erst als Theo weg war. Mein erster Mann war ein leidenschaftlicher Schmetterlingskundler. In seinem Arbeitszimmer unterm Dach hausten neben irgendwelchen präparierten Exemplaren immer noch ein paar Raupen, Puppen oder frisch geschlüpfte Falter. Ich konnte das Zimmer nicht betreten. Es stank.

Theo roch nichts. Er roch es auch nicht, wenn es in unserer Wohnung nach frischem Lavendel duftete. Und er roch es nicht, wenn der herzhafte Geruch nach gebratenem Speck und Zwiebeln durchs Haus zog.

Theo war sehr anspruchslos, was Essen betraf. Ihm schmeckte alles, denn ihm schmeckte in Wirklichkeit nichts. Sein Geschmackssinn war im Laufe der Jahre durch die Chemikalien, die er zum Präparieren benutzte, völlig dahin.

Naja, aber wir sprechen hier ja nicht von Theo, der irgendwann verduftet ist. Verduftet, haha, verstehen Sie den Witz?

Also, wie gesagt, Theo war weg und ich saß alleine in Goch. Bis ich Rudi kennen lernte. Rudi war ein wunderbarer Mann. Leider war er Kettenraucher und hatte eine fürchterlich schlechte Kondition. Wenn wir zusammen im Reichswald mit dem Fahrrad unterwegs waren, mussten wir alle halbe Stunde Pause machen. In geschlossenen Räumen konnte ich mich mit ihm nicht aufhalten. Der Nikotingestank seiner Zigaretten, der durch seine Poren diffundierte, war unerträglich.

Rudi liebte mich und hörte auf zu rauchen. Es war hart für ihn, aber ich unterstützte ihn, wo ich nur konnte. Ich besorgte Nikotinpflaster, tat einen Heilpraktiker mit Akupunkturkenntnissen auf und begann richtig zu kochen. Dankbar nahm Rudi meine Fürsorge an.

Wir hatten ein paar leckere Jahre, in denen ich mich kochend entwickelte. Leider auch ein wenig in die Breite, aber Rudi liebte meine Vollweib-Statur.

Dass er dennoch dem Hungerhaken von Kollegin verfiel, lag wahrscheinlich an ihrer Nikotin-Ausdünstung, der er sich nicht entziehen konnte. Sucht bleibt Sucht.

Als Rudi weg war, gründete ich mit ein paar Gleichgesinnten einen Kochclub. Schließlich macht es wenig Spaß nur für sich selbst zu kochen. Ich nahm an Wettbewerben teil und erkochte mir den »Goldenen Löffel des Niederrheins«. Ich kochte auch einmal im Fernsehen bei einer Runde des perfekten Dinners mit. Sehr erfolgreich, möchte ich erwähnen!

Auf meinem kleinen Balkon entstand ein Paradies für

Küchenkräuter. Das Leben war lebenswert wie nie zuvor.

Und dann kam Günter.

Günter sah aus wie mein Traummann: volles, blondes, an den Schläfen leicht gräulich meliertes Haar und strahlend blaue Augen wie dereinst Terence Hill. Ich war ihm auf den ersten Blick verfallen. Eigentlich gehörte er ja meiner Freundin Doris. Aber Doris musste eine dreiwöchige Dienstreise in die USA antreten und so blieb Günter sozusagen verwaist zurück. Schon am ersten Abend, als Doris weg war, rief ich ihn an. Ich könne Doris' Handynummer nicht finden und wolle ihr dringend eine Nachricht schicken. Ob er vielleicht . . . ?

Natürlich bekam ich die Handynummer und natürlich smste ich Doris nicht. Statt dessen ging ich am nächsten Tag zum Friseur, ließ meine blonden Locken auffrischen und passte Günter vor Doris' Haustür ab, wo er die allabendliche Fütterung ihrer Zwergbuntbarsche übernommen hatte.

»Was für ein netter Zufall«, säuselte er und sah mir ins Dekolleté.

Ein paar Sätze später lud er mich bereits zum Essen ein. Ausgerechnet Spargel! Ja, ich weiß, es war gerade die Zeit dafür und unser Spargeldorf Kessel ist auch weithin bekannt. Aber kennen Sie das, wenn man nach einer Spargelmahlzeit auf die Toilette geht? Der Geruch? Ist ja nicht bei allen so, aber bei mir. Und ich kann das nicht ertragen. Also lehnte ich lächelnd ab. Es ist ja sowieso immer besser, die Männer ein kleines bisschen zappeln zu lassen.

Natürlich nicht zu lange, also rief ich Günter am nächsten Tag an und lud ihn für Samstag zum Dinner ein. Bei mir zuhause. Natürlich würde ich selbst kochen! Liebe geht bekanntlich durch den Magen und so würde ich ihm meine Gefühle zusammen mit exquisiten Speisen auf dem Silbertablett servieren.

Knoblauch-Käse-Crostini mit einem leichten Prosecco – nur einen Hauch Knoblauch, von wegen weiterer Verlauf des Abends. Tomatensuppe mit Portwein, einen gemischten Blattsalat mit Balsamico-Schalotten, Madeira-Medallions auf Fettuccine – und zum Dessert?

Das Dessert bereitete mir Kopfzerbrechen. Alabama-Creme? Doch hatte Günter nicht erwähnt, er sei gegen Nüsse allergisch? Beschwipste Früchte? Oder lieber meine hochgelobte Champagner-Limetten-Creme? Aber es gab noch keine frischen Himbeeren dazu. Nein, es musste etwas sein, das ihn umhaute. Da kam eigentlich nur eines in Frage: Crème brulée!

Schon am Freitagabend schabte ich die Vanille sanft aus ihrer Schote und vermischte das Mark innig mit dem Zucker. Dann rührte ich die Eiersahne mit viel Liebe an und ließ sie im Kühlschrank ruhen. Garen würde ich sie am nächsten Morgen, dann musste sie am Abend nur noch mit dem braunen Rohrzucker bestreut und mit meinem kleinen Bunsenbrenner karamellisiert werden.

Ich liebe Crème Brulée!

Das Schöne daran ist, dass eigentlich nichts schief gehen kann, weil das Geheimnis nicht im Rezept liegt. Ein Ei mehr oder weniger? Kein Problem. Nein, eine gute Crème Brulée gelingt einfach nur in den entsprechenden Förmchen. Sind die Gefäße zu tief oder zu groß, stockt die Crème nicht gleichmäßig oder braucht Ewigkeiten. Muss man wissen.

Ja, ja. Ich komm gleich zurück zu Günter.

Also: Ich hatte alles perfekt hergerichtet, den Tisch gedeckt und künstlerisch dekoriert, Kerzen angezündet und, weil es glücklicherweise gegen Abend etwas kühl wurde, im Kamin ein kleines Feuer gemacht. Günter klingelte pünktlich um acht mit einem großen Strauß roter – Nelken!

Ich hasse Nelken. Sie stinken.

Naja, das konnte Günter nicht wissen und so biss ich die Zähne zusammen und stellte die Nelken in einer Vase auf die Fensterbank unter das gekippte Fenster.

Dann goss ich uns jedem ein Glas Prosecco ein und servierte die Knoblauch-Käse-Crostini.

»Hm«, machte Günter. Mehr sagte er nicht. Ob er wohl ein bisschen schüchtern war?

»Ich hoffe, es schmeckt dir«, sagte ich und lächelte ihn auffordernd an.

»Hm, jo«, antwortete er. »Aber hättest du vielleicht ein Bier?«

Gut, dass ich saß, sonst hätte es mich umgehauen. Ich hasse Bier. Allein schon den Geruch!

»Oh, das tut mir aber leid«, log ich und schüttelte den Kopf.

»Na, geht schon«, sagte Günter und spülte seinen letzten Bissen Crostini mit dem Prosecco runter.

»Eigenartiger Geschmack«, kommentierte er kurz darauf meine Tomatensuppe.

»Das ist der Portwein«, erklärte ich. »Schmeckt es dir nicht?«

»Doch, doch«, sagte er, ließ aber die Hälfte der Suppe stehen und trank statt dessen ein zweites Glas Riesling.

Ich setzte meine Hoffnung auf den Blattsalat mit Balsamico-Schalotten. Damit erntete ich stets begeisterte Kommentare. Diesem Genuss konnte sich Günter doch sicher nicht verschließen!

Er konnte.

»Ich bin nicht so für Grünfutter«, scherzte er und legte nach dem ersten Bissen die Gabel nieder.

Einen Augenblick flackerte etwas wie Verzweiflung in mir auf, doch ein Blick in Günters strahlend blaue Augen versöhnte mich wieder. Solange er mich so begehrlich ansah, würde der Abend sicher trotzdem ein Erfolg werden. Vielleicht war er einfach eher ein Fleischesser. Dann wären die Madeira-Medaillons sicher das Richtige für ihn.

Wissen Sie, durch den angebratenen Speck . . .

Ja, okay, ein anderes Mal.

Ich schürte einmal kurz das Kaminfeuer und legte ein

neues Scheit Birkenholz auf. Günters Blicke ruhten auf meinem Hintern. Hüftenschwingend ging ich hinüber in die Küche, um den Hauptgang anzurichten.

Dieses Mal aß Günter mit viel Appetit. Leider hatte er seine Schwierigkeiten mit den Fettuccine, die ihm ein paar Mal von der Gabel rutschten und sowohl sein Kinn als auch meine nagelneue, blütenweiße Tischdecke mit der Madeira-Soße bekleckerten.

»Das war nicht schlecht«, kommentierte er und leerte sein Glas Spätburgunder in einem Zug. »Obwohl ich ja sonst mehr für ein großes Schnitzel bin.«

Ich musste tief durchatmen. Günter konnte doch unmöglich so ignorant sein! Wahrscheinlich hatte er einfach eine seltsame Art von Humor. Ich zwang mich also zu einem Lächeln und konzentrierte mich auf meine Atmung.

»Gibt's noch Nachtisch?«, fragte er und legte seine Hand auf meine.

Ich nickte und sprang auf. Meine Crème brulée – die würde den Abend retten!

Ich streute den Rohrzucker gleichmäßig auf die Crème und karamellisierte ihn mit dem Bunsenbrenner. Günter sah mir und dem Dessert freudig entgegen. Vielleicht war er ja eher ein Süßmäulchen? Es knackte, als unsere Löffel die Zuckerschicht durchstießen.

Schweigend genossen wir die Crème brulée.

»So ein Vanillepudding ist doch immer wieder nett«, sagte Günter. »Obwohl ich Schokopudding lieber mag.«

»Das ... das ist kein Vanillepudding«, entfuhr es mir.

»Ach, nein?«, fragte er überrascht. »Was dann?«

»Das ist eine Crème brulée!«, keuchte ich.

»Crème brulée!« Er begann zu lachen. »Das ist ja witzig! Crème brulée. Brüllcreme! Brüllcreme! Das ist ja zum Brüllen!«

Er schlug sich mit den Händen auf die Oberschenkel.

In diesem Moment wusste ich, das Günter nicht der Richtige für mich war. Die Enttäuschung trieb mir Tränen in die Augen. Wie hatte ich mich in diesem Mann nur so irren können? Ich war sogar bereit gewesen, meine Freundschaft mit Doris für ihn zu opfern! Wie konnte ich jetzt aus dieser vertrackten Situation wieder heraus kommen?

Um mich zu sammeln, drehte ich mich zum Kamin und schürte noch einmal das Feuer. Ich atmete bewusst, tief und gleichmäßig und merkte, wie ich mich langsam beruhigte.

Dann hörte ich ein Streichholz aufflammen und fuhr herum.

Zigarrenrauch schlug mir entgegen.

»Nach so einem Essen geht doch nichts über eine Cohiba!«, sagte Günter genüsslich. »Komm zu mir, Süße.«

Mit der linken Hand klopfte er auf seinen Schoß, mit der rechten hob er die Zigarre zum Mund.

Am Rand meines Blickfelds begann es zu flimmern. Es würgte mich. Günter lachte.

»Na komm schon!«, säuselte er und sah mich auffordernd an. »Komm zu Onkel Günter!«

Ich bekam plötzlich keine Luft mehr. Da schlug ich zu. Mit dem Schürhaken, den ich immer noch in der Hand hielt.

Einmal, zweimal, dreimal, glaube ich.

Günter sank vom Stuhl. Die Zigarre fiel neben ihn auf den Teppich und stank weiter vor sich hin, bis ich sie mit dem Rotwein löschen konnte. Ich rannte ins Bad, um mich zu übergeben.

Dann rief ich die Polizei. Ich konnte Günter ja nicht einfach liegen lassen. Ich weiß doch, dass Leichen ziemlich bald anfangen zu stinken.

Ja, Herr Doktor, so war das.

Sie haben hier übrigens einen sehr schönen Briefbeschwerer. Darf ich mal? Oh, der ist ja richtig schwer!

Und jetzt würde ich an Ihrer Stelle ganz schnell die Zigarre wieder weg legen, an der Sie die ganze Zeit schon unter Ihrem Tisch rumfingern!

Crème brulée

400 ml Sahne
200 ml Milch
90 g Zucker
4 Eigelb
1 Vanilleschote
brauner Rohrzucker zum Bestreuen

Das Mark der Vanilleschote mit etwas Zucker vermischen.

Sahne, Milch, Vanillezucker und den restlichen Zucker miteinander vermischen und den Zucker auflösen. Die Eigelb dazugeben und kurz mit dem Stabmixer durchmixen.

Die Mischung einige Stunden (oder über Nacht) stehen lassen.

Die Eiersahne nochmals gut durchmischen, damit sich die Vanille gut verteilt. Die Flüssigkeit soll jedoch nicht schäumen. Die Eiersahne in kleine Förmchen gießen und diese in die Saftpfanne des Backofens setzen.

Die Förmchen sollten nicht höher als 2,5 - 3 cm und nicht größer als 12 cm im Durchmesser sein und am besten aus hitzebeständigem Porzellan bestehen.

In den auf ca. 150 Grad (Umluft) vorgeheizten Backofen schieben, in die Saftpfanne kochend heißes Wasser gießen, so dass die Förmchen gut zur Hälfte im Wasser stehen. Wenn die Crème Blasen wirft, Temperatur ggf. etwas herunterschalten. Nach ca. 40 - 45 Min. sollte die Creme fest sein (in der Mitte ist sie dann gerade nicht mehr flüssig).

Die Crème erkalten lassen. Kurz vor dem Servieren dünn mit dem braunen Rohrzucker überstreuen und unter dem sehr heißen Grill karamellisieren lassen. Noch besser geht das Karamellisieren mit einem Bunsenbrenner.

Endstation Emmerich

In Emmerich werde ich ihn treffen. Eine Kleinstadt am Niederrhein in unmittelbarer Nähe zur holländischen Grenze.

Tim lebt in Emmerich. Viel weiß ich nicht von ihm. Seine steckbriefartige Vorstellung, wie sie im Internet üblich ist, ließ mich aufmerksam werden. Wie ich mag er Sport und Natur, ist kulturellen Vergnügungen und gutem Essen nicht abgeneigt. Interessant ist für mich jedoch immer das, was zwischen den Zeilen steht – und dass mir einiges an seiner Person ein wenig exotisch scheint, verleiht dieser Angelegenheit einen besonderen Reiz.

Tim ist dunkelhäutig. Geboren wurde er irgendwo in Amerika. Seine deutschen Eltern adoptierten ihn, als er vier Jahre alt war. An seine Kindheit in Amerika kann er sich nicht erinnern. Er hat es gut getroffen, seine Adoptiveltern haben ihm ein Studium ermöglicht. Chancen, die er womöglich nie gehabt hätte, wäre er geblieben, wo er herkam. Nun ist er Rechtsanwalt bei einer größeren Sozietät.

Nachdem wir einige Mails und Fotos ausgetauscht hatten, war ich endgültig davon überzeugt, dass er in mein Beuteschema passt. Und als ich seine rauchig-männliche Stimme am Telefon hörte, hat mich dies förmlich umgehauen. Ich beschloss, nach Emmerich zu fahren, um diesen Mann kennen zu lernen.

Ich liebe solche Spiele. Aus dem einfachen Grund, weil ich neugierig auf interessante Menschen bin. Meiner Meinung nach gibt es nichts Spannenderes als das Innenleben eines Menschen zu entdecken, herauszufinden, wie jemand tickt, indem ich durch eine geschickte Strategie den wahren Charakter hinter der Fassade ergründe. Jeder Mensch hat gute und böse Anteile in sich und Charakterzüge, die man gewöhnlich vor anderen Menschen versteckt hält.

Man sagt mir eine ziemlich gute Menschenkenntnis nach. Weil ich Menschen oft auf den Kopf zusagen kann, wie sie sich gerade fühlen. Dazu gehört gar nicht viel. Es hat auch nichts mit seherischen Fähigkeiten zu tun, sondern mit ein bisschen Menschenkenntnis. Ich lese es ab an ihrem Gesichtsausdruck, an der Art, wie sie sich bewegen, was sie tun. Jeder könnte das, wenn er nur ein wenig aufmerksamer und sensibler für die Dinge um sich herum wäre.

Die Gleise beginnen zu singen und verkünden die Ankunft des Zuges. Ausnahmsweise keine Verspätung. Auf der Stirnseite steht »Emmerich«. Endstation Sehnsucht, denke ich und lächele. Ob Tim sich vielleicht als eine Art Möchtegern-Stanley-Kowalski entpuppt? Manchmal schwingt in seiner Stimme so ein leiser Unterton mit, der mich hellhörig macht. Es wäre schließlich nicht das erste Mal, dass sich ein gut getarnter Charmeur als egozentrischer Macho herausstellt, für den Frauen nichts anderes sind als Trophäen, die man sammelt wie Briefmarken oder Münzen. Ich muss zugeben, all das macht mich ausgesprochen neugierig auf diesen Mann.

Ich nehme im Abteil Platz. Eine junge Frau sitzt mir gegenüber. An ihrer Körperhaltung kann ich erkennen, dass sie unglücklich ist. Ihr Blick ist verschleiert, die Augen leicht gerötet. Wahrscheinlich hat sie geweint. Vielleicht aus Abschiedsschmerz. Vielleicht aus Liebeskummer. Meist steckt ein Mann dahinter, wenn junge Frauen Tränen vergießen. Dann reizt es mich ungemein, herauszubekommen, wo das Problem liegt. Nicht selten eignen sich solche Episoden als Material für mein neuestes Sachbuch, das ich zusammen mit meiner Co-Autorin Ilona schreibe. Darin geht es um weibliche Singles und ob deren Suche nach dem Märchenprinz heutzutage grundsätzlich zum Scheitern verurteilt ist oder ob vielleicht doch Hoffnung besteht.

Es sollte vielleicht nicht unerwähnt bleiben, dass Ilona und ich der wenig gefragten Abteilung »ältere Frauen« angehören. Dass bei der Partnersuche – vor allem im Internet – generell eher Frischfleisch gefragt ist und weniger das, was eine Frau im Kopf hat, ist uns beiden leidvolle Erfahrung.

Ilona und ich haben uns schon fast darauf verständigt, dass wir uns besser einen Hund als einen Mann anschaffen sollten. Getreu dem Motto: »Versau ich mir nur den Teppich – oder das ganze Leben.«

Draußen fließt der Rhein vorbei. Das Wasser glitzert hellblau in der Sonne. Lastkähne und Personenschiffe ziehen ihre Bahnen. Ein idealer Tag zum Reisen, zum Recherchieren und sich überraschen lassen.

In der Tasche des Mädchens piepst es. Sie nimmt ihr Handy heraus. Liest eine SMS. Nun kullern die Tränen ungehindert ihre Wangen hinab. Sie schnieft. Ich reiche ihr ein Papiertaschentuch. Sie sieht kurz hoch, etwas verschämt, dann nickt sie dankend, faltet es auseinander und tupft sich über die Augen.

Ich lächele sie ermunternd an. »Keine schöne Nachricht bekommen?«, frage ich. Ich sage es leise. In einem Tonfall, dass sie weiß, sie kann mir antworten. Muss es aber nicht.

Sie schüttelt den Kopf und beißt sich auf die Lippen. Es ist ein sympathisches Mädchen, vielleicht Anfang zwanzig. Langes karamellfarbenes Haar rahmt ein fein geschnittenes Gesicht ein, das vielleicht etwas zu schmal ist für die lockige Haarflut, die es umgibt. Auch ihr Körper ist schmal. Die Beine lang. Im Dekolleté, das ein klein wenig Einblick in wohlproportionierte Brüste gibt, schaukelt ein Goldkettchen mit einem Anker. Ein Männertraum, bei dem Bauarbeitern die Kelle aus der Hand fällt und sie glatt das

Pfeifen vergessen, denke ich. Das richtige Alter hat sie außerdem.

Die Fahrt gewinnt an Tempo. Nun geht es landeinwärts. Draußen die Landschaft verwischt sich. Äcker, Wiesen und Bäume fließen mit Himmel und Wolken zusammen. Ein Zugbegleiter leiert sein Sprüchlein in nuscheligem Deutsch und schlechtem Englisch herunter, beendet seine Ansage mit: »Sänk you for trävelling wis deutsche Bundesbahn«. Ich suche den Blick des Mädchens und sage: »Die sollten denen mal eine bessere Aussprache beibringen.«

Jetzt lächelt sie und nickt. »Mein Freund ist Amerikaner«, beginnt sie zu reden. »Er lacht sich kaputt über das Kauderwelsch, das manche Deutsche für Englisch halten.«

»Das kann ich mir lebhaft vorstellen«, sage ich. »Wo kommt Ihr Freund denn her?«

»Aus Kirkland. Das ist im Bundesstaat Washington. Nicht weit von Seattle.« Sie sieht mich verständnisheischend an. »Den Film kennen Sie doch: ‚Schlaflos in Seattle'? Mit Meg Ryan und Tom Hanks.«

Ich nicke und seufze innerlich. Wer kennt nicht diesen Film über die Suche nach der großen Liebe. Ein Frauenfilm – bei dem am Ende drehbuchgemäß alle Beteiligten das bekommen, wonach sie sich sehnen. Hollywood eben.

Das Eis ist gebrochen. Das Mädchen redet weiter. Plötzlich wird sie ganz lebhaft. »Ich war noch nie drüben«, sagt sie. »Wer weiß, ob ich jemals nach Amerika komme.«

»Hat er sich von Ihnen getrennt?«, frage ich vorsichtig.

»Noch nicht so ganz.« Sie hebt die schmalen Schultern. »Obwohl die Sache ziemlich klar ist. Zur Zeit lebt er noch in Emmerich. Seine Familie ist drüben in Amerika. Er hat einen Sohn. Es ist hauptsächlich wegen dem Sohn, sagt er.« Sie sieht aus dem Fenster. In ihren Augen sammeln sich schon wieder Tränen.

Ach Mädchen, so was geht vorüber, will ich ihr sagen. Andere Hühner legen auch schöne Eier. Werd erst mal so alt wie ich, dann reden wir noch mal. Darüber, ob ein Mann es wert ist, dass man auch nur eine Träne wegen ihm vergießt. Aber das glaubt man in deinem Alter natürlich nicht.

Bis wir die Endstation erreichen, erfahre ich noch eine ganze Menge über sie. Sie heißt Anja. Lebt in Bottrop. Und diesen mehrgleisigen Tom hält sie für ihre große Liebe.

Wir steigen beide aus. Sie blickt sich suchend um. Ihr Freund ist offensichtlich nicht gekommen, um sie abzuholen. Ich wünsche ihr alles Gute. Sie beißt sich auf die Lippen und nickt.

Durch die Innenstadt gehe ich zum Hotel, das direkt am Rhein liegt. Ich schlendere die Rheinpromenade entlang, vorbei an der Christophorus-Statue mit der Weltkugel auf der Schulter, aus der ein kleines Kind steigt.

»Unsere Kinder sind unser Vermächtnis«, das hat mir Tim in einer seiner Mails geschrieben. »Ich hätte gerne Kinder, aber natürlich nur mit der richtigen Frau.« Dann dieser gehauchte Nachsatz, der bei mir fast alle Schutzmechanismen deaktivierte: »Ich könnte mir vorstellen, dass du diese Frau bist.«

Da ich ihm mein wahres Alter verschwiegen habe, konnte ich ihm schlecht mitteilen, dass ich mich schon rein biologisch nicht mehr dazu eigne, eine eigene Brut aufzuziehen. Was mich aber nicht daran hindert, den Vorgang des vorgetäuschten Reproduzierens ausgesprochen gern auszuüben. Schließlich ist man auch als Frau nicht frei von hormonellen Bedürfnissen. Und außerdem dient es meiner Recherche. Aber wann und wo und mit wem das passiert, möchte ich schon selbst entscheiden. Das Internet ist mir dabei eine große Hilfe. Obwohl ich keinerlei Hoffnung mehr hege, dass man dort tatsächlich auch nur einen halbwegs geeigneten beziehungstauglichen Mann findet.

Dies kann ich deshalb mit Fug und Recht behaupten, da Tim nicht meine erste Testperson ist, die ich mühsam zwischen all den Windeiern, Online-Rüpeln oder Möchtegern-Casanovas herausgefiltert habe, die sich dort im Netz tummeln.

Meist sind diese Treffen ganz lustig. Man verfügt schließlich über das Wörtchen »nein« in seinem Wortschatz. Und man lernt die Welt kennen. Gut, Emmerich ist vielleicht nicht die Welt, aber immerhin grenzt die Stadt unmittelbar an die Niederlande. Wenn alles schief geht, kann ich noch in Nijmegen mein Glück versuchen. Schließlich habe ich für alle Fälle meinen Laptop dabei. Und Internet-User sind nicht selten sehr spontan.

Mein Handy klingelt.

»Bist du schon im Hotel?«, haucht er mit dieser Stimme, für die ich meine Vernunft teilweise außer Kraft gesetzt habe. »Wann sehen wir uns?«

»In einer Stunde?«

»Geht es nicht schneller? Ich kann es kaum erwarten«, säuselt er und ich spüre, wie sich meine Nackenhärchen aufrichten.

»Ich brauche die Zeit«, sage ich und lege ein klein wenig Bedauern in meine Stimme. Schließlich gibt es Spielregeln.

»Ich bin wirklich sehr gespannt auf dich. Also, auch wenn's schwer fällt, in einer Stunde hole ich dich ab.«

Und dann steht er vor mir. Er sieht wahnsinnig gut aus. Viel interessanter als auf den Fotos. Groß, schlank, dunkelhäutig, volle Lippen und schwarzes, kurz geschorenes Haar. In seinen dunklen Augen liegt ein seltsames Glimmen. Und auf seiner Wange ist eine kleine längliche Narbe. Schick gekleidet ist er außerdem. Gut geschnittene Jeans, dezentes Sakko aus edlem Zwirn, weißes eng anliegendes Hemd, das seine schlanke Figur betont

»Hi, Carina«, sagt er und nimmt mich in den Arm. »Schön, dass du gekommen bist.« Er sieht mir in die Augen. Ich ertrinke in seinem Samtblick. Meine Güte. Mir schlottern die Knie. Schon sehe ich in meiner Fantasie, wie sich zwei nackte Körper lustvoll auf dem Hotelbett wälzen.

»Wo führst du mich hin?«, sage ich und hoffe, dass man meiner Stimme nicht allzu deutlich anmerkt, was für Bilder mir gerade durch den Kopf flimmern.

»Lass dich überraschen.«

Sein Auto ist weniger eine Überraschung. Natürlich fährt er einen Mercedes. Und natürlich ist der Mercedes silberfarben. Galant hält er mir die Tür auf und lässt mich einsteigen. Ein verwunschenes Schlösschen mitten im Wald ist unser Ziel.

»Hübsch«, sage ich.

Man empfängt uns freundlich und geleitet uns an den von Tim reservierten Tisch. Er zieht das Sakko aus und hängt es über die Stuhllehne. Unter dem weißen kurzärmeligen Hemd zeichnen sich sehnige kräftige Arme ab.

Ich reiße meinen Blick von ihm los und studiere die Speisekarte. Stutze beim Dessert. »Kennst du ‚Mohr im Hemd'?«, fragte ich ihn.

»Meinst du mich?« Er zwinkert mir zu und lacht. Ich falle in sein Lachen ein.

»Zum Hauptgang Fisch oder Fleisch?«, fragt er. »Du bist selbstverständlich eingeladen.«

»Ich nehme den Zander«, entschließe ich mich. »Und danach ‚Mohr im Hemd'.«

Er entscheidet sich für dasselbe Gericht. Als er mir über die Hand streicht, zucken Blitze durch meinen Körper. Es ist Wahnsinn. Und es ist wunderschön. Bisher habe ich gedacht, mir könne so was nicht mehr passieren. Abgeklärt wie ich bin. Mein Verstand sagt mir, dass ich von dem wenigen, das ich über ihn weiß, getrost die Hälfte vergessen kann. Dass im Internet gelogen wird, was das Zeug hält, ist schließlich ein offenes Geheimnis. Es kann gar nicht anders sein: Ein Mann mit seinem Aussehen und in seiner Position hat sicher ein paar Pferdchen laufen. Der wartet nicht auf eine Frau wie mich, da brauche ich mich gar keiner Illusion hinzugeben. Schon gar nicht, wenn er erfährt, dass ich bei meiner Altersangabe kräftig gemogelt habe. Aber erstens fühle ich mich nun mal nicht so alt, wie mein Pass aussagt. Zweitens sind jüngere Männer gut fürs Ego. Und drittens sterben Männer sowieso früher als Frauen, was also liegt näher, als sich für seinen letzten Lebensabschnitt einen jüngeren Gefährten zu angeln? Allerdings bin ich mir ziemlich sicher, Tim und ich hätten niemals ein Date miteinander gehabt, hätte ich mich nicht zehn Jahre jünger gemacht.

Schnell schalte ich meinen Verstand wieder aus, es ist so schön, zu träumen. Immerhin habe ich das noch nicht verlernt.

Er macht mir Komplimente. Überschwänglich lobt er mein Aussehen, meine weiche Haut. Meine schönen blauen Augen. Gierig sauge ich die Worte auf. Egal, wie oft man solche kleinen Lügen schon gehört hat, sie tun immer wieder gut.

Wir lachen. Wir flirten, dass die Funken nur so sprühen. Ich fühle mich großartig und denke, dass sich schon jetzt die Fahrt nach Emmerich gelohnt hat.

Das Essen kommt. Der Zander ist vorzüglich. Ebenso der Wein, den er ausgesucht hat. Dann wird das Dessert serviert. Ich bin ein wenig enttäuscht. Der ‚Mohr im Hemd' schmeckt wie warmer Schokoladenkuchen mit Sahne. Gar nicht so exotisch wie der Name klingt. Aber das behalte ich für mich.

Tim hat nur Augen für mich. Als zwei junge Mädchen an unserem Tisch vorübergehen und mit aufreizendem Hüftschwung die knackigen Hintern schwenken, sieht er nicht auf. Sollte dieser schöne, charmante Mann tatsächlich nur Augen für mich haben?

Inzwischen ist mir klar, dass ich bereits alle Vorsicht über Bord geworfen habe. Wir würden im Bett landen, und zwar nicht nur, weil er das will. Ich spitze ein wenig die Lippen, lecke darüber und weiß, welche Wirkung dies auf ihn haben muss. Ich sehe es in seinen Augen. Ich lese es aus seinen Körperbewegungen ab.

Eine winzige Hoffnung durchfährt mich. Vielleicht wird ja doch mehr draus. Und vielleicht macht es ihm nichts aus, wenn er mein wahres Alter erfährt.

Frauen neigen dazu, sich in solchen Situationen selbst zu belügen.

Der kleine Wortwechsel mit der Kellnerin, als er die Rechnung bezahlt, gefällt mir. Auch das großzügige Trinkgeld, das er ihr gibt, spricht von einem angenehmen Charakterzug.

»Gehen wir noch ein wenig spazieren?«, schlägt er vor, als wir an meinem Hotel vorfahren. »Es ist so eine schöne Nacht.«

Nichts lieber als das. Wir flanieren am Rhein entlang. »Die Brücke dort« – er weist mit der Hand nach vorn – »ist die längste Hängebrücke Deutschlands.«

»Wirklich?« Ich nicke anerkennend. Männer fühlen sich gut, wenn sie Frauen die Welt erklären dürfen, und ich werde einen Teufel tun, ihm zu sagen, dass ich dies längst weiß. Er nimmt meine Hand. Seine Hand ist sehr gepflegt. Er trägt einen goldenen Ring mit einem schwarzen Stein darin.

»Carina«, sagt er mit weichem Zungenschlag und bleibt vor mir stehen. »Ein schöner Name. Ein sehr schöner Name.«

Es ist nicht mein richtiger Name, aber ich mag ihn. Das ist der Vorteil im Internet. Man kann sich nennen wie man möchte. Es sind keine Lügen. Es sind Fantastereien. Weichzeichner der Wirklichkeit. Jeder braucht schließlich so was. Sonst ist doch alles unerträglich.

Sein Gesicht nähert sich dem meinen. Seine Lippen saugen sich an meinen fest. Dann sagt er: »Jetzt hast du schon den ‚Mohr im Hemd' genossen – und nun noch einen Negerkuss als Draufgabe.« Wir lachen. Es ist so schön, wenn man mit einem Mann lachen kann.

Alles an ihm gefällt mir. Seine gänsehautfördernde Stimme, sein Gang, seine Großzügigkeit, seine exzellenten Manieren. Sein Aussehen sowieso. Während des Gesprächs beim Essen hat sich herausgestellt, dass wir in ziemlich vielen Dingen übereinstimmen. Er mag die gleiche Musik wie ich. Er lacht über die gleichen Witze. Er liest die gleichen Bücher. Er geht gern ins Theater und ins Museum. Sport betreibt er in Maßen. So wie ich. Nicht exzessiv mit diesem stetigen Leistungsgedanken im Hinterkopf. Wichtig ist nur, dass man sich regelmäßig bewegt.

Es ist nicht zu glauben. Alles stimmt. Und es ist zu schön, um wahr zu sein. Verzweifelt versuche ich, irgendetwas Negatives an ihm zu entdecken, um nicht ganz im Bodenlosen zu ertrinken. Schließlich sagt mir meine Lebenserfahrung, dass ein perfekter Mann eine perfekte Illusion ist.

Wir verbringen eine wunderbare Nacht. Tim entpuppt sich als Fünf-Sterne-Liebhaber, der genau weiß, wo er mich berühren muss.

»Du bist so schön«, sagt er und hebt die Hand, um mit seinen Fingerspitzen die Konturen meiner Lippen und meines Gesichts nachzuzeichnen. Um gleich darauf mit seinen Samtlippen an meinem Körper entlang zu gleiten. Als er seine Zunge um meinen Nabel kreisen lässt, glaube ich, es nicht mehr aushalten zu können. Er versteht es auf wunderbare Weise, den magischen Moment ins Unendliche zu dehnen. Was folgt, ist der pure Wahnsinn. Ein Feuerwerk der Lüste, wie ich es schon lange nicht mehr erlebt habe.

Erschöpft schläft er neben mir ein. Er hat einen ruhigen, angenehmen Schlaf, ist kein Schnarcher. Ich liege die ganze Nacht wach und kann mein Glück nicht fassen.

Irgendwann muss ich dann doch eingeschlafen sein. Ich werde mit einem Kuss und zärtlichem Streicheln geweckt. Ich kuschele mich an seinen sehnigen Adonis-Körper.

»Ich bin wahnsinnig gern mit dir zusammen«, sagt er

und knabbert an meinem Ohrläppchen, dass es mir wohlige Schauer den Rücken hinunter jagt.

»Ich auch«, flüstere ich zurück. Ich hätte ihm gern gesagt, dass ich noch selten soviel bei einem ersten Zusammensein mit einem Mann empfunden habe, aber ich halte mich zurück. Es ist nicht gut, sofort seine innersten Gedanken preiszugeben. Man muss ein wenig geheimnisvoll bleiben. Das erhöht den Reiz. Schließlich habe ich in sämtlichen Artikeln und in den von mir verfassten Ratgebern deutlich betont, wie man diese Spielchen zwischen Mann und Frau richtig spielt. Allerdings gebe ich auch stets den Ratschlag, nicht gleich in der ersten Nacht mit einem Mann ins Bett zu gehen. Daran halte ich mich auch für gewöhnlich. Aber mit Tim ist schließlich alles anders.

»Heute muss ich leider den ganzen Tag arbeiten«, sagt er beim Frühstück.

Ich bin ein wenig enttäuscht. Er merkt es mir an. »Eine wichtige Terminsache, die nicht aufgeschoben werden kann«, entschuldigt er sich. »Aber den Abend habe ich für dich freigehalten. Dann kommst du zu mir. Einverstanden?«

»In deine Wohnung?«, frage ich.

»In mein kleines Nest«, nickt er.

Den Tag verbringe ich in Emmerich. Flaniere durch die Stadt. Besuche das Schiffsmuseum. Und denke an Tim. Alles in mir sehnt sich nach ihm. Ich kann kaum den Abend erwarten. Ein wenig bestürzt bin ich schon über diese Macht des Begehrens. Und auch darüber, dass ich mich kaum wieder erkenne. Sollte ich tatsächlich dabei sein, mich einem Mann mit Haut und Haaren auszuliefern?

Am späten Nachmittag ruhe ich mich noch ein wenig aus. Liege auf meinem Hotelbett und träume vor mich hin. Dann ist es Zeit, mich auf das Treffen mit Tim vorzubereiten.

Die Straße, in der er lebt, ist nicht schwer zu finden. Es ist ein Mehrfamilienhaus, in dem er die vierte Etage bewohnt.

T. Schröder steht an der Tür.

Ich klingele. Nichts.

Ich klingele wieder. Ich bin absichtlich ein wenig zu spät gekommen. Sollte er trotzdem noch nicht zu Hause sein?

Die Haustür wird geöffnet. Ein junger Mann hält die Tür für mich auf. Ich steige die Treppen hoch. Es ist ein gepflegtes Haus. Im Flur riecht es sauber nach Zitrone. Und nach etwas Unbekanntem. Ein merkwürdiges Gefühl überkommt mich. Vor seiner Tür bleibe ich zögernd stehen. Ich will gerade klingeln, da bemerke ich, dass die Tür nur angelehnt ist.

»Tim?«, rufe ich und trete ein. »Bist du da?«

Ich sehe mich suchend um. Eine kleine Garderobe im Flur. Ein Spiegel. Ich gehe weiter. Vernehme ein irritierendes Geräusch. Wie ein wimmernder Hund. Oder eine Katze. Eine weiße Tür mit geriffelter Glasfüllung steht einen Spalt breit offen. Dahinter vermute ich das Wohnzimmer.

Ich klopfe. Öffne die Tür. Bleibe wie angewurzelt stehen. Das Zimmer ist ganz in schwarz und weiß gehalten. Flüchtig registriere ich einige Details. Ein Zebrafell, das an der Wand hängt, daneben Speere und andere Waffen. Davor steht ein Schreibtisch mit eingeschaltetem Computer. Im Zimmer sind Vasen und Kunstwerke mit exotischen Mustern und Gravuren verteilt. Offenbar Reisemitbringsel. Am erstaunlichsten finde ich eine hölzerne männliche Statue mit einem riesigen erigierten Penis.

Tim liegt auf einem weißen Teppich, unter ihm breitet sich ein roter Fleck aus. Auf dem schwarzen Ledersofa sitzt ein Mädchen und weint. Karamellfarbene Lockenflut umhüllt ihr Gesicht. Dann sieht sie auf.

»Sie?«, sagt Anja. »Was wollen Sie denn hier?«

»Ist das Ihr Freund aus Kirkland?«, frage ich. Und denke, klar, du dumme Pute. Wie blöd bist du eigentlich? Wieso hast du auch nur eine Sekunde geglaubt, ein Mann wie er stehe auf alte Frauen wie dich.

Dass er ebenso wenig Tim heißt wie du Carina, hättest du dir doch denken können. Wahrscheinlich heißt er noch nicht mal Tom.

Anja nickt. Über ihr Gesicht gleitet der Ausdruck des Erkennens. »Sie sind Carina?«, ruft sie aus. Maßloses Erstaunen. »Sind Sie wirklich Carina?«

»Woher kennen Sie meinen Namen?« Ich bin sicher, ich habe diesen Vornamen bei unserer Begegnung im Zug nicht genannt. Nur meinen Nachnamen.

»Ich hab Ihre Mails an ihn gelesen. Und die der anderen. Er hielt sich einen ganzen Harem. Und das mit der Familie in Amerika ist wahrscheinlich auch gelogen. Reine Tarnung, damit ich ja nicht auf die Idee komme, mich an ihn binden zu wollen.«

Augenblicklich bin ich ernüchtert. Wenn ich ehrlich bin, ist es keine wirkliche Überraschung. Wieso ist dann der Stich trotzdem so schmerzhaft, der mich durchfährt?

»Was ist passiert?«, frage ich sachlich.

Sie sieht mich mit hilflosem Augenaufschlag an. »Ich weiß es nicht«, sagt sie. »Es ging alles so schnell. Ich wollte ihn überraschen, weil ich unbedingt mit ihm reden wollte. Aber er hat nur rumgeschrien, dass ich abhauen soll. Und dann ist er gestürzt.«

»Gestürzt?« Ich gehe vorsichtig an Tim heran.

Seine Augen stehen offen. Seine wunderschönen Samtaugen. Sein Mund, der so perfekt lügen konnte, ist halb geschlossen. Ich fühle seinen Puls. Und dann sehe ich das Messer.

»Werden Sie mir helfen?«, fragt das Mädchen.

»Wir werden uns sehr gut überlegen müssen, was zu tun ist«, sage ich.

Sie nickt und beißt sich auf die Lippen. Ein kleiner Blutstropfen quillt hervor, sie leckt ihn ab.

Wenn wir alles hinter uns haben, werde ich ihr vorschlagen, dass sie das mit den Männern besser lassen und sich stattdessen einen Hund anschaffen soll. Nach guter Erziehung gehorcht ein Hund aufs Wort, ist anhänglich und immer ehrlich. Außerdem würde es ihr künftig eine Menge Probleme ersparen.

Mohr im Hemd

150 g Schokolade oder Kuvertüre
50 g Butter
8 Eier
150 g Zucker
150 g gemahlene Mandeln
Fett und Semmelbrösel
1/8 l Sahne

Schokolade und Butter im Wasserbad schmelzen lassen. Den Topf vom Herd nehmen, Eigelb und Zucker unterrühren. Dann die Mandeln hinzufügen. Eiweiß steif schlagen und unterziehen.

Eine verschließbare Puddingform ausfetten, mit Semmelbröseln bestreuen und den Teig einfüllen. Eine Stunde geschlossen im Wasserbad kochen lassen.

Den Pudding auf eine Platte stürzen, und vor dem Servieren die geschlagene Sahne darüber geben.

Jochen Brockmann

Alte Liebe

Prolog

Der alte Mann ging langsam, mit schleppenden Schritten, über den Rasen auf das angrenzende Anwesen zu. Er trug eine Leiter, deren Gewicht ihm sichtlich zu schaffen machte. Obschon die Dunkelheit wie ein schwarzes Tuch vor seinen Augen hing, kannte er den Weg. Sein Ziel war die mächtige Eiche seines Nachbarn, deren starken Äste ungeachtet der Grundstücksgrenzen im Laufe der vielen Jahre zu ihm herübergewachsen waren.

Die Leiter hatte er schon am frühen Nachmittag auf ihre volle Länge ausgezogen. Stück für Stück hob er sie nun an, bis ihr oberes Ende gegen den dicken Ast der Eiche lehnte. Nur ein leises Knarren war zu hören, als er langsam Sprosse für Sprosse nach oben stieg.

Aus seiner Tasche zog er einen Strick, den er mehrfach um den Ast schlang und mit einem Knoten festzog. Am anderen Ende des Seils hatte er eine Schlinge geknüpft, die er sich nun um den Hals legte und zuzog, bis er den dicken Knoten an seinem Hinterkopf fühlte.

Mit beiden Händen umfasste er den Ast und stieß sich von der Leiter ab. In drei Meter Höhe hing er nun über dem Rasen. Er wusste, dass es kein Zurück mehr gab. Er war zu schwach, um die Leiter wieder zu erreichen oder die Schlinge zu lösen. Langsam verließen ihn die Kräfte, dann fiel er in die Dunkelheit.

*

Der Brief steckte in einem schlichten weißen Umschlag. Der Absender war ein Rechtsanwalt und Notar Dr. Jürgen Hellmann aus Rheinberg.

Markus dachte zuerst an einen Mahnbescheid. Mit so was kannte er sich aus. Doch in diesem Brief ging es nicht um unbezahlte Rechnungen. Man bat ihn höflich, sich in einer dringenden Angelegenheit mit dem Unterzeichner in Verbindung zu setzen.

Die junge Dame am Telefon war überaus freundlich und zuvorkommend. Sein Name reichte aus, um sofort mit Dr. Hellmann verbunden zu werden.

»Hellmann. Guten Tag Herr Berger. Danke, dass Sie sich so schnell melden«, hörte er eine tiefe, seriöse Stimme.

»Ich weiß eigentlich gar nicht, um was es geht. Hier steht nur, ich soll einen persönlichen Termin mit Ihnen vereinbaren.«

»Das ist richtig, Herr Berger. Doch bevor wir einen Termin machen, muss ich mich davon überzeugen, dass Sie auch der richtige Markus Berger sind. Der Name ist nicht gerade selten hier am Niederrhein.«

»Ich bin bestimmt nicht der, den sie suchen.« Markus schüttelte den Kopf.

»Das werden wir gleich wissen. Sie heißen Markus Berger, geboren am 15. März 1968 in Krefeld. Sohn von Wilhelm Berger und seiner Frau Hedwig, geborene Weiß. Beide verstorben. Stimmt das so weit?«

Markus bestätigte dies. Er hörte, wie der Anwalt in seinen Unterlagen blätterte.

»Sehr gut, dann bitte ich Sie, übermorgen, am Donnerstag, um elf Uhr hier in der Kanzlei zu erscheinen. Bringen Sie ihren Personalausweis und Ihre Geburtsurkunde mit.«

»Um was geht's denn eigentlich?«

»Nun, die Details erfahren Sie hier. Nur soviel vorab, es geht um eine Erbschaftsangelegenheit. Wir sehen uns also am Donnerstag. Sie haben ja die Adresse.«

Dann war die Leitung tot.

Markus hielt den Hörer noch einen Augenblick in der Hand, als wolle er sich vergewissern, dass dieses Gespräch tatsächlich stattgefunden habe. Was sollte er von dieser Sache halten? Es gab niemanden, der ihm etwas hätte vererben können. Er hatte nicht viele Verwandte gehabt. Tante Dora, die Schwester seiner Mutter, war die letzte, und die starb vor vier Jahren. Alle waren längst begraben und keiner von denen hatte etwas hinterlassen. Er grübelte noch den ganzen Tag, wälzte alte Fotoalben, betrachtete Gesichter, an deren Namen er sich längst nicht mehr erinnerte, und kam immer mehr zu der Überzeugung, dass es sich um eine Verwechslung handeln musste.

Sein Leben hatte vor zweieinhalb Jahren durch seine Scheidung eine gravierende Wendung erfahren. Als Silke, seine Ex-Frau, aus der gemeinsamen Wohnung auszog und ihm gestand, bereits seit einem Jahr eine Affäre mit einem Kollegen zu haben, brach für ihn eine Welt zusammen.

Markus hatte Betriebswirtschaft studiert und danach bei Bayer in Uerdingen als Controller angefangen. Nach dem Ende seiner neunjährigen Ehe begann er zu trinken, vernachlässigte seine Arbeit und fehlte immer öfter unentschuldigt. Sein Chef zeigte viel Verständnis für ihn, konnte aber letztendlich die Kündigung nicht abwenden.

Auch wenn er heute nicht mehr trank, einen festen Job hatte er noch nicht wieder bekommen. Hier und da mal eine befristete Beschäftigung, ansonsten lebte er von Arbeitslosengeld, das hinten und vorne nicht ausreichte.

In der Nacht schlief er schlecht. Wer könnte ihm etwas vererbt haben und, was ihn noch mehr quälte, um welche Summe würde es sich handeln?

Nach dem Gespräch mit Markus Berger legte Hellmann nur kurz auf, wählte dann sofort eine Nummer, die er auswendig kannte. Nach zweimaligem Klingeln meldete sich eine Stimme: »Ja!«

»Er hat angerufen«, sagte Hellmann.

»Wann kommt er?«

»Am Donnerstag, um elf.«

»Das ist viel zu früh, wir brauchen mehr Zeit.« Die Stimme klang ärgerlich.

»Vier Wochen waren vereinbart. Noch länger konnte ich es nicht hinauszögern.« Hellmanns Stimme klang leicht nervös.

»Dann halten Sie ihn möglichst vorerst vom Haus fern. Ich verlasse mich auf Sie. Alles läuft so, wie wir es besprochen haben.«

»Machen Sie sich keine Sorgen. Er wird es akzeptieren. Wann bekomme ich mein Geld?«

»Wenn ich es für richtig halte. Rufen Sie mich an, wenn er bei Ihnen war. Wir wollen doch keine bösen Überraschungen erleben.«

Nachdenklich legte Hellmann auf. Ihm gefiel der Befehlston nicht, den er sich gefallen lassen musste, aber in Anbetracht des Geldes, das ihm versprochen wurde, konnte er darüber hinwegsehen. Noch ein paar Tage, dann war die Angelegenheit erledigt.

Über die Sprechanlage rief er seine Sekretärin herein. »Herr Berger kommt am Donnerstag. Bitte keine weiteren Termine an diesem Tag, Martina.«

»Ich werd's notieren«, antworte die junge Frau. Sie drehte sich um und wollte die Türe schließen, als er sie noch einmal ansprach.

»Ach, Martina? Warum nehmen Sie sich nicht am Donnerstagnachmittag frei? Sie haben in letzter Zeit viele Überstunden gemacht. Lassen Sie Herrn Berger ein und dann machen Sie sich mal einen schönen Tag.« Er nickte ihr freundlich zu.

»Gern, Herr Dr. Hellmann. Vielen Dank!“

So kannte Sie ihren Chef gar nicht. Sonst regte er sich schon auf, wenn sie mal zehn Minuten früher gehen wollte. Aber der freie Nachmittag kam ihr gerade recht. Sie lächelte Hellmann noch einmal zu und schloss die Tür.

Markus Berger sah auf den Kilometerstand seines Tachometers. Für die 34 Kilometer von Krefeld nach Rheinberg hatte er genau fünfundvierzig Minuten benötigt. Seit er seinen Job verloren hatte und vom Arbeitslosengeld lebte, konnte er es sich bei den Spritpreisen kaum noch leisten, mit seinem alten Corsa zu fahren. Doch heute Morgen war er zu ungeduldig, um die Bahn zu nehmen.

Er stieg aus und sah an der Fassade des Hauses empor. Irgendwo dort oben würde vielleicht eine Erbschaft auf ihn warten. Schnellen Schrittes betrat er das Gebäude. Die Anwaltspraxis befand sich im zweiten Stock. Er war zu aufgeregt, um auf den Fahrstuhl zu warten, eilte stattdessen, zwei Stufen auf einmal nehmend, die düstere Treppenflucht hinauf.

Punkt elf Uhr betrat er das Büro.

»Sie sind ohne Zweifel der richtige Markus Berger. Den Ausweis sollten Sie übrigens verlängern lassen. Er ist letzten Monat abgelaufen.« Mit diesen Worten reichte ihm Dr. Hellmann den Ausweis und die Geburtsurkunde zurück.

Dr. Hellmann entsprach nicht dem Bild, das Markus sich von im gemacht hatte. Er hatte sich einen großen, älteren Herrn vorgestellt, seriös und integer wirkend. Aber der Anwalt war eher klein und hatte deutlich ein paar Pfunde zu viel auf den Hüften. Die beginnende Kahlköpfigkeit, die sich über die hohe Stirn nach hinten ausbreitete und der Bart, der sein Kinn und die Wangen bedeckte, erinnerten Markus eher an Homer Simpson.

»Herr Berger . . .« Der Notar kam um den Schreibtisch herum auf Markus zu. Dabei deutete er mit ausgestrecktem Arm auf eine kleine Sitzgruppe in der Ecke des Büros. »Setzen wir uns doch dort hinüber, da redet es sich besser.«

Markus folgte ihm. Hellmann schenkte Kaffee ein, ging noch einmal zu seinem Schreibtisch und kam mit einem Aktenordner zurück. »Ich kann mir vorstellen, dass Sie jetzt erfahren wollen, warum ich sie hergebeten habe.«

»Allerdings! Ich möchte endlich wissen, was ich mit dieser Erbschaftsangelegenheit zu tun habe.«

»Selbstverständlich. Ein Mandant, den ich schon seit vielen Jahren vertrete, ist vor einigen Wochen verstorben. Genauer gesagt, am 15. Mai. Als sein Testamentsverwalter hat mich mein Mandant noch zu Lebzeiten beauftragt, Sie im Falle seines Todes zu suchen.« Hellmann machte eine Pause und trank einen Schluck Kaffee.

»Ich weiß nicht, um wen es sich handelt. Wer war Ihr Mandant?«, fragte Markus.

»Mein Mandant hieß Holler, Reinhard Holler.«

»Holler? Der Name sagt mir nichts.«

»Das will ich Ihnen gern glauben, Herr Berger. Dennoch hat sie Herr Holler zu seinem Alleinerben bestimmt?«

»Mich? Aber warum? Ich kannte ihn doch gar nicht.«

»Aber er kannte sie.« Hellmann zögerte, dann sagte er langsam und betonte dabei jede Silbe: »Er war Ihr Vater!«

Das Anwesen auf der Ritterstraße lag etwas zurückgesetzt. Das Haus war von der Straße aus kaum zu sehen, zumal es von einer hohen, blickdichten Hecke geschützt wurde. Auf dem dunklen Messingschild, das direkt neben der Einfahrt angebracht war, stand in schlichten, serifenlosen Buchstaben der Name Holler.

»Winfried, komm doch mal schnell!« Elfriede Sühlfeld stand vor ihrem Wohnzimmerfenster und blickte auf das Haus gegenüber. »Winfried, nun beeil dich!«

Winfried Sühlfeld ließ die Westdeutsche Zeitung sinken. Es ärgerte ihn, wenn er seine Zeitung nicht in Ruhe lesen konnte. »Was ist denn jetzt schon wieder?«, fragte er mürrisch, blieb demonstrativ sitzen und trank einen Schluck

Kaffee, der inzwischen kalt geworden war.

»Da sind zwei Männer drüben bei Holler. Ich glaube die wollen ins Haus. Nun komm doch mal!«

Das war allerdings eine Nachricht, die Winfried Sühlfeld neugierig machte. Seit sie den alten Holler begraben hatten, war niemand mehr in dem Haus gewesen. Seiner Frau wäre das bestimmt nicht entgangen. Er stand auf und trat zum Fenster.

Auf dem mit Kies ausgelegten Weg gingen zwei Männer auf das Holler'sche Haus zu. Als sie vor der Haustür standen, holte der Größere von ihnen etwas aus seiner Jackentasche.

»Sie haben einen Schlüssel«, kommentierte Elfriede und stieß ihren Mann in die Seite.

»Das sehe ich selbst. Nun sei doch mal still!«

Drüben schloss sich die Tür hinter den beiden Männern.

»Hast du das gesehen? Was sind das für Leute und was wollen die in dem Haus?«

»Woher soll ich das denn wissen?«, brummte Sühlfeld.

»Wen rufst du an?«, fragte sie, als er das schnurlose Telefon in die Hand nahm.

»Niemanden, den du kennst.« Mit diesen Worten ging er hinaus auf die Terrasse. »Sühlfeld hier. Ich wollte dir nur sagen, dass gerade zwei Männer in Hollers Haus gegangen sind?«

»Das weiß ich bereits.«

»Ist ja nur, weil du ...«

»Ich weiß, was ich gesagt habe, Winni. Es war gut, dass du angerufen hast. Das zeigt mir, dass ich mich auf dich verlassen kann. Beobachte weiter und melde dich, wenn die beiden wieder gegangen sind.« Damit war das Gespräch beendet.

Sühlfeld ging wieder ins Haus. Seine Frau stand noch immer am Fenster. Solange es etwas zu beobachten gab, würde sie diesen Posten nicht verlassen.

»Sind sie noch drin?«

»Ja, sie haben die Rollos hochgezogen. Einer hat sogar hier rüber geschaut«, entrüstete sich Elfriede Sühlfeld.

»Gib mir Bescheid, wenn sie gehen«, sagte ihr Mann und setzte sich wieder. Er nahm die Zeitung und trank noch einen Schluck Kaffee. Angewidert verzog er das Gesicht.

»Und das gehört jetzt alles dir?« Daniel sah Markus ungläubig an.

Markus zuckte mit den Schultern. »Ich glaub schon, jedenfalls hat der Anwalt das gesagt.«

Markus erinnerte sich noch genau, als er bei Hellmann im Büro saß und dieser ihm eröffnete, dass er der Alleinerbe eines stattlichen Vermögens sei. Was ihm jedoch den Boden unter Füßen weggezogen hatte, war die Behauptung Hellmanns, Reinhard Holler wäre sein leiblicher Vater gewesen.

»Das ist unmöglich«, widersprach Markus. »Mein Vater starb vor acht Jahren bei einem Verkehrsunfall.«

»Nun, Herr Berger«, begann der Anwalt, »sie wissen nur was Ihnen Ihre Eltern erzählt haben. Tatsache ist, dass Wilhelm Berger nicht ihr leiblicher Vater war.«

»Das glaube ich jetzt nicht!« Markus hielt es nicht mehr auf seinem Platz. Er stand auf und sah auf den Anwalt herab. »Sie bestellen mich hierher, prüfen meine Papiere, machen ein Riesengeheimnis um die ganze Sache und dann behaupten Sie, dass mein Vater gar nicht mein Vater war. Warum sollte ich Ihnen mehr glauben, als meinen Eltern? Was wird hier eigentlich gespielt?«

»Nun beruhigen Sie sich erst mal!«

»Ich will mich aber nicht beruhigen.«

»Setzen Sie sich und hören Sie mir zu!« Hellmann legte mehr Arroganz in seine Worte, als er eigentlich wollte. Er sah Markus an. »Bitte Herr Berger. Ich werde Ihnen alles erklären.«

Markus atmete tief ein, dann setzte er sich wieder.

Der Anwalt blätterte in seinem Ordner und zog einen Briefumschlag aus einer Klarsichtfolie. »Hier, dieser Brief ist an Sie gerichtet. Er ist von ihrem Vater.«

Markus nahm das Kuvert entgegen und betrachtete es misstrauisch. Es wollte ihm nicht in den Kopf, dass ein Mann, von dem er nie etwas gehört hatte, sein leiblicher Vater sein sollte. Seine Eltern hatten nie auch nur die leiseste Andeutung gemacht.

Er sah hinüber zu Hellmann, der einen Brieföffner von seinem Schreibtisch nahm und ihn Markus entgegenhielt.

»Lesen Sie! Jetzt!«

Markus Hände zitterten leicht, als den Umschlag aufschlitzte.

Rheinberg, den 7. Mai 2007

Lieber Markus,

ich verstehe, wenn du jetzt sehr durcheinander bist und du dem, was dir Dr. Hellmann über mich erzählte, keinen Glauben schenken willst. Das Leben ist nicht immer gradlinig und gut zu uns.

Deine Mutter war vierundzwanzig Jahre alt, als wir uns kennenlernten. Ich war damals zu Besuch bei einem Freund in Krefeld, dessen Schwester mit deiner Mutter befreundet war. So haben wir uns kennengelernt und ineinander verliebt. Es waren die bezauberndsten Wochen meines Lebens. Am letzten Wochenende vor meiner Abreise feierten wir meinen zweiunddreißigsten Geburtstag.

Deine Mutter war eine wundervolle Köchin, und ich war schon immer ein Sklave süßer Nachspeisen. Ich habe nie vergessen, wie sie mich an diesem Tag mit einem besonderen Dessert überraschte. Es waren Apfelbeignets, die besten die ich jemals gegessen habe. Glaube mir, wenn ich dir sage, dass in diesen Apfelbeignets das Geheimnis unserer Liebe lag, Liebe, die den Tod überdauert.

Es war der schönste Geburtstag, den ich je erleben soll-

te und es war die Nacht, in der du gezeugt wurdest. Aber das erfuhr ich erst aus einem Brief deiner Mutter, den sie mir schrieb, als du schon ein Jahr alt warst.

Deine Mutter war inzwischen mit Wilhelm Berger verheiratet, und sie bat mich, ihren Entschluss zu akzeptieren. Dennoch wollte sie, dass ich von deiner Geburt erfuhr. Nur Sie, Wilhelm und ich wussten, dass ich dein leiblicher Vater bin. Und so sollte es auch bleiben. Ich habe ihren Wunsch respektiert. Meine Entscheidung, dich jetzt mit der Wahrheit zu konfrontieren, wird aus der Not heraus geboren. Ich bin ein todkranker Mann und habe im Laufe meines Lebens ein beachtliches Vermögen erworben. Wem sollte ich es hinterlassen, wenn nicht meinem einzigen Sohn?

Wenn dich meine Worte allein nicht überzeugen, wird dir Dr. Hellmann den Brief überreichen, den mir deine Mutter seinerzeit schrieb. Ich habe ihn immer aufbewahrt. Die notariell beglaubigte Anerkennung meiner Vaterschaft befindet sich ebenfalls bei den Unterlagen, die dir mein Anwalt aushändigen wird.

Ich will diesen Brief nicht mit dem Wort Vater unterzeichnen. Dies steht mir nicht zu. Also sage ich einfach lebe wohl.

Markus faltete den Brief zusammen und steckte ihn in seine Jackentasche. »Den Brief meiner Mutter bitte!«

Der Anwalt reichte ihm einen Bogen dünnen Papiers. Markus erkannte die Handschrift sofort. Er las den Brief zweimal.

Einen Moment lang schloss Markus die Augen. Als er sprach, war seine Stimme kaum zu verstehen. »Es besteht wohl kein Zweifel, dass Reinhard Holler mein leiblicher Vater war. Wie ist er gestorben?«

»Vor acht Wochen wurde bei Ihrem Vater Krebs diagnostiziert, Bauspeicheldrüse ... unheilbar. Ihrem Vater stand ein sehr schmerzvoller Tod bevor. Er hat sein Leben immer selbst in die Hand genommen. Auch seinen Tod. In der Nacht vom 15. auf den 16. Mai hat er sich erhängt.«

»Mein Gott, wie schrecklich«, stieß Markus hervor. »Wie geht es jetzt weiter?«

»Ihr Vater hinterlässt Ihnen sein gesamtes Vermögen. Ebenfalls sein Haus in Rheinberg, wo er bis zu seinem Tode gelebt hat. Das Original des Testamentes wird dem Nachlassgericht zugestellt. Das ist nur eine Formsache. In ein paar Tagen ist alles erledigt. Es war der Wunsch Ihres Vaters, dass ich alle Formalitäten für Sie erledige. Dazu brauche ich gleich noch ein paar Unterschriften von Ihnen.«

Markus nickte. »Über welches Vermögen reden wir hier, Herr Dr. Hellmann? Können Sie mir einen ungefähren Überblick geben?«

Der Anwalt blätterte in seinen Unterlagen, nahm eine Seite heraus und legte sie vor Markus auf den Tisch. »Es verbleiben Ihnen ungefähr eineinhalb Millionen Euro. Sie erhalten zu gegebener Zeit eine Abrechnung. Dazu kommt noch das Haus, schuldenfrei und nicht belastet, mit seinem gesamten Inventar. Sie sind jetzt ein reicher Mann, Herr Berger.«

Markus konnte das alles noch nicht glauben. Vor einer Stunde wusste er nicht, wie er in den nächsten Wochen über die Runden kommen sollte und plötzlich besaß er ein eigenes Haus und verfügte über eine schwindelerregend hohe Summe Geldes.

»Markus?« Daniels Stimme holte ihn in die Gegenwart zurück. »Wo bist du denn mit deinen Gedanken?«

»Ich musste noch mal an das Gespräch mit dem Anwalt denken.«

»Ich wäre glatt durchgedreht, wenn mein Alter mir so viel Zaster vererbt hätte.« Daniel drehte sich im Kreis und wies auf die Hausbar. »Schau dir das an! Einfach gigantisch.«

Daniel und Markus waren Nachbarn gewesen. Bis kurz

nach Markus' Scheidung, als er dem Alkohol besonders intensiv zugesprochen hatte. So manches gemeinsame Besäufnis hatte sie zu Freunden werden lassen. Nachdem Markus umgezogen war, besuchten Sie sich in unregelmäßigen Abständen und ließen die guten alten Zeiten wieder aufleben.

Als Daniel gestern Abend bei ihm vorbeischaute, war das Markus zuerst gar nicht recht. Er war in Gedanken noch bei seiner Erbschaft und bei dem Mann, der sein leiblicher Vater gewesen war. Aber sein alter Kumpel war ein guter Zuhörer und so erzählte Markus, was ihm widerfahren war. Als er erwähnte, am nächsten Morgen das Haus seines Vaters in Rheinberg besichtigen zu wollen, schlug Daniel spontan vor, ihn zu begleiten. Markus nahm das Angebot sofort an. Die Vorstellung, das fremde Haus allein zu betreten, bereitete ihm Unbehagen.

Als Markus Dr. Hellmann gestern um die Hausschlüssel bat, hatte er deutlich den Widerwillen des Anwaltes gespürt, der diesem Wunsch nur zögerlich nachkam.

»Komm, lass uns mal die Zimmer in der oberen Etage ansehen«, forderte Markus seinen Freund auf. »Wer weiß, was wir alles finden.«

Rechtsanwalt Dr. Hellmann war seit vier Jahren geschieden. Das Haus in Budberg war mit hohen Hypotheken belastet. Hinzu kam der Unterhalt für seine Ex-Frau, die ihn finanziell abgeschlachtet hatte. Ganz zu schweigen von den achttausend Euro, die er seinem Buchmacher schuldete.

Die zwanzigtausend Euro, die er für seine Mithilfe im Fall Holler erhalten würde, waren sein Rettungsanker. Ohne dieses Geld wäre finanziell am Ende.

Er fuhr gerade von seinem Grundstück und bog in den Kiefernweg ein, als sein Handy klingelte.

»Hellmann!«

»Da sind zwei Männer in Hollers Haus. Können Sie mir das erklären? Ich dachte meine Anweisungen wären eindeutig gewesen.«

»Es . . . es tut mir leid«, stotterte Hellmann, »ich habe alles versucht, um Berger davon abzubringen. Aber er wollte unbedingt das Haus sehen. Was hätte ich denn machen sollen?«

»Sie werden gut bezahlt, damit Sie sich etwas einfallen lassen. Und Sie brauchen die Zwanzigtausend, sonst sind Sie erledigt, Herr Dr. Hellmann.«

»Ich werde Berger nachher anrufen und . . .«

»Unsinn! Ich sage Ihnen, was Sie jetzt tun werden. Sie fahren zu Hollers Haus und schauen den beiden auf die Finger. Sorgen Sie dafür, dass heute Nacht niemand im Haus ist. Das ist Ihre letzte Chance, sonst sind Sie raus aus dem Deal.«

Bevor Hellmann antworten konnte, war die Leitung tot. Er fluchte, bog links ab, auf die Landstraße nach Rheinberg und gab Gas.

Markus öffnete gerade die Türe zum Arbeitszimmer seines Vaters, als die Türglocke anschlug.

»Erwartest du Besuch?«, rief Daniel und kam die Treppe herunter.

»Eigentlich nicht. Niemand weiß, dass wir hier sind.« Er öffnete die Haustür und war erstaunt, Dr. Hellmann anzutreffen. »Sie?«

»Das klingt aber nicht so, als würden Sie sich freuen, mich zu sehen.« Der Anwalt hatte wieder dieses aufgesetzte Lächeln, das Markus schon gestern unangenehm aufgefallen war.

»Nein, nein, es ist nur so, dass ich Sie hier nicht erwartet habe.« Er bat Hellmann herein und machte die beiden Männer miteinander bekannt.

»Konnten Sie sich schon einen Überblick verschaffen?«, fragte der Anwalt.

»Wir sind gerade erst hier«, warf Daniel ein. »Viel gesehen haben wir noch nicht.«

Hellmann winkte ab. »Lassen Sie sich Zeit. Es reicht, wenn Sie die Schlüssel heute Mittag in der Kanzlei abgeben«, wandte er sich an Markus.

»Warum sollte ich Ihnen die Schlüssel zurückgeben? Das Haus gehört doch jetzt mir, oder?«

»Natürlich gehört es Ihnen. Es ist nur so, dass alles seine Richtigkeit haben muss. Sie erhalten die Schlüssel mit allen Erbschaftsunterlagen in den nächsten Tagen wieder zurück.«

In Markus Kopf schlug eine Alarmglocke an. Er hatte sich gestern nicht getäuscht. Hellmann wollte ihn nicht hier haben.

Was gab es hier, was er nicht sehen durfte?

»Gut, dann bringen wir Ihnen die Schlüssel nachher vorbei«, versprach er.

Fünf Minuten später schloss er die Haustür hinter dem Anwalt.

»Sag mal, was ist das denn für ein Typ?«, fragte Daniel. »Der sieht ja aus wie Homer Simpson.«

»Ist mir auch schon aufgefallen.« Die beiden lachten.

»Daniel, hier gibt es irgendetwas, was wir nicht sehen oder wissen dürfen. Ist dir aufgefallen, wie schnell der uns hier raushaben will?«

»Du wirst die Schlüssel doch nicht wirklich abgeben, oder?«

»Selbstverständlich nicht. Das ist mein Haus und so schnell kriegt mich hier keiner wieder raus.«

Daniel kratze sich am Kopf. »Was meinst du damit, es müsse etwas geben, was wir nicht wissen dürften?«

»Ich weiß es nicht«, gestand Markus und zuckte die Achseln. «Es ist nur so'n Gefühl, weißt du. Lass uns das Haus durchsuchen. Vielleicht finden wir etwas.«

Den Rest des Tages verbrachten sie damit, jedes Zimmer auf den Kopf zu stellen. Sie schauten in Schränke, unter Betten, hoben Teppiche an, um nach verborgenen Falltüren zu suchen. Daniel klopfte sogar gegen Wände, um Hohlräume aufzuspüren.

Es war schon früher Abend, als sie sich im weitläufigen Wohnzimmer in die Ledersessel fallen ließen.

»Nichts, überhaupt nichts, was das Verhalten deines Anwalts erklären würde«, stellte Daniel fest. »Vielleicht hat er 'ne Geliebte, mit der er die Nacht hier verbringen will.«

»Quatsch!«, winkte Markus ab. »Hier geht's nicht nur um eine Frau.«

»Wie wär's denn mal mit was zu essen. Ich fühl mich schon total schlapp. Wir könnten ein Pizzataxi bestellen«, schlug Daniel vor.

»Lass uns erst noch den Keller untersuchen«, erwiderte Markus, »dann gibt's was zu futtern. Das Essen geht auf mich.«

»Du kannst es dir ja leisten«, knurrte Daniel und stand auf.

Das Untergeschoss war fast genauso groß, wie die Etage darüber. Nur waren die Räume anders aufgeteilt. Von einem langen Flur, der sich durch den ganzen Keller zog, gingen rechts und links Räume ab. Als Markus den Lichtschalter betätigte, erstrahlte der Keller in unerwartet hellem Licht.

Sie durchkämmten alle Räume, in denen sich außer Gerümpel, alten Möbeln und Büchern nichts Interessantes befand.

Als Daniel die letzte Tür am Ende des Ganges öffnen wollte, war diese verschlossen.

»Die ist zu. Ist doch komisch. Keine der anderen Türen war abgeschlossen.«

Sie sahen sich fragend an.

»Hast du einen Schlüssel?«, wollte Daniel wissen.

Markus hob die Schultern. »Keine Ahnung. Vielleicht

passt einer vom Schlüsselbund. Er liegt oben, ich hole ihn.«

Als er zurückkam, hockte Daniel vor der Tür und betrachtete das Schloss. »Das ist ein Sicherheitsschloss. Gib mir mal die Schlüssel!« Er nahm den Schlüsselbund und sah sich jeden einzelnen genau an.

»Der könnte passen.«

Der Schlüssel ließ sich problemlos ins Schloss stecken. Daniel drehte ihn herum. Ein leises Schnappen ertönte.

»Bingo!« Die Männer sahen sich triumphierend an. Sie betraten den Raum, der deutlich größer war, als alle anderen Kellerräume, die sie bisher kontrolliert hatten.

Dieser Raum sah auch nicht aus wie ein Kellerraum. Der Boden war mit Laminat ausgelegt. Vor Kopf an der Wand stand ein Schreibtisch mit Monitor, Tastatur, Drucker und einem Rechner.

Daniel stieß einen Pfiff aus. »Was haben wir denn da?«

Linker Hand stand eine Couch mit einem Tisch und zwei Sesseln. Alles in allem war das Zimmer wohnlich eingerichtet.

»Schau mal dort!« Markus wies auf einen kleinen roten Kasten, an dem zwei grüne Leuchtdioden brannten. »Das ist ein Router. Das heißt, man kommt von hier aus auch ins Internet. Und das wiederum bedeutet, dass sich bestimmt auch Emails auf dem Rechner befinden. Vielleicht erfahren wir auf diese Weise etwas Interessantes.«

Sie schalteten den Rechner ein und warteten, während das System hochfuhr. Der Willkommensbildschirm verlangte die Eingabe eines Passwortes.

»Und jetzt?«, wollte Daniel wissen. »Hast du 'ne Ahnung, was dein Vater für ein Passwort gewählt haben könnte?«

»Hey, ich kannte den Mann überhaupt nicht.«

»Wie hieß er denn mit Vornamen?«

»Reinhard.«

Daniel gab den Namen ein und drückte die Entertaste. »Das war's nicht!«, stellte er lakonisch fest. Dann tippte er ‚Markus' ein. Wieder eine Fehlermeldung.

Die nächste halbe Stunde verbrachten sie damit, Namen in allen Variationen einzutippen.

»Verdammt«, schimpfte Markus, »ohne Passwort kommen wir nicht an die Daten und vor allem nicht an die Emails.« Er biss sich auf die Lippen, das tat er immer, wenn er angestrengt nachdachte.

»Wann ist er geboren?«, fragte Daniel. »Vielleicht hat er sein Geburtsdatum genommen.«

»Das weiß ich doch nicht. Hast du schon wieder vergessen, dass ich den Mann nicht gekannt habe.«

»Dann eben nicht. Bleib das Ding halt aus.«

Markus packte die Wut. »So ein verdammter Mist«, schrie er und trat gegen den Bürostuhl, der raketengleich durch den Raum schoss und gegen die Wand knallte. »Verdammt noch mal, wir brauchen nur dieses scheiß Passwort.« Er ließ sich in den Sessel fallen und fuhr sich mit den Händen durchs Gesicht.

Daniels Stimme zerriss die Stille, die nach dem Wutanfall seines Freundes eingetreten war. »Hast du das gehört?«

»Was soll ich gehört haben? Nun sprich nicht in Rätseln!«

»Das Geräusch, als der Stuhl gegen die Wand prallte.«

»Ja und? Was soll damit sein?«

»Mensch Markus, das klang hohl.« Daniel stand auf und ging hinüber zur Wand.

Mit den Fingerknöcheln klopfte er dagegen. Dem Klang nach zu urteilen befand sich dahinter eindeutig ein Hohlraum. Er klopfte weiter und wich dabei nach rechts aus, bis sich das Klopfgeräusch änderte.

»Hier ist es zu Ende.« Er wiederholte die Prozedur auf der anderen Seite.

»Zwei Meter in der Breite«, schätzte Markus.

Daniel klopfte weiter. In der Höhe schien der Hohlraum bis an die Decke zu reichen.

„Vielleicht ist das nur eine ganz normale Vertäfelung", vermutete Markus, hoffte aber sehr, dass er sich täuschte.

„Nein, dahinter verbirgt sich etwas. Da bin ich mir ganz

sicher. Jetzt müssen wir nur noch rausfinden, wie wir daran kommen.«

Die Freunde tasteten Zentimeter für Zentimeter der Wandfläche ab. Drückten auf alle Unebenheiten, versuchten irgendwo einen Ansatz für eine Tür zu finden. Doch ihre Suche blieb erfolglos.

Erst als Markus sich aufrichtete und dabei gegen den Sockel der Fußleiste stieß, war ein leises Knacken zu vernehmen. Die Wand hatte sich plötzlich an der linken Seite hervorgehoben.

»Ich werd' verrückt«, stieß Daniel aus. »Wusst' ich's doch. Eine Geheimtür.« Sie fassten das hervorgehobene Ende und schoben die Verkleidung mit Leichtigkeit zur Seite.

Was sie fanden, war so überwältigend, dass sie sich nur stumm ansahen. Mit allem hatten sie gerechnet, aber nicht mit diesem Anblick.

Die Gruppe, die sich zur späten Stunde in dem kleinen Zimmer eingefunden hatte, bestand nur aus drei Männern.

»Freunde!«, begann der Arzt, Dr. Johann Vöhringer. »Gut, dass ihr so schnell kommen konntet. Unerwartete Ereignisse machen diese Zusammenkunft erforderlich.«

Er machte eine kleine Pause und war sich der Aufmerksamkeit der beiden anderen Männer bewusst. Es war so leise im Zimmer, dass man fürchten musste, sie hätten das Atmen vergessen.

»Wir sind kurz vor dem Ziel. Ich habe gerade erfahren, dass der Ort, an dem Holler die Unterlagen deponiert hat, gefunden wurde.«

»Wie sicher ist diese Information? Sind die Unterlagen wirklich dort?«, fragte Winfried Sühlfeld, dessen gerötetes Gesicht die Aufregung widerspiegelte, die von ihm Besitz ergriffen hatte.

»Es gibt keine Alternative. Die Unterlagen müssen sich dort befinden.«

»Du bist dir aber nicht sicher?«

»Ich bin überzeugt davon, dass wir am Ziel sind. Alles andere wird sich zeigen, sobald wir das letzte Hindernis aus dem Weg geräumt haben.«

»Wir haben das Haus doch mehrfach durchsucht. Warum haben wir nichts gefunden?«, fragte Karl-Heinz Albrecht, Oberst a.D. und direkter Nachbar von Johann Vöhringer. Überhaupt hatte keiner der nächtlichen Besucher eine lange Anreise gehabt. Sie waren alle zu Fuß aus der unmittelbaren Nachbarschaft gekommen.

»Weil wir nicht gründlich im Keller gesucht haben. Wir waren überzeugt, dass wir im Schlaf- oder Arbeitszimmer fündig werden müssten. Das ging doch aus den Hinweisen deutlich hervor. Aber anscheinend hat Holler uns an der Nase herumgeführt. Er hat uns in vielerlei Hinsicht getäuscht. Das Versteck befindet sich aber im Keller und ist als Wand getarnt. Es wurde nur durch einen Zufall entdeckt.«

»Woher weißt du das so genau?«, wollte Sühlfeld wissen.

»Ich habe meine Quelle, Winni. Eine, auf die ich mich hundertprozentig verlassen kann.«

»Was für eine Quelle, Johann? Ich erinnere daran, dass jeder hier im Raum sehr viel zu verlieren hat, wenn diese Unterlagen in die falschen Hände gelangen.« Oberst a.D. Albrecht erhielt von Sühlfeld gemurmelte Zustimmung.

Johann Vöhringer blieb äußerlich ruhig. Nur sein zitterndes Kinn verriet den Ärger über die Worte des alten Soldaten. »Mein Informant ist absolut vertrauenswürdig«, fuhr er fort, »es ist nicht erforderlich, seine Identität preiszugeben. Unser Ziel ist fast erreicht und nur das zählt. Meine Quelle kennt weder eure Namen, noch den wahren Grund unserer Bemühungen. Mehr kann und will ich zu diesem Zeitpunkt nicht sagen. Es muss euch genügen.«

In den Gesichtern der beiden anderen war das Misstrauen deutlich abzulesen.

Winfried Sühlfeld rettete schließlich die Situation. »Ohne Johanns Einsatz hätten wir doch schon längst aufgegeben. Er war es, der den Anwalt dazu gebracht hat, die Testamentseröffnung ein paar Wochen hinauszuschieben, damit wir Zeit hatten, das Haus zu durchsuchen.«

Albrecht nickte zögernd. »Wie viel weiß dieser Advokat eigentlich?«, fragte der Oberst.

»Er weiß gar nichts«, antwortete Vöhringer. »Er kennt nur die Nummer meines Handys. Eine Prepaid-Karte ohne Rückschlüsse auf den Namen. Er ist spielsüchtig, hat hohe Wettschulden und chronischen Geldmangel. Die besten Voraussetzungen für unsere Aktion.«

»Wirklich gut eingefädelt!«, lobte Albrecht anerkennend.

»Also«, fuhr Sühlfeld fort, »wir müssen uns jetzt einigen, wie es weitergehen soll. Der Ort ist gefunden, aber Johann sagte, es müsste noch ein Hindernis aus dem Weg geräumt werden.« Er sprach Vöhringer direkt an. »Was ist das für ein Hindernis, Johann? Oder dürfen wir das auch nicht wissen?«

Der alte Arzt ließ sich von den Worten nicht provozieren. Ruhig und sachlich antwortete er: »Genau genommen sind es zwei Hürden, die wir noch nehmen müssen. Die erste ist Hollers Sohn, der sich zur Zeit im Haus befindet. Er ist seit heute früh dort, mit einem Freund. Als Winni mich informierte, habe ich Hellmann hingeschickt, aber der Idiot hat's vermasselt. Die beiden haben Verdacht geschöpft und das Haus von oben bis unten durchsucht. Winni hat sie nicht rauskommen sehen, das bedeutet, dass sie wahrscheinlich dort übernachten.«

»Können wir denn diese Nacht ins Haus?«, fragte Oberst Albrecht zweifelnd.

»Kommt darauf an«, erwiderte Vöhringer geheimnisvoll. »Die zweite Hürde ist der Tresor, in dem die Unterlagen vermutlich liegen. Er ist nur mit einer Zahlenkombination zu öffnen.« Die beiden anderen Männer schüttelten verunsichert die Köpfe und machten resignierte Mienen.

»Dieses Problem ist bestimmt zu lösen. Ich bin mir ziemlich sicher, die Zahlenkombination zu kennen.« Mit diesen Worten gelang es dem alten Doktor, den Optimismus der beiden Männer halbwegs wieder herzustellen.

»Dann bleibt nur die Frage, wie wir die beiden aus dem Haus bekommen«, warf Albrecht ein.

»Nicht nötig.« Vöhringer schüttelte triumphierend den Kopf. »Wir werden uns im Morgengrauen unbemerkt in den Keller begeben und die Unterlagen aus dem Safe holen. So einfach ist das.«

Die beiden anderen sahen ihn fragend an.

»Was macht dich so sicher, dass sie uns nicht hören?« Oberst Albrecht war dicht an den Arzt herangetreten, als wollte er ihm die Worte ins Ohr flüstern.

»Ich weiß es einfach. Ihr müsst mir vertrauen. Ich schlage vor, dass wir es gemeinsam durchziehen.«

Sühlfeld und Albrecht nickten.

»Gut, dann passt auf, hier ist mein Plan . . .«

Markus lag angezogen auf dem Bett im ersten Stock des Hauses. Aus dem Zimmer gegenüber hörte er trotz der geschlossenen Tür seinen Freund schnarchen. Er selbst war zu aufgekratzt, als dass er Schlaf gefunden hätte.

Nachdem sie den Geldschrank in der Wand entdeckt hatten, war Daniel nach oben gegangen und hatte den Whisky geholt. Sie konnten beide einen Schluck vertragen. Nach zwei Stunden hatten sie so viel getrunken, dass sie die weitere Vorgehensweise auf den nächsten Tag verschoben.

Markus fühlte zwar den Alkohol im Körper, war aber dennoch nicht zu betrunken, um die anstehenden Probleme zu überdenken.

Wie sollten sie den Geldschrank öffnen? Sie hatten schon beim Passwort des Computers versagt, und die Zahlenkombination zu raten war unmöglich. Er wusste ja noch nicht einmal, wie viele Stellen die Kombination haben könnte.

Markus setzte sich auf und knipste die kleine Lampe auf der Kommode an. Der Brief von Holler und der seiner Mutter stecken noch in seiner Jackentasche. Er holte sie heraus und las sie erneut. Immer wieder, bis er einzelne Stellen schon auswendig konnte.

Wenn sein Vater ihm schon das ganze Vermögen hinlassen hatte, warum gab es dann keinen Hinweis auf den Geldschrank und die Zahlenkombination? Hatte der Anwalt vielleicht diese Informationen für sich behalten? Wollte er deshalb, dass Markus sich nicht im Haus aufhielt? Nein, das konnte nicht der Grund sein. Hellmann hatte Wochen Zeit gehabt, den Tresor leer zu räumen.

Er las noch einmal den Brief seines Vaters. Die Begeisterung über die Apfelbeignets erinnerte Markus daran, dass er heute nur ein kleines Frühstück zu sich genommen hatte.

Seine Mutter war tatsächlich eine gute Köchin gewesen. Ihren Desserts hatte in der ganzen Nachbarschaft niemand widerstehen können, aber es hatte bei ihnen zu Hause niemals Apfelbeignets gegeben. Daran hätte er sich erinnert. Seine Mutter schien dieses Dessert wirklich nur für den Mann, den sie über alles geliebt hatte, gemacht zu haben. Der Brief, den sie Reinhard Holler damals geschrieben hatte, ließ keinen anderen Schluss zu. Er war ihre große Liebe gewesen.

Schnell schob er die Gedanken beiseite und dachte wieder über sein eigentliches Problem nach. Dann las er erneut den Brief seines Erzeugers. Das Geheimnis der Liebe und der Apfelbeignets interessierte ihn nicht. Für ihn war das Geheimnis des Tresors die Realität, mit der er zu kämpfen hatte.

Als er die Briefe zurück in seine Jackentasche stecke, kam ihm ein Gedanke, der von Minute zu Minute klarer wurde. Plötzlich fügte sich alles ineinander. Warum hatte er diesen Hinweis nicht sofort erkannt? Er musste seinem Verdacht augenblicklich auf den Grund gehen. Kurz spielte er mit dem Gedanken, Daniel zu wecken, verwarf diese Idee aber wieder. Er wollte keine Zeit verlieren.

Die drei Männer mieden den mit Kies ausgelegten Weg zum Holler'schen Haus. Kein Geräusch durfte ihre Anwesenheit verraten.

Als Vöhringer leise den Schlüssel herumdrehe, hielten alle den Atem an. Geräuschlos öffnete sich die Eingangstür. Die Männer verschwanden im Inneren des Hauses.

»Wo befindet sich der Kellereingang?«, flüsterte der alte Oberst dem Arzt zu.

»Folgt mir, aber seid leise. Wir können heute kein Licht machen. Stoßt nirgendwo an!«, forderte der Arzt seine Begleiter auf.

Die drei dunklen Gestalten bewegten sich vorsichtig durch den Flur, vorbei am Wohnzimmer, bis sie vor der Kellertür standen.

Vöhringer, der die Aktion leitete, drückte langsam die Klinke hinunter und geräuschlos öffnete sich die Tür. Kurz erleuchtete der Strahl einer Taschenlampe die nach unten führende Treppe.

Sühlfeld schloss die Tür hinter sich. Er empfand die Dunkelheit als äußerst beklemmend. »Jetzt können wir doch Licht machen«, schlug er daher vor.

Vöhringer schaltete die Taschenlampe wieder ein. »Seid aber vorsichtig und macht keinen Lärm.«

Sie stiegen die Treppe hinunter und folgten dem Kellergang, bis der Arzt vor einer Tür stehen blieb. »Hier ist es«, sagte er leise und hoffte, dass die Tür nicht verschlossen war. Seine Befürchtungen waren unbegründet, auch diese Tür ließ sich geräuschlos öffnen. Sie betraten den Raum und dann entdeckten sie den Tresor hinter der halb zurückgeschobenen geheimen Wand.

»Da ist er!« Albrecht hatte vor Aufregung lauter gesprochen als beabsichtigt und wurde sofort von den beiden anderen zurechtgewiesen. Sie gingen hinüber.

»So, dann mach mal!«, forderte Sühlfeld. Er schwitzte vor Aufregung. Bald würde alles überstanden sein. Jahre der Angst würden endlich von ihm abfallen.

Der alte Arzt trat dich an den Geldschrank heran und leuchtete auf den Drehknopf, mit dessen Hilfe die Zahlenkombination eingegeben werden konnte. Er drehte den Knopf abwechselnd nach rechts und nach links, bis er die Zahlen in der richtigen Reihenfolge erfasst hatte. Mit der rechten Hand betätigte er den stählernen Griff des Tresors und drückte ihn herunter. Nichts geschah. Der Griff bewegte sich keinen Millimeter.

»Was ist los?«, fragte der Oberst ungeduldig.

Vöhringer winkte ab und gab die Zahlenkombination erneut ein. Aber auch dieses Mal ließ sich die Stahltür nicht öffnen.

»Verdammt, ich dachte, du kennst die Kombination«, fluchte Sühlfeld, dessen Nerven der Anspannung nicht mehr gewachsen waren.

Unvermittelt flammte das Licht im Raum auf. Von der Helligkeit geblendet, kniffen die drei Männer die Augen zusammen und fuhren herum.

»Guten Abend meine Herren. Oder besser gesagt, guten Morgen.« Markus sah die drei verächtlich an. Wenn die Situation nicht so ernst gewesen wäre, hätte er vielleicht laut losgelacht, als er die erschreckten Gesichter der Männer sah. »Mein Name ist Markus Berger, das Haus gehört jetzt mir.«

»Wir sind nur hier, um das zu holen, was uns ihr Vater gestohlen hat«, stieß der Oberst hervor.

»Und dafür müssen Sie den Tresor öffnen?«, fragte Markus. »Was ist denn so wertvoll, dass mein Vater es in seinem Stahlschrank verschließen musste?«

»Das geht Sie nichts an!«, erwiderte Vöhringer barsch.

Markus lachte ironisch. »Sie vergessen, dass alles in diesem Hause jetzt mir gehört und somit auch der Inhalt des Tresors.«

»Wir wollen nur unser Eigentum zurück.« Oberst Albrecht machte zwei Schritte auf Markus zu. »Und wenn Sie es uns nicht freiwillig geben, dann holen wir es uns mit Gewalt.«

»Dazu müssten sie den Schrank allerdings erst einmal öffnen.«

Obwohl die alten Männer ihm zahlenmäßig überlegen waren, wusste Markus, dass sie ihm nichts anhaben würden. »Ich kann Sie übrigens beruhigen, Herr Dr. Vöhringer. Ich bin überzeugt davon, dass Sie die richtigen Zahlen gekannt haben. Aber ich habe mir erlaubt, die Kombination zu ändern.«

»Das glaube ich ihnen nicht«, widersprach der Arzt, konnte aber die Überraschung nicht verbergen, dass Berger seinen Namen kannte. »Sie können die richtigen Zahlen unmöglich gewusst haben.«

»Wenn ich Ihnen nun sage, dass dort im Tresor genügend Beweise liegen, um sie ins Gefängnis zu bringen, würden Sie mir dann glauben?«

»Sie bluffen!«, schrie Sühlfeld.

»Halt den Mund, Winni«, fuhr Dr. Vöhringer seinen Freund an.

»Winni?«, fragte Markus. „Dann sind sie also Winfried Sühlfeld, Postbeamter im Ruhestand, der sein bescheidenes Beamtengehalt mit Unterschlagungen in Höhe von etwa fünfhunderttausend Mark aufgebessert hat.«

Er wandte sich an Albrecht. »Und Sie müssen Karl-Heinz Albrecht sein. Oberst der Bundeswehr, der es nicht über sich brachte, das eine oder andere militärische Geheimnis für sich zu behalten. Vor allem nicht, weil man damit so viel Geld verdienen konnte.«

Albrecht wurde kreidebleich. »Alles Lügen«, zischte er. »Nichts weiter als Lügen. Das können sie nie beweisen.«

Markus grinste. »Ich nicht, aber die Unterlagen in diesem Stahlschrank.«

»Ihr Vater war nichts weiter, als ein kleiner, schmieriger Erpresser. Sie wissen gar nicht, um was es hier geht.«

»Meine Herren, ich schlage vor, dass Sie sich setzen.«

Zögernd kamen die Männer seiner Aufforderung nach.

»Ich möchte Ihnen eine Geschichte erzählen. Eine Geschichte, die vor mehr als vierzig Jahren begann, genau genommen im Juni 1967. Mein Vater, Reinhard Holler, besuchte zu dieser Zeit seinen Freund in Krefeld. Sie hatten zusammen in Düsseldorf studiert. Mein Vater Betriebswirtschaft, während sein Freund sich der Medizin verschrieben hatte und Arzt wurde. Dieser Freund waren Sie, Dr. Johann Vöhringer.«

Der Angesprochene starrte Markus entsetzt an.

»Wie es der Zufall wollte, lernte Reinhard Holler in ihrem Hause meine Mutter, Hedwig Weiß kennen, die eine gute Freundin Ihrer Schwester war. Die beiden verliebten sich ineinander, was Sie, verehrter Doktor, überhaupt nicht gern sahen, denn Sie waren selbst in die Freundin Ihrer Schwester verliebt, die Ihre Gefühle aber nicht erwiderte. Nachdem mein Vater abgereist war, haben Sie jede Möglichkeit genutzt, ihn gegenüber meiner Mutter schlecht zu machen und zu verleumden. Sie schreckten auch nicht davor zurück, Ihre eigene Schwester unter Druck zu setzen und sie für Ihre Intrige zu benutzen. Und jetzt kommt der korrupte Postbeamte Sühlfeld ins Spiel.«

Der alte Mann wurde blass, als Markus ihn durchdringend ansah.

»Sie waren damals für die Postverteilung im Wohnbezirk meiner Mutter zuständig. Eines habe ich allerdings noch nicht herausgefunden: Was hat Ihnen Ihr Freund Vöhringer dafür gegeben, dass Sie alle Briefe meines Vaters an meine Mutter unterschlagen haben?«

Sühlfeld schrie mit hochrotem Kopf: »Alles gelogen . . . nichts davon ist wahr!«

»Meine Mutter musste annehmen, dass sie für meinen Vater nichts anderes, als ein kleines Abenteuer gewesen war. Dennoch hörte sie nicht auf, ihn zu lieben.«

Markus wandte sich an Albrecht, der die ganze Zeit ruhig und mit arrogant wirkender Mine, den Ausführungen zugehört hatte. »Sie, Dr. Vöhringer, beschlossen nach Wiesbaden zu fahren, wo mein Vater damals lebte, um ihn dazu zubringen, meiner Mutter zu erklären, ihre Beziehung sei nur eine Urlaubslaune gewesen. Dazu kam es allerdings nicht. Wie der Zufall es wollte, lernte Vöhringer in Wiesbaden Karl-Heinz Albrecht kennen, einen alten Schulfreund meines Vaters. Albrecht war zu dieser Zeit in besonderen Schwierigkeiten, weil er, beziehungsweise seine Freundin, gewisse ärztliche Leistungen benötigten, die damals in Deutschland noch strafbar waren. Die beiden wurden sich schnell einig. Dr. Vöhringer löste das Problem des jungen Soldaten, dafür schrieb dieser in Vöhringers Auftrag einen Brief an meine Mutter, in dem er glaubhaft versicherte, dass Reinhard Holler inzwischen verheiratet sei. Als angebliches Beweisstück legte er diesem Brief eine Fotografie bei, die meinen Vater zeigte, wie er gerade eine junge Frau küsste, die ein weißes Brautkleid trug. Für meine Mutter war das der endgültige Fingerzeig, dass sie nicht auf meinen Vater zu warten brauchte. Albrecht hatte dieses Foto zwar selbst geschossen, allerdings entstand es anlässlich der Hochzeit seiner Schwester, bei der mein Vater als Trauzeuge fungiert hatte.«

Markus machte eine Pause und sah die drei Männer mit zusammen gekniffenen Augen an. »Die hinterhältige Intrige trug Früchte. Allerdings nicht so, wie Sie sich das vorgestellt hatten, Dr. Vöhringer. Hedwig Weiß heiratete, noch bevor man ihr die Schwangerschaft ansehen konnte, ihren alten Schulfreund Wilhelm, der ihr während der ganzen Zeit, in der sie um meinen Vater weinte, tröstend zur Seite gestanden hatte. Erst über ein Jahr später gestand Ihre Schwester, Herr Dr. Vöhringer, meiner Mutter, was wirklich geschehen war und warum sie die Freundin belogen hatte. Meine Mutter war eine ausgesprochen loyale Frau. Nie hätte sie sich von Wilhelm Berger scheiden lassen, der sie wirklich liebte und für den sie mit der Zeit auch immer tiefere Gefühle empfand. Also schrieb sie meinem Vater einen Brief, in dem sie ihn über alle Intrigen seiner angeblichen Freunde informierte. Was sie jedoch verschwieg, war meine Geburt. Dazu entschloss sie sich erst einen Monat später. Beide Briefe sind in meinem Besitz. Den letzteren erhielt ich von dem Anwalt meines Vaters, den ersten Brief fand ich heute Nacht in diesem Stahlschrank.«

Dr. Vöhringer erhob sich träge. »Und das wollen sie sich alles aus zwei Briefen zusammengereimt haben?«, fragte er Markus. »Junger Mann, sie scheinen über eine rege Fantasie zu verfügen.«

»Ich muss Ihnen widersprechen, es war keine Fantasie erforderlich.« Markus wies auf den Computer. »Alles was ich Ihnen erzählt habe, habe ich im Computer meines Vaters gelesen. Die ganze Geschichte hat er Wort für Wort in diesem Computer abgespeichert. Aber die Geschichte geht noch weiter. Setzen Sie sich ruhig wieder, Herr Doktor.«

Markus genoss diesen Moment und konnte es seinem Vater nicht verübeln, auf seine Weise Rache genommen zu haben. »Mein Vater hatte meiner Mutter versprochen, Ihre Entscheidung zu akzeptieren und er war ein Mann, der seine Versprechen hielt. Er hat sein ganzes Leben lang nur diese eine Frau geliebt, die ihm seine besten Freunde genommen haben. Ich klammere Sie mal aus, Herr Sühlfeld, weil mein Vater Sie damals noch gar nicht kannte. Im Laufe der Jahre erwarb mein Vater ein beachtliches Vermögen und einige Immobilien. Er konnte es sich leisten, sie alle drei beobachten zu lassen. Er setzte Detektive auf Sie an, bis er genug Beweise hatte, um Ihnen Angst zu machen. Sie sollten ihn fürchten, wissen, dass Sie in seiner Hand waren und keine ruhige Minute mehr haben. Er hatte Beweise für den Landesverrat seines ehemaligen Schulfreundes Albrecht, für die Unterschlagung des Postbeamten Sühlfeld und für zwei ärztliche Kunstfehler des Chefarztes Vöhringer, die zwei Menschen das Leben kosteten.«

Vöhringer sprang auf. Sein Gesicht war gerötet und seine Stimme überschlug sich vor Wut und Verzweiflung. »Alles infame Lügen, die Sie hier vorbringen. Ich bin niemals auch nur eines ärztlichen Fehlers bezichtigt worden.«

»Natürlich nicht, weil sie versucht haben, alle Unterlagen verschwinden zu lassen. Aber die medizinischen Unterlagen sind nicht wirklich verschwunden. Alle Beweise befinden sich hinter dieser Stahltür.« Markus wies in Richtung des Tresors. »Und dort werden Sie bleiben, bis ich entscheide, was ich damit tun werde. Sie mussten jeden Tag damit rechnen, dass mein Vater diese Beweise den Behörden zuspielte. Ihre Angst war die Rache meines Vaters, wegen seiner verlorenen Liebe. Ich will mich an Ihnen rächen, weil Sie mir meinen Vater genommen haben, und das werde ich Ihnen nicht verzeihen.«

Die alten Männer schwiegen. Sie waren nichts weiter als ein Bündel Elend. Markus hatte kein Mitleid mit ihnen.

»Wie . . . wie sind Sie an die Zahlenkombination gekommen?« Die Stimme von Vöhringer war kaum zu verstehen.

»Das war gar nicht so schwer. Mein Vater selbst hat es mir in seinem Brief verraten. Ich hatte es nur nicht sofort durchschaut. Aber heute Nacht wurde es mir klar. Die beste Zeit seines Lebens waren die Wochen, die er mit meiner Mutter in Krefeld verbrachte. Sein Hinweis auf das Dessert und das damit verbundene Geheimnis ihrer Liebe und die Tatsache, dass ich in jener Nacht gezeugt wurde, machte mir deutlich, wie wichtig meinem Vater dieser Tag in Erinnerung geblieben war. Es war sein zweiunddreißigster Geburtstag. Das Problem war nur, dass ich nicht wusste, wann mein Vater geboren wurde. Also durchsuchte ich die Schränke seines Arbeitszimmers, bis ich eine alte Versicherungspolice fand, auf der das Geburtsdatum stand. Der 10. Juni 1935. Der Tag, an dem meine Mutter meinem Vater zum Geburtstag die unvergessenen Apfelbeignets brachte, war der 10. Juni 1967. Und genauso lautete die Kombination: 10061967, die Sie übrigens auch kannten, Herr Vöhringer. Mein Vater hatte sie Ihnen genannt, um Sie herauszufordern. Er war sicher, dass Sie den Stahlschrank nicht finden würden, zumal er Ihnen falsche Hinweise zukommen ließ, die sie auf eine falsche Spur lenken sollten. Mit Erfolg, wie ich festgestellt habe.«

Plötzlich schien sich die Miene von Dr. Vöhringer zu verändern. »Vielleicht haben Sie sich zu früh gefreut, junger Mann. Noch sind wir nicht am Ende. Wenn Sie sich umdrehen, wird Ihnen Ihre Situation schnell deutlich werden.« Der Triumph in seiner Stimme war nicht zu überhören.

Im Türrahmen stand Daniel und hielt eine Waffe auf Markus gerichtet.

»So, und jetzt werden Sie sofort diesen Schrank öffnen oder mein Sohn wird Sie ohne zu zögern erschießen.«

Epilog

Die beiden Männer saßen auf der Veranda und blickten über das Grün des Rasens, das sich langsam mit der vorrückenden Dämmerung in ein dunkles Grau verwandelte.

»Damit hatte mein Vater nicht gerechnet«, sagte Daniel leise und trank einen Schluck Wein. »Er hätte mich nicht anlügen sollen. Aber er wusste, dass ich niemals mitspielen würde, wenn ich die Wahrheit gekannt hätte.«

»Als ich den Tresor öffnete und in den Unterlagen den Namen deines Vaters fand, konnte ich eins und eins zusammenzählen. Dein plötzliches Auftauchen am Tage meiner Erbschaft, das Interesse für das Haus und dann musstest du dringend den Whisky holen, als wir den Tresor entdeckten, weil du ja vom Keller aus kein Mobilnetz empfangen konntest, um deinen Vater zu informieren. Das anschließende Besäufnis sollte dazu dienen, mich für die Nacht aus dem Verkehr zu ziehen.«

»Richtig. Und wenn du mir nicht diese Unterlagen gezeigt hättest, wäre es sicher nicht so gut für dich ausgegangen.«

»Hättest du mich tatsächlich erschossen?«

»Nein, ich kann doch keiner Fliege was zuleide tun. Was ich von meinem Vater nicht unbedingt behaupten kann. Eine Frage ist allerdings noch offen geblieben. Warum wohnten alle in der unmittelbaren Nachbarschaft?«

»Dein Vater war der Erste, der sich in Rheinberg niederließ. Das muss kurz nach der Scheidung von deiner Mutter gewesen sein. Albrecht und Sühlfeld kamen später hinzu, als ihnen klar wurde, dass sie alle in einem Boot sitzen. Dass mein Vater das Grundstück neben Sühlfeld erwarb, diente nur dazu, ihnen seine Macht zu demonstrieren. Er wollte ihre Angst jeden Tag sehen. Grausam, aber vielleicht auch verständlich, wenn man sich in seine Situation versetzt.«

»Was geschieht nun mit den Unterlagen in deinem Tresor?«

»Nichts! Es gibt sie nicht mehr. Ich habe sie verbrannt.« Beide lachten.

»Willst du es ihnen sagen?«, fragte Daniel.

»Ja, sie sollten es wissen. Lassen wir ihnen noch ein paar Jahre Zeit, ihre Taten zu bereuen.«

Apfelbeignets

6 Äpfel (z. B. Boskop)
1 Tl Zimt
100 g Zucker
6 El Rum

3 Eier
200 g Mehl
Salz
Öl
Weißwein
Fett zum Ausbacken
Puderzucker

Die Äpfel schälen, das Kerngehäuse ausstechen und Apfelscheiben schneiden.

Zimt, Zucker und Rum verrühren und die Apfelscheiben darin ziehen lassen.

Eier, Mehl und Öl verrühren, die Apfelscheiben darin eintauchen und im heißen Fett ca. 6 Min. ausbacken.

Auf einem Kuchenrost abkühlen lassen und mit Puderzucker bestreut servieren.

Schokolade ist dicker als Blut

»Eigentlich müsste ich dich jetzt erschießen.« Rudolpho reibt sich mit dem Zeigefinger über die Nasenspitze, wie er es immer tut, wenn er Zeit gewinnen will. Dann schiebt er mit dem Lauf der Pistole seinen graubeige karierten Hut in den Nacken.

An die Pistole ist er durch Zufall und einen Kollegen gekommen, den er im Internet kennen gelernt hat. Es ist eine Browning M1900 im Kaliber .32 Auto, 7,65 mm. Mit so einer Faustfeuerwaffe wurde der Erzherzog Franz Ferdinand in Sarajevo erschossen und somit der erste Weltkrieg ausgelöst.

Rudolpho hat die Waffe noch nicht ausprobiert. Er will sie eigentlich gar nicht benutzen. Eigentlich. Er hat sich an den Ausspruch von Al Capone erinnert: »Mit einem freundlichen Wort und einer Waffe in der Hand erreicht man mehr als mit einem freundlichen Wort alleine.«

Für seinen neuen Job musste er erst einmal investieren. Es kommt schließlich immer auf das richtig Equipment an. In diesem Fall Waffe und Hut. Mit einem Hut wirkt man eindrucksvoller und größer. Wenn auch nur ein paar Zentimeter. Und Rudolpho hat schon immer unter seiner fehlenden Körpergröße gelitten. Ihn tröstet es wenig, dass er mangelnde Höhe mit zunehmender Breite ausgleichen könnte.

Den kleinkrempigen karierten Hut hat er sich direkt gekauft, nachdem er Roger Cicero damit zum ersten Mal im Fernsehen gesehen hat. Das war in einer Talkshow, vermutlich auf WDR, gleich nach dem Freitagabend-Krimi, den guckt Rudolpho immer. Erst den Krimi, dann die Talkshow. Da treten Leute auf, die er nie zuvor gesehen hat, plaudern über ihr Leben, halten ein Buch oder einen Gegenstand ihrer Wahl in die Kamera und plötzlich sind sie berühmt. Dann hört er auf einmal ständig ihre Namen, liest über sie in der Zeitung, sieht ihr Konterfei auf Titelbildern und hört sie im Radio oder in anderen Fernsehsendungen. Damit verdienen die vermutlich ein Schweinegeld.

So könnte sich Rudolpho seine Karriere auch vorstellen. Schon zwei Mal hat er ein Bewerbungsschreiben an den Sender geschickt und angeboten, aus seinem Leben zu plaudern. Beide Male hat er ein freundliches Antwortschreiben bekommen, man würde gegebenenfalls auf ihn zurück kommen, eventuell, wenn mal ein Gast verhindert sei. Name und Anschrift wären in die Kartei aufgenommen, er brauche sich nicht mehr zu melden.

Viel Hoffnungen macht sich Rudolpho nicht. Er hat zwar schon angefangen, ein Buch über sein Leben und Wirken zu schreiben, aber das hat sich als viel mühsamer erwiesen, als er zunächst angenommen hatte.

Wenn er erst einmal im Fernsehen aufgetreten ist und aus seinem Leben geplaudert hat, wird sich bestimmt ein Ghostwriter finden, der seine Lebensstory in angemessener Form zu Papier bringt. In der Zwischenzeit will er lieber noch ein bisschen was erleben, Abenteuer bestehen und Jobs ausprobieren, damit das Buch mit seiner Lebensgeschichte auch ordentlich was her macht.

Eintausend Seiten sollte ein Buch haben, damit es das Zeug zum Bestseller hat. Das hat jedenfalls dieser Krimiautor aus Köln gesagt, Franz Schätzchen oder so ähnlich, dabei hat der nur ein Buch über einen Schwan geschrieben. Eintausend Seiten über einen Wasservogel, mein lieber Schwan, dass muss man erst mal bringen. Aber wenn du einmal in einer Talkshow aufgetreten bist, kaufen die Leute dir anscheinend auch Tierbücher ab.

Rudolpho hat schon eine Menge erlebt und eine Menge Jobs gemacht. An die Hundert könnten es inzwischen schon sein. Angefangen hat er mit fast zehn Jahre als Balljunge im Tennisclub. Dann hat er Zeitungen ausgetragen und sich später als Brötchenbote etwas dazu verdient. Er konnte eine Bäckerlehre anfangen, aber schon bald stellte sich heraus, dass er gegen Mehlstaub allergisch war. Lacke und Lösungsmittel konnte er auch nicht vertragen, sodass er die Lehre als Lackierer ebenfalls abbrechen musste. Danach nahm er fast jede Arbeit an, die ihm angeboten wurde: Hausmeister, Eisverkäufer, Briefzusteller, Prospektverteiler, Straßenmusikant, Clown, Fensterputzer, Nacktputzer, Gabelstaplerfahrer, Pizza-Taxifahrer, Fluchtwagenfahrer und Privatdetektiv.

Zur Zeit arbeitet er als Schutzgelderpresser. Aber so richtig Spaß macht ihm dieser Job auch nicht und ob er außer Ärger etwas einbringt, bezweifelt Rudopho im Moment stark.

»Rudi, dat ist ja nich dein Ernst.«

Die Alte hat Nerven.

»Nenn mich nicht Rudi, ich heiße jetzt Rudolpho und arbeite für die Mafia.«

»Dat du wohl nich janz jescheit bis.« Else Hümpel-Brocks verdreht die Augen, bleibt aber brav auf dem Stühlchen an einem der beiden Bistrotische in ihrem Kiosk sitzen. »Du bis doch der kleine Rudi, ich hab dich direkt erkannt. Früher hasse auf'm Schulweg immer bei mir wat Süßes jekauft.«

Stimmt, denkt Rudolpho, du bist Schuld, dass ich so fett geworden bin. Er versucht, sich in Wut zu steigern, vielleicht gelingt es ihm damit, seinem Auftreten genügend Nachdruck zu verleihen und diese Nummer hier durchzuziehen.

Aber Elses Redseligkeit lässt ihm keine Chance. Freundlich lächelt sie ihn an und er befürchtet schon, sie wolle ihm wie früher übers Haar streichen. Zum Glück kann das sein Hut verhindern.

»Hasse Hunger? Ich hab lecker Waffeln jebacken mit Schokoladensoße, ein Jedicht, sach ich dir. Ich hab auch von dem Schokoladendessert da, dat hasse du früher doch so jern jemocht. Oder willste lieber en Eisjchen?«

Rudolpho lässt sich auf einem Bierkasten nieder. Zu lange steht er schon hier herum. Er muss nachdenken, wie er weiter vorgehen soll. Die Waffe hält er weiterhin auf Frau Hümpel-Brocks gerichtet, die sie als Kinder immer die dicke Else genannt haben. Sie ist eine Cousine zweiten Grades von seiner Mutter oder so etwas Ähnliches. Zu blöd, dass ihn gleich sein erster Auftrag in seine Heimatstadt geführt hat. Hier nach Uerdingen am Rhein, wo jeder jeden kennt oder meist auch noch verwandt ist.

Hier ist Rudolpho groß geworden, das heißt, sehr groß ist er ja nicht geworden, gerade mal einen Meter achtundsechzig. Für einen Mann ist das nicht viel.

Große Männer verdienen mehr Geld als kleine. Das hat jedenfalls mal ein Talkgast behauptet. Irgend ein kleiner Politiker, der selbstverständlich die berühmte Ausnahme war, deshalb durfte er überhaupt bei der Talkrunde mitmischen. Und ein Buch hatte er natürlich auch geschrieben.

Rudolpho ist aufgefallen, dass in letzter Zeit immer häufiger Köche in die Talkshows eingeladen werden. Überhaupt wird fast nur noch gekocht im Fernsehen. Bei Kenner oder wie dieser ehemalige Sportmoderator heißt, tritt regelmäßig der Starkoch Laber auf und der hat sogar eine eigene Sendung zusammen mit diesem lustigen Typen aus Neuss – Lecker oder so ähnlich. Der ist wirklich lustig, kann noch über sich und seine eigenen Witzchen lachen und zum Schluss kippt er überall Sahne rein.

Das würde Rudolpho auch Spaß machen, in so einer Kochsendung aufzutreten. Kochen ist seine große Leidenschaft, was man seiner Figur leider auf den ersten Blick ansieht.

Einmal hat Rudolpho bei dieser Sendung angerufen. Das geht nämlich. Sie blenden extra eine Telefonnummer ein und die Zuschauer können anrufen, sich mit den Fernsehköchen unterhalten oder nach einem Rezept fragen.

Rudolpho wollte sich erkundigen, welche Tricks es bei der Herstellung von Schokoladenpudding gibt. Ein richtiger Schokoladenpudding, nicht so etwas Angerührtes aus der Tüte. Aber er war nur mit einer merkwürdigen Automatenstimme verbunden gewesen und hat verärgert wieder eingehängt.

In einem Kochbuch seiner Mutter hatte Rudolpho ein Rezept gefunden, das ihm reichlich kompliziert vorkam und außerdem hat er keine Puddingform mit Deckel.

»Hömma Rudi, wir können hier ja nicht ewig so sitzen. Dat du von mir Schutzgeld erpressen wills, is ja wohl ein Witz.« Else lächelt und macht Anstalten, ihren Platz zu verlassen.

»Sitzen bleiben! Meine Auftraggeber haben festgestellt, dass dein Kiosk eine Goldgrube ist, seit du hier ein Bistro betreibst. Und dass du jetzt auch noch Tische und Stühle auf dem Bürgersteig stehen hast, ist denen ein Dorn im Auge. Du versaust ihnen mit deinem Süßkram und dem Puddinggedöns das ganze Geschäft. Ab jetzt wollen sie jeden Monat 500 Kröten, sonst hauen sie dir alles zu Brei.«

Noch während er das ausspricht, ist sich Rudolpho sicher, dass auch dies nicht der richtige Job für ihn ist.

»Mensch Rudi, du hast ja Ausdrücke am Leib. Jut dat deine Mutter dat nich mehr erleben muss. Dein Auftrachjeber kann ja mal nur der fiese Gierkes sein mit seiner schmierigen Stehpizzeria. Bei dem hat früher schon nie jemand Tiramisu bestellt oder wat der so nennt. Noch nich mal Espresso. En lecker Mokka kommen se alle bei mir trinken, und Schokopudding und Zitronencreme oder

Waffeln mit lecker Kirschen und Sahne. Sach dem fiesen Gierkes, wenn der wat von mir will, soll er selber kommen. Für den machs du dir ja wohl nich die Finger schmutzig.« Else Hümpel-Brocks streicht ihre Schürze glatt und erhebt sich. »Un jetz tu die Mussspritze wech. Wenn einer reinkommt und sieht uns so, wat soll der denn denken?«

»Was soll ich denn tun, ich mach auch nur meinen Job?« Rudolpho ist sich jetzt ganz sicher, dass er nach diesem Auftrag sofort kündigen wird, noch bevor sein Auftraggeber die selbe Idee hat. Das ist nichts für eine Nerven. »Also gut, ich will mal kein Unmensch sein, aber ein Hunni muss drin sitzen. Du gibst mir den Zaster und ich verzieh mich wieder.«

Rudolpho verstummt augenblicklich, als Else Hümpel-Brocks ihm eine Portion Schokoladendessert hinhält. »Hier, en bisken Nervennahrung, dat hasse doch früher schon so jerne jegessen. Und dann kuck, dasse Land jewinns.«

Rudolpho weiß, wann er verloren hat. Er greift nach der Süßspeise, tunkt den Löffel in die cremige Masse und probiert. Tausend Explosionen kitzeln seine Geschmacksnerven.

Else muss aber wenigstens das Rezept rausrücken, denkt er.

»,Menschen hautnah' möchte Ihnen heute eine ganz besondere Person vorstellen. Aufgewachsen am Niederrhein, in Uerdingen am Rhein als echtes Original bekannt geworden und nun mit dem ersten selbstverfassten Buch bei uns in der Sendung.«

Die Moderatorin strahlt und hält ein dickes Buch in die Kamera. Noch bevor man den Titel lesen kann, geht der Schwenk wieder auf die Moderatorin.

»Heute Abend bei uns zu Gast: Else Hümpel-Brocks, die ihr erstes Kochbuch vorstellen wird. Frau Hümpel-Brocks, bekannt geworden sind Sie ja durch ihre sensationelle Schokoladencreme. Erzählen Sie unseren Zuschauern doch noch einmal die Geschichte, wie es Ihnen gelungen ist, mit ihrem Schokoladenpudding die Mafia auszutricksen.«

Else fährt sich mit der Linken durch die blond gefärbte Dauerwelle und lächelt routiniert in Kamera drei. Ihre rechte Hand spielt mit der Perlenkette, als sie zu erzählen beginnt.

»Ach, dat war doch nur ein freier Mitarbeiter von der Mafia, und dat der in meinem Laden aus den Pantinen jekippt is, lag natürlich nich an meinem Schokoladendessert, sondern an den K.-o.-Tropfen, die ich da rein jetan hab . . .«

Schokoladendessert

100 g Baisers
100 g Haselnussmakronen
1/4 l Sahne
1 Päckchen Vanillezucker
1 Päckchen Sahnesteif
Orangen- oder Eierlikör
150 g Schokolade

Baisers und Makronen zerbröseln, mischen und auf Nachtischtellerchen anhäufeln. Sahne mit Vanillezucker und Sahnesteif fest schlagen, nach Geschmack mit dem Likör verfeinern, auf das Gebäck streichen und kalt stellen.

Die Schokolade im Wasserbad schmelzen und vor dem Servieren mit kreisförmigen Bewegungen auf das Dessert bringen.

Zahnarzt in Hamminkeln

Nein, ich bin nicht der Zahnarzt von Hamminkeln. Jedenfalls nicht der einzige. Da sind noch vier andere. Und wenn man die Vororte mitzählt, kommen noch zwei Kollegen in Brünen, drei in Dingden und zwei in Mehrhoog dazu. Bei knapp 28.000 Einwohnern fallen damit auf jeden von uns etwa 75.000 Zähne – Milchzähne nicht mitgerechnet. Mehr als genug.

Um all diese Zähne zu ziehen, müsste jeder von uns 25 Jahre lang jeden Tag acht Stunden arbeiten, ohne Urlaub und ohne freies Wochenende. Und ab und zu sollen wir ja auch noch ein paar Zähne reparieren. An Arbeit besteht also kein Mangel.

Aber an Geld. Ich wäre schon längst am Ende, hätte ich nicht vor ein paar Jahren Otto kennengelernt. Und wenn es wirklich eng wird, rufe ich ihn an. So wie jetzt zum Beispiel. Nadine will ein neues Kleid. Und Malakoff-Torte zum Dessert.

»Das ist schlecht für die Zähne«, sage ich, aber darüber lacht sie nur. Sie liebt teure Dinge, schnelle Autos, neue Kleider und eben auch Malakoff-Torte.

Otto und ich sitzen auf der geheizten Terrasse vor dem Haus Elmer und beraten die Lage. Nicht nur den Zahnärzten geht es schlecht in Deutschland. Auch in Ottos Bekanntenkreis macht man sich Sorgen.

»Es ist genau, wie die Zeitungen schreiben«, sagt er. »Der gesamte Mittelstand bricht weg. Was übrig bleibt sind nur noch die ganz großen, die Mafia und die Großbanken, und am anderen Ende der Skala die kleinen Trickbetrüger und

Taschendiebe, alle am Rande des Existenzminimums.«

»Das ist eine ganz ungesunde Entwicklung«, sage ich.

Er nickt. »Was hatten wir früher für ein breites Spektrum an Spezialisten: Bankräuber, Tresorknacker und unabhängige Auftragskiller – das ist alles den Bach runter gegangen unter dieser Regierung. Ich hab gestern in Krefeld den Erwin getroffen. Einer der begnadetsten Schränker Deutschlands. Und was macht er jetzt? Muss sich bei Aldi ne Dose Suppe klauen. Und Hubatsch, dem sie drei Jahre gegeben haben, weil er nicht gesungen hat, der sitzt heute mit dem Hut in der Hand in Duisburg vor dem Hauptbahnhof und singt.«

»Wem sagst du das. Als Zahnarzt kommt man heute nicht mehr über die Runden.«

Sie lachen? Sie kennen die Zahlen nicht! Die Gebührenordnung für Zahnärzte ist 1988 zuletzt angepasst worden. Seitdem sind die Preise in Deutschland um 53 Prozent gestiegen. Entsprechend ist mein Einkommen gesunken. Wir nehmen zwar immer den Regelhöchstsatz, aber das hilft auch nichts mehr. Doch ich will nicht klagen. Ich habe Glück gehabt; ich habe Otto kennengelernt.

Angefangen hat es damit, dass Otto eine komplizierte Zahnbehandlung brauchte. Ein Schlagring hatte sich als härter erwiesen als seine Schneidezähne. Wir waren übereingekommen, dass ich ihm die Sache kostenlos in Ordnung bringe, wenn er mir dafür bei der Lösung meiner Finanzprobleme hilft. Seitdem sind wir ein eingespieltes Team.

Heute zum Beispiel ergibt sich eine wunderbare Gelegenheit. »Olthoff«, sage ich nur.

»Olthoff, der Autohändler? Das ist gut, der hat einen Tresor.«

»Einen Tresor? Woher weißt du das?«

»Ich habe ihn doch selbst eingebaut! – Guck nicht so, auch ich habe einen normalen Beruf nebenher; von der

Einbrecherei allein kann doch heute keiner mehr leben!«

»Und wieso hast du diesen Tresor nicht längst geknackt?«

»Das geht doch nicht. Wegen dem Hund.«

»Wegen des Hundes.«

»Sag ich doch!«

Nun, in dieser Beziehung kann ich Otto beruhigen. Nadine hat sich umgehört. Sie weiß, dass der Hund tot ist.

»Aber der Olthoff, wenn der zu Hause ist, das ist ein Bulle von einem Kerl . . .«

»Keine Sorge«, sage ich. »Es ist ganz einfach. Olthoff ist nachher bei mir. Ich habe ihn auf 16 Uhr bestellt. Dann muss er erst einmal eine halbe Stunde warten . . .«

»Und wenn dein Wartezimmer nun leer ist?«

»Mein Lieber, erstens ist mein Wartezimmer nicht leer, niemals, und zweitens wartet bei mir jeder so lange, wie ich will. Notfalls zwei Stunden.« Das habe ich allerdings bisher nur bei dem Kerl vom Finanzamt gemacht.

»Und da ist wirklich niemand zu Hause?«

»Hundertprozentig. Er hat mit Nadine geplaudert. Seine Frau ist auf den Malediven, aber er kann ja leider nicht weg, sagt er.«

Otto und ich setzen uns vor den Computer. Wir haben Google Earth gestartet.

»Das ist das Grundstück«, sage ich. »Vorne alles offen, damit auch jeder sieht, was für ein tolles Haus er hat. Aber auf der Rückseite lauter Hecken. Da haben sie ja auch den Pool; da will er wohl nicht, dass die Nachbarn zugucken, was er da treibt.«

»Und was treibt er da?«

«Siehst du das Wesen, das da nackt auf dem Rasen liegt? Mit den vier Armen und vier Beinen? Das treibt er da!«

»Ich seh nichts«, sagt Otto.

»Du brauchst eine Brille!« – Nein, in Wirklichkeit ist die Auflösung der Luftaufnahme zu schlecht. Ich sehe auch nichts. Ich stelle es mir nur so vor.

Ich habe es schon geahnt: Olthoff ist ein schwieriger Kunde. Gold will er nicht, dazu ist er zu geizig. Ich erkläre ihm die Sache mit den Kunststoff-Füllungen. »Wir verwenden heute Kompositkunststoffe. Die sind aus einer organischen Matrix auf Methacrylatbasis und silanisierten anorganischen Füllstoffen zusammengesetzt.«

Davon versteht er nichts. »Hält Silber nicht besser?«

»Amalgam meinen Sie? – Nicht unbedingt. Die Eigenschaften der Kunststoffe bezüglich ihrer Abrasionsbeständigkeit, Frakturfestigkeit und Polymerisationsschrumpfung sind in den letzten Jahren entscheidend verbessert worden.«

»Aber Silber hält länger?« Er lässt nicht locker.

»Das will ich nicht ausschließen. Aber dafür wird bei den Amalgamfüllungen immer eine gewisse Menge Quecksilber freigesetzt. Die liegt zwar unterhalb der festgelegten Grenzwerte, aber Quecksilber ist und bleibt nun einmal ein Gift.«

»Hm.«

Gift will er nicht im Mund haben, also nehmen wir am Ende doch den Kunststoff. Ich schlage ihm vor, die Füllungen der Nachbarzähne gleich mit zu erneuern. Das sieht besser aus, und außerdem dauert es länger, so dass Otto genügend Zeit hat, sich um den Tresor zu kümmern.

Am späten Nachmittag treffen wir uns wieder.

»Wie ist es gelaufen?«

»Gar nicht«, sagt Otto. Für diesen Fehlschlag hat er allerdings ungewöhnlich gute Laune.

»Erzähl!«

»Ich hab ganz normal die Terrassentür ausgehebelt. Der Tresor war auch genau da, wo ich gedacht hatte, dass er sein müsste . . .«

»Aber?«

„Ich hab die Kiste schon so gut wie auf. Plötzlich klingelt es an der Tür. Das ist immer ärgerlich. Der Tresor fast offen, und dann steht irgendeine Nachbarin vor der Tür, die sich ein Paket Butter ausleihen will. Oder gar die Polizei. Aber in diesem Fall ist es nicht die Polizei. Ich sehe durch den Spion, dass draußen ein junges Mädchen steht. Ich mache die Tür auf; sie fällt mir um den Hals: ‚Hallo, Schatz!'«

»Hallo«, sage ich.

»Ja, das habe ich auch gesagt. Daraufhin sie: ‚Du wirkst so überrascht. 17 Uhr – das war doch so abgemacht, oder?' ‚Ja, klar', sage ich. Und dann fängt sie an, sich auszuziehen.«

»Ach was!«

»Ja, das hab ich auch gedacht. Irgendein Mädchen aus Duisburg oder so. Telefonisch herbestellt. Sie kennt ihn nicht, er kennt sie nicht. Sie glaubt natürlich, dass ich der Olthoff bin.«

»Ach du Schreck.«

»Ja, da musste ich dann natürlich in den sauren Apfel beißen.«

»Ärgerlich.«

»Na ja, wie man's nimmt. Aber jedenfalls wollte sie am Ende dreihundert Euro von mir haben. Die hatte ich grad nicht bei mir. Und der Tresor war ja noch nicht offen. Musste ich also erst noch mit ihr zum Geldautomaten, die Scheine ziehen, und dann zurück in die Wohnung. Aber da war es schon zu spät. Ich konnte nur noch schnell meine Sachen einpacken, das Bild wieder über den Safe hängen, und dann nichts wie weg!«

»Und die Frau hat nichts gemerkt?«

»Nee, hat sie nicht.«

»Und das mit der Terrassentür?«

»Das sieht man auch nicht gleich, wenn man nicht danach sucht. Ich bin ja schließlich Profi. Und er wird ja wohl jetzt nicht auf die Terrasse gehen wollen, mitten im November.«

»Nein, wahrscheinlich nicht. – Glaubst du, dass du nachher noch einmal hingehen könntest?«

»Ja, schon, aber was machen wir mit dem Olthoff? Wie willst du denn den Autohändler noch einmal hier in die Praxis locken?«

»Ach«, sage ich, »das ist kein Problem!«

Nadine ruft den Olthoff an, erzählt ihm die Kunststoffstory. ». . . war in dieser letzten Lieferung leider zu viel Cadmium enthalten. Deswegen wurde bundesweit eine Rückrufaktion eingeleitet.«

Das kennt er. Er ist ja schließlich Autohändler.

»Selbstverständlich werden die schon ausgeführten Arbeiten auf Kosten der Herstellerfirma ersetzt.«

Er fällt darauf herein.

»Sie werden gar nichts spüren«, sage ich. »Wir machen eine Leitungsanästhesie des Nervus mandibularis zur Behandlung des Unterkiefers.«

Er fragt, warum ich eigentlich kein Lachgas nehme.

Lachgas wäre natürlich viel praktischer, da wird er ja voll ausgeschaltet, und man könnte ihm auch gleich noch die Kreditkarte aus der Brieftasche ziehen. Leider wird das Verfahren von uns Zahnärzten heute nicht mehr angewendet. Die Risiken einer Vollnarkose sind einfach zu hoch.

»Es ist eine Kleinigkeit«, sage ich. »Zum Bohren nehme ich den 1SX, den merken Sie gar nicht, gucken Sie mal hier, der hat eine besonders schneidfreudige Verzahnung für die Kavitätenpräparation.« Es beruhigt die Patienten immer ungemein, wenn man ihnen vorher genau sagt, was mit ihnen passiert.

Draußen auf der Straße fährt ein Streifenwagen mit Blaulicht vorbei. Ich kriege einen Schreck.

»Moment mal bitte«, sage ich. Ich denke: Da muss irgendetwas schief gegangen sein.

Aber ich brauche gar nicht einzugreifen, Nadine ist schon aufgesprungen. Rasch tippt sie Ottos Nummer in ihr Handy. »Der Termin ist abgesagt«, ruft sie. »Nein, beim besten Willen nicht. Tut mir leid, Herr Professor.«

Draußen fährt inzwischen der zweite Streifenwagen vorbei. Das wird ernst, denke ich. »Nadine, die Spritze!«

Nadine kommt. »So, Herr Olthoff, wenn Sie nun bitte mal den Mund ganz weit aufmachen würden!«

Er tut, was von ihm verlangt wird.

»Und ganz locker, entspannt bleiben. Das tut jetzt vielleicht ein kleines bisschen weh, aber denken Sie einfach an etwas Schönes . . .«

»Urrgh!«, sagt Olthoff.

»So, da wär's dann auch schon überstanden! Das war doch nicht schlimm, oder?« Nadine saugt ihm den Speichel ab.

»Das dauert jetzt einen kleinen Augenblick«, sage ich, »bis die Spritze richtig wirkt. Bitte bleiben Sie hier so lange liegen; dann werden wir uns gleich um Ihren Zahn kümmern.«

»Ja, aber . . .«

»Und den Mund schön auflassen!« Das wäre zwar eigentlich nicht nötig, aber das sagen wir immer, wenn wir dämliche Fragen vermeiden wollen.

Die Handgranaten liegen in der zweiten Schublade, unter den Bohrspitzen. Sie stammen noch aus meiner Bundeswehrzeit, aus dem Depot in Gristede. Da kommt man leicht ran, besonders als Wachhabender. Ich habe eine ganze Kiste genommen, damit das nicht so auffällt. Sie sind jetzt in lila Cadbury-Papier eingewickelt, sehen aus wie Ostereier. Muss ja nicht jeder gleich sehen, was da in der Schublade liegt.

»Nimm die Pistole mit!«, sagt Nadine. »Die Schlacht um die Torte hat begonnen!«

Im Notfall Flucht in Richtung Friedhof, so ist es abgemacht. So ein Friedhof ist immer gut, wenn man verfolgt wird. Da gibt es haufenweise Verstecke, jeder Grabstein ist geeignet und außerdem bietet er hervorragenden Schutz bei einer Schießerei. Holzkreuze sollte man besser meiden. Sie sind einfach zu schmal und halten nicht viel aus.

Als ich auf dem Friedhof eintreffe, ist schon eine wüste Schießerei im Gange. Vor dem Eingang stehen die beiden Streifenwagen. Die Polizisten sind irgendwo in dem Gelände verschwunden. Jemand ruft: »Kommen Sie raus, werfen Sie die Waffe weg!« Aber es kommt keiner raus. Stattdessen wird wieder geschosssen.

Ich wickle die Ostereier aus dem Schokoladenpapier. Schließlich rolle ich je ein Ei unter die beiden Streifenwagen. Dann mache ich, dass ich wegkomme. Ein Doppelknall, ein zweifacher greller Explosionsblitz – dann herrscht Stille. Die Schießerei hat aufgehört. Einer der Streifenwagen fängt an zu kokeln. Es riecht nach verbranntem Plastik.

Ja, zugegeben, in gewisser Weise ist es vielleicht Sachbeschädigung, aber ehe am Ende noch Menschen zu Schaden kommen, mache ich es lieber so. Menschenleben sind das höchste Gut, das hat man uns immer wieder eingetrichtert. Hippokratischer Eid und dieses ganze Zeug, Sie wissen schon. Und um dieses hohe Gut zu schützen, muss man notfalls auch zu ungewöhnlichen Mitteln greifen. Der Aimable Jean Jacques Pélissier, der spätere Duc de Malakoff, hatte sich seine Torte auch erst im Krimkrieg verdienen müssen.

»Das war knapp«, sagt Otto. »Kann ich ahnen, dass die dumme Tussi noch mal zurückkommen würde? Sie hatte ihren BH vergessen. Und die Terrassentür war ja offen; da habe ich sie erst bemerkt, als sie direkt hinter mir stand. ‚Nimm den BH und verzieh dich!', hab ich gesagt. Das hat sie auch gemacht, aber dann hat sie wohl doch noch die Polizei alarmiert.«

»Du hättest sofort losrennen sollen, als Nadine angerufen hat«, sage ich.

»Aber der Tresor! Er war doch schon fast auf! Noch ein einziger Schlag mit dem Hammer – zong! – und da standen auch schon die Bullen in der Tür. Ich hab mir eine Hand voll Scheine gegriffen, und dann bin ich gerannt. Zum Glück kenne ich mich hier besser aus als diese Polizisten. So habe ich sie erst einmal abhängen können, bis dann der zweite Streifenwagen da war. Da blieb mir nur noch der Friedhof.«

Wir löffeln unsere Malakoff-Torte. Nadine hat sie wieder einmal gut hingekriegt. Kein Wunder bei den Zutaten.

Achthundert Euro – mehr hat Otto auf die Schnelle nicht greifen können. Das ist natürlich nicht viel, aber für seine Auslagen und für die Torte reicht es gerade.

Für Nadines neues Kleid werden wir uns etwas Neues ausdenken müssen. Aber da fällt uns schon etwas ein, keine Sorge.

Wann war noch gleich der Termin für Ihre Wurzelbehandlung?

Malokoff-Torte

4 Pakete Löffelbiskuits
Rum oder Weißwein

Kalorienreiche
Buttercreme:

250 g Butter
250 g Puderzucker
2 Eigelb
abgeriebene Zitronenschale
150 g gem. Mandeln
Rum
1/8 l geschlagene Sahne

oder
Leichte Buttercreme:

1/2 l Milch
100 g Zucker
1 Päck. Vanillinzucker
1 Päck. Vanillepudding
150 g Margarine
oder Butter
100 g gem. Mandeln

Den Ring einer Springform (25 cm Durchmesser) auf eine Tortenplatte setzen und eine Schicht Löffelbiskuits nebeneinander auslegen und Zwischenräume mit Bröseln füllen bis der Boden ganz bedeckt ist. Die Schicht leicht mit Rum oder Wein beträufeln und zugedeckt ziehen lassen.

Kalorienreiche Buttercreme zubereiten:

Butter und Zucker mit dem Schneebesen schaumig rühren. Nacheinander Eigelbe, Sahne, Zitronenschale und die Mandeln zugeben.

Oder leichte Creme zubereiten:

Aus Milch, Zucker, Vanillinzucker und Puddingpulver nach Vorschrift (auf der Puddingpackung) einen Pudding kochen und unter gelegentlichem Rühren abkühlen lassen. Butter oder Margarine mit dem Schneebesen schaumig rühren und löffelweise den erkalteten Pudding und die gemahlenen Mandeln oder Nüsse hinzufügen.

Die unterste Biskuitschicht mit Buttercreme besteichen, eine weitere Schicht Biskuits auf die Creme legen, mit Rum oder Wein beträufeln. Ebenso mit der dritten Schicht verfahren und den Rest der Creme auf die vierte Schicht streichen.

Über Nacht ziehen lassen, den Ring abnehmen und die Torte in normale Tortenstücke schneiden. Die Malakoff-Torte wird eiskalt aus dem Kühlschrank serviert.

AUTORINNEN UND AUTOREN

Hildegunde Artmeier wurde 1964 in Mühldorf/Oberbayern/Deutschland geboren. Die diplomierte Biologin arbeitet nach beruflichen Stationen in der pharmazeutischen Industrie und als Wirtschaftskorrespondentin für Englisch und Französisch heute als Übersetzerin von Fachtexten und als Autorin mit dem Schwerpunkt Kriminalroman. Sie ist Mitglied im VS, bei den Mörderischen Schwestern und im Syndikat, wo sie in der Jury für den Glauser-Preis 2008/Sparte Kurzkrimi als Jurorin tätig war und das Sekretariat für den Glauser-Preis 2009/Sparte Kurzkrimi leitet. Sie lebt mit Mann, Kindern und Katze in der Nähe von Regensburg.

Mischa Bach alias Dr. Michaela Bach, geb. in Neuwied am Rhein, lebt in Essen, kommt aber weder vom Fluss noch vom Schreiben oder Malen los. So manches ist produziert (TV-Filme, davon 2 Polizeirufe 110 gemeinsam mit Jörg Schade), anderes wurde inszeniert (zwei Theaterstücke, eines davon wiederum mit J. Schade), mehrere Kurzkrimis und zwei Kriminalromane (aktuell: »Stimmengewirr«) fanden bereits den Weg zwischen zwei Buchdeckel. Nominierungen und Preise gab's für die Kriminalnovelle »Der Tod ist ein langer, trüber Fluss« (Martha-Saalfeld-Literatur-Preis 2001 und Glauser-Nominierung als bestes Debüt 2005). Aktuelle Informationen über und mit der Autorin, Übersetzerin, Dozentin, Herausgeberin, Lektorin, Malerin etc.pp. gibt's in ihrem Blogg unter http://mischabach.blogg.de

Jochen Brockmann, 54er Jahrgang, geboren in Erfurt, aufgewachsen in Wuppertal, zwölf Jahre in Oberhausen/Rheinland gelebt. 1988 ist er aus beruflichen Gründen nach Lübeck gezogen. Dem Niederrhein ist er seit Jahren sehr verbunden. Seine Kurzgeschichten sind in Zeitschriften und Anthologien erschienen. Auf ein bestimmtes Genre ist er nicht festgelegt, kann jedoch seine Lust an kriminellen Geschichten nicht leugnen. »Alte Liebe« ist seine zweite Kurzgeschichte, die im Leporello-Verlag erscheint.

Ina Coelen, 1958 am Niederrhein geboren, lebt und arbeitet in Krefeld. Nach dem Studium der Visuellen Kommunikation (Grafik-Design) arbeitete sie für verschiedene Werbeagenturen und in einem Verlag, bevor sie 1984 mit ihrem Mann ein Werbeatelier gründete. Seit 1999 hat sie mehr als ein Dutzend Krimi-Anthologien herausgegeben und ca. drei Dutzend Kurzkrimis veröffentlicht. Gemeinsam mit Ulrike Renk schrieb sie »Killer, Küche, Knast« und »Tödliches Dinner«. Zuletzt erschien ihr Roman »Ehrenwerte Mörder«.

Seit 2001 organisiert sie die Krefelder Krimi-Tage und ist Mitglied der »Mörderischen Schwestern« und im »Syndikat«.

www.coelen-krimi.de

Gitta Edelmann · Schon in ihrer Kindheit war für Gitta Edelmann das Dessert der wichtigste Teil des Essens. Die Leichen kamen später, nämlich erst, als sie vor einigen Jahren den „Mörderischen Schwestern" beitrat und begann, Kurzkrimis zu schreiben. Neben ihren kleinen Verbrechen veröffentlicht sie hauptsächlich pfiffige Geschichten und Gedichte für das Erstlesealter und leitet Schreibworkshops für Kinder und Erwachsene. Sie ist Mitglied im Verband deutscher Schriftsteller VS. Gitta Edelmann lebt mit ihrem Mann und vier Kindern in Bonn und ist täglich für das Dessert zuständig.

Dr. Jürgen Ehlers, geboren 1948, arbeitet im Geologischen Landesamt Hamburg. Seit 1992 schreibt er Kurzkrimis, die in verschiedenen Anthologien im In- und Ausland veröffentlicht worden sind. Für seine Kriminalgeschichte »Weltspartag in Hamminkeln« (in »Mordsfeste«, Leporello-Verlag) erhielt Ehlers 2006 den Friedrich-Glauser-Preis in der Sparte Kurzkrimi. Seine Story »Killer aus Hamminkeln« (in »Mords-Niederrhein«, Leporello-Verlag) wurde 2007 mit dem 1. Krefelder Kurzkrimipreis ausgezeichnet. Kriminalromane: »Mitgegangen«, »Neben dem Gleis« und »Die Nacht von Barmbeck« (KBV).

Dorle Gelbhaar wurde in Rostock geboren und ist dort auch aufgewachsen. Sie hat in Berlin Kulturwissenschaften studiert, leitet Workshops für kreatives Schreiben und Literaturseminare und ist Lehrbeauftragte an der Humboldt-Universität zu Berlin, an der Stiftung Europa-Universität Viadrina Frankfurt (Oder) sowie der Stiftung Demokratie in Saarbrücken. Seit 1998 ist sie – nach Veröffentlichung ihres ersten Kriminalromans – freie Autorin und Publizistin. Außerdem rezensiert sie regelmäßig für vorwaerts.online. Mehr unter www.gelbhaar.de

Brigitte Glaser, selbst eine begeisterte Mehlspeisenköchin, hat vier Kriminalromane mit der Köchin Katharina Schweitzer als Hauptfigur veröffentlicht. Sie stammt aus dem Badischen, lebt aber seit vielen Jahren in Köln, wo sie lange in der Medienszene tätig war. Kein Wunder also, dass ihr erster Kriminalroman »Kölsch für eine Leiche« – gemeinsam mit Rainer Daub geschrieben – im Filmfestivalmilieu spielt. Seit 2001 hat Brigitte Glaser eine eigene Krimiserie – »Tatort Veedel« – im Kölner Stadtanzeiger, in der ihre beiden Detektivinnen Orlando & List immer in einem anderen Stadtteil Kölns ermitteln.

Zurzeit arbeitet sie an einem Jugendroman.

H. P. Karr lebt im Ruhrgebiet. Er veröffentlichte rund ein Dutzend Thriller, darunter – gemeinsam mit Walter Wehner – die »Gonzo«-Romane, von denen »Rattensommer« 1996 als bester Krimi das Jahres mit dem Friedrich Glauser-Preis ausgezeichnet wurde. Er schrieb mit anderen Krimiautoren den Hotelroman »Hotel Terminus« (2005) und gab zuletzt die Anthologien »Mord am Hellweg III« (2006) und »Mord am Hellweg IV« (2008) heraus.

www.hpkarr.de

Gabriele Keiser, geboren 1953 in Kaiserslautern. Sie schreibt seit ihrer Kindheit. Zweiter Bildungsweg, danach Studium der Anglistik, Amerikanistik und Germanistik in Heidelberg und Marburg. M. A. Einige Jahre Auslandaufenthalte in Seattle/Wash., Lille und Wien. Lebt in Andernach am Rein. Veröffentlichung zahlreicher Kurzkrimis. 2006 erschien der erste Roman um die Koblenzer Kriminalkommissarin Franca Mazzari, »Apollofalter«, der zweite Band »Gartenschläfer« folgte im Sommer 2008. Zusammen mit Wolfgang Polifka hat sie drei Romane veröffentlicht, zwei davon unter dem Namen Lea Wolf.

Ulla Lessmann, Jahrgang 1952, geboren in Bremerhaven, Diplom-Volkswirtin und Journalistin, lebt und arbeitet als freie Autorin für Hörfunk und Print, Schriftstellerin und Moderatorin in Köln. Mitglied im Verband Deutscher Schriftsteller/innen, im »Syndikat« und 1. Vizepräsidentin der »Mörderischen Schwestern«. Literarische Veröffentlichungen (Kriminalromane, Erzählungen, Kriminalgeschichten, Satiren) seit 1987. Mehrere Auszeichnungen, u. a. Satirepreis der Stadt Herne und EMMA-Journalistinnen-Preis. Jüngste Veröffentlichungen: Die Kurzkrimis »Lilien zur Erinnerung« in »Radieschen von unten«, Leporello 2006, »Im Morgengrauen kam das Grauen« in »Ein verhagelter Sommer«, Ullstein 2007, »Pollo Genovese« in »Pizza, Pasta & Pistolen«, LangenMüller 2007. Die Autorin dankt Thomas Koch von der Juister Buchhandlung Koch und Hans-Georg Peters vom Juister »Hotel Friesenhof« für die Möglichkeit, die Kurzgeschichte »Gelassenheit – wie geht das?« im Rahmen des »Tatort-Töwerland-Stipendiums« auf Juist zu schreiben

www.ulla-lessmann.de

Ulrike Renk, geboren 1967 in Dortmund, studierte Medientechnik, Literaturwissenschaften und Anglistik in Amerika und Deutschland. Sie lebt seit 1991 mit ihrer Familie am linken Niederrhein. 2005 erschien ihr erster Krimi um Hauptkommissar Jürgen Fischer, »Seidenstadt-Leichen«, gefolgt von »Seidenstadt-Morde« (2006), »Seidenstadt-Sumpf« (2007) und »Seidenstadt-Schweigen« (2008). Gemeinsam mit Ina Coelen schrieb sie »Killer, Küche, Knast« und »Tödliches Dinner« und organisiert die Krefelder Krimi-Tage. Sie ist Mitglied bei den »Mörderischen Schwestern« und im »Syndikat«.

Michael Rossié, geb. 19. 7. 1958 in Köln und aufgewachsen in Süchteln am Niederrhein, lebt seit knapp 30 Jahren als Schauspieler, Coach und Autor in München. Er schrieb Drehbücher für Fernsehserien, sowie das Drehbuch zu »Supersingle«. 2004 erschien neben seinem Buch »Sprechertraining« sein Buch »Frei sprechen« (Econ). Ein weiteres Sachbuch über »Schwierige Gespräche mit Chef und Kollegen« erschien im Herbst 2005 bei Haufe. Michael Rossié schreibt regelmäßig Kurzkrimis und ist Mitglied im »Syndikat«. 2006 wurde er für den Kurzkrimi-Glauser nominiert (»In Süchteln lässt der Tod sich Zeit« in »Mords-Feste«, Leporello 2005), 2008 gewann er den Literaturpreis Timmendorfer Strand.

Martina K. Schneiders lebt als freie Hörfunkjournalistin und Dozentin in Düsseldorf. Nach Buchhändlerlehre, Abitur und Studium fühlte sie sich für kurze Zeit der Wissenschaft verpflichtet. Doch dann wurde der Journalismus ihre große Leidenschaft. Sie ist eine begeisterte Köchin und liebt schnelle, aber raffinierte Gerichte. Doch manchmal muss es das große Menü mit vier Gängen sein, und das wird dann gerne von einer opulenten Nachspeise gekrönt. Sie veröffentlichte 2006 ihren ersten Kurzkrimi und ist stellvertretende Vizepräsidentin bei den »Mörderischen Schwestern«.

Zora Schreiber lebt und arbeitet am Niederrhein, wo sie auch geboren wurde, aufgewachsen ist und studiert hat. Sie ist als Zauberin und Clownin aufgetreten, hat Kindertheaterstücke verfasst und Geschichten für Kinder geschrieben. In den letzten zehn Jahren hat sie zahlreiche Kurzkrimis veröffentlicht und einige ihrer Kriminalgeschichten wurden als Hörbücher herausgegeben. Sie veröffentlicht auch unter dem Pseudonym Brigitte Parker.

Gesine Schulz schreibt Krimis und Kinderbücher und erfand den Tag der Putzfrau (8. November). In ihrer Kinderkrimiserie ermittelt die junge Privatdetektivin Billie Pinkernell, in ihren Kurzkrimis beschreibt sie die Fälle der Privatdetektivin und Putzfrau Karo Rutkowsky. Nach mehr als zehn Jahren im Ausland (New York, Südamerika, Irland) lebt die Autorin zur Zeit überwiegend im Ruhrgebiet. Ihr zweiter Schreibtisch hat Meerblick und steht im Südwesten Irlands, dem Schauplatz ihres Buches »Eine Tüte grüner Wind«. Gesine Schulz ist die derzeitige Präsidentin der Vereinigung deutschprachiger KrimiAutorinnen »Mörderische Schwestern« und seit kurzem auch Botschafterin des Ruhrgebiets.

http://www.gesineschulz.com, http://www.billie-pinkernell.de

Klaus Stickelbroeck, geboren 1963, aufgewachsen und immer noch wohnhaft in Kerken am Niederrhein. Verheiratet, drei Kinder, arbeitet als Polizeibeamter in Düsseldorf. Der erste Kurzkrimi »Verbrechen mit Rechen« erschien im Jahr 2000, sein erster Kriminalroman »Fieses Foul« mit Privatdetektiv Hartmann im April 2007. Er ist einer der sechs Krimi-Cops, deren Kriminalroman »Stückwerk« im Herbst 2007 erschienen ist (beide KBV-Verlag).

Beim Leporello-Verlag erschien 2007 der Kurzkrimi »Scharf« in der Anthologie »Mords-Niederrhein«. Mitglied im »Syndikat«.

Jepe Wörz · Der gebürtige Münsterländer zog 2006 nach Mönchengladbach. Als Werbetexter arbeitet er seitdem bei einer Düsseldorfer Multimediaagentur. Mit seiner ersten Veröffentlichung erreichte er 2007 den 3. Platz beim Krefelder Kurzkrimi-Wettbewerb. Zur Zeit schreibt er für den Leporello-Verlag seinen ersten Kriminalroman.